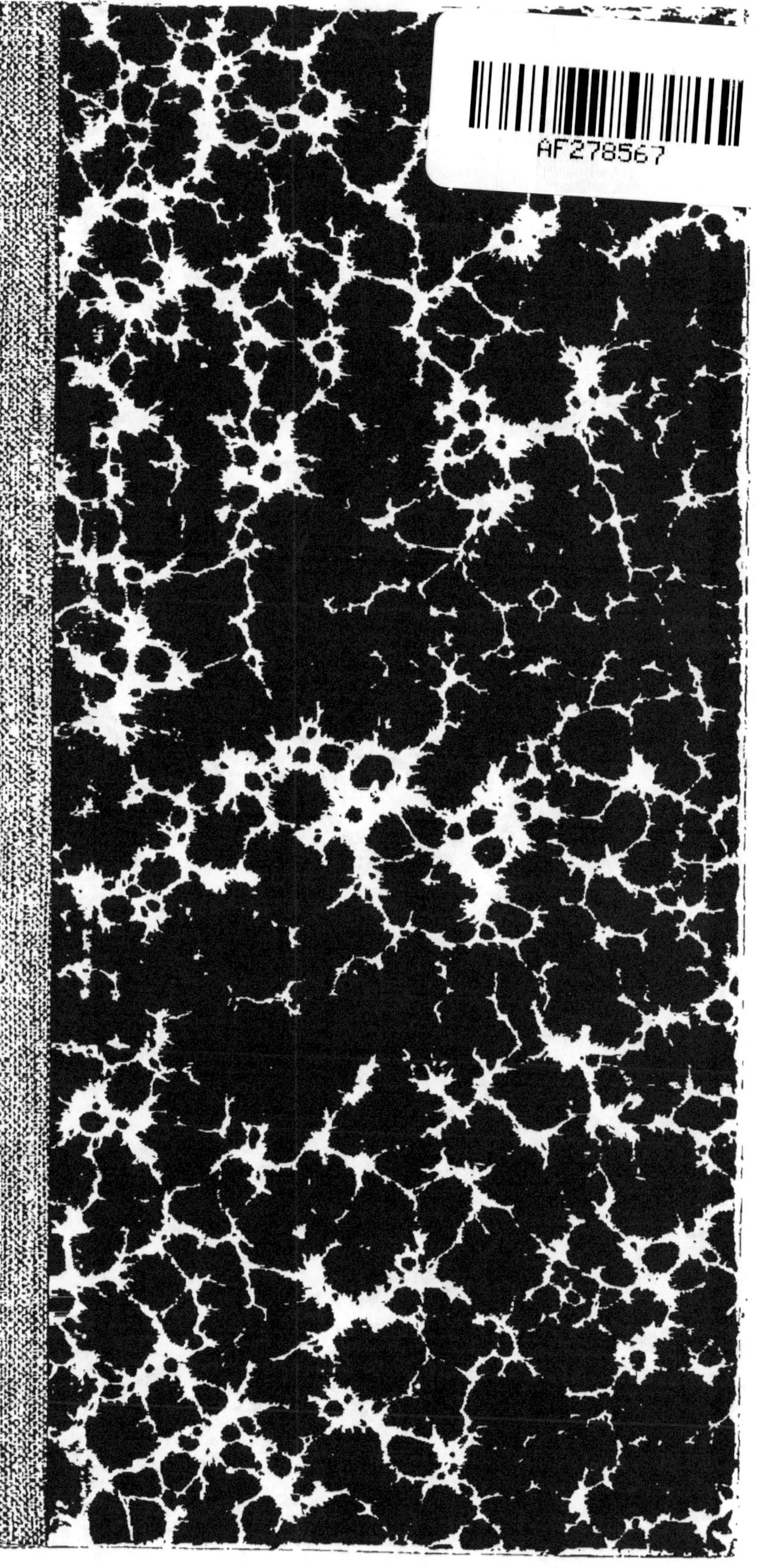
AF278567

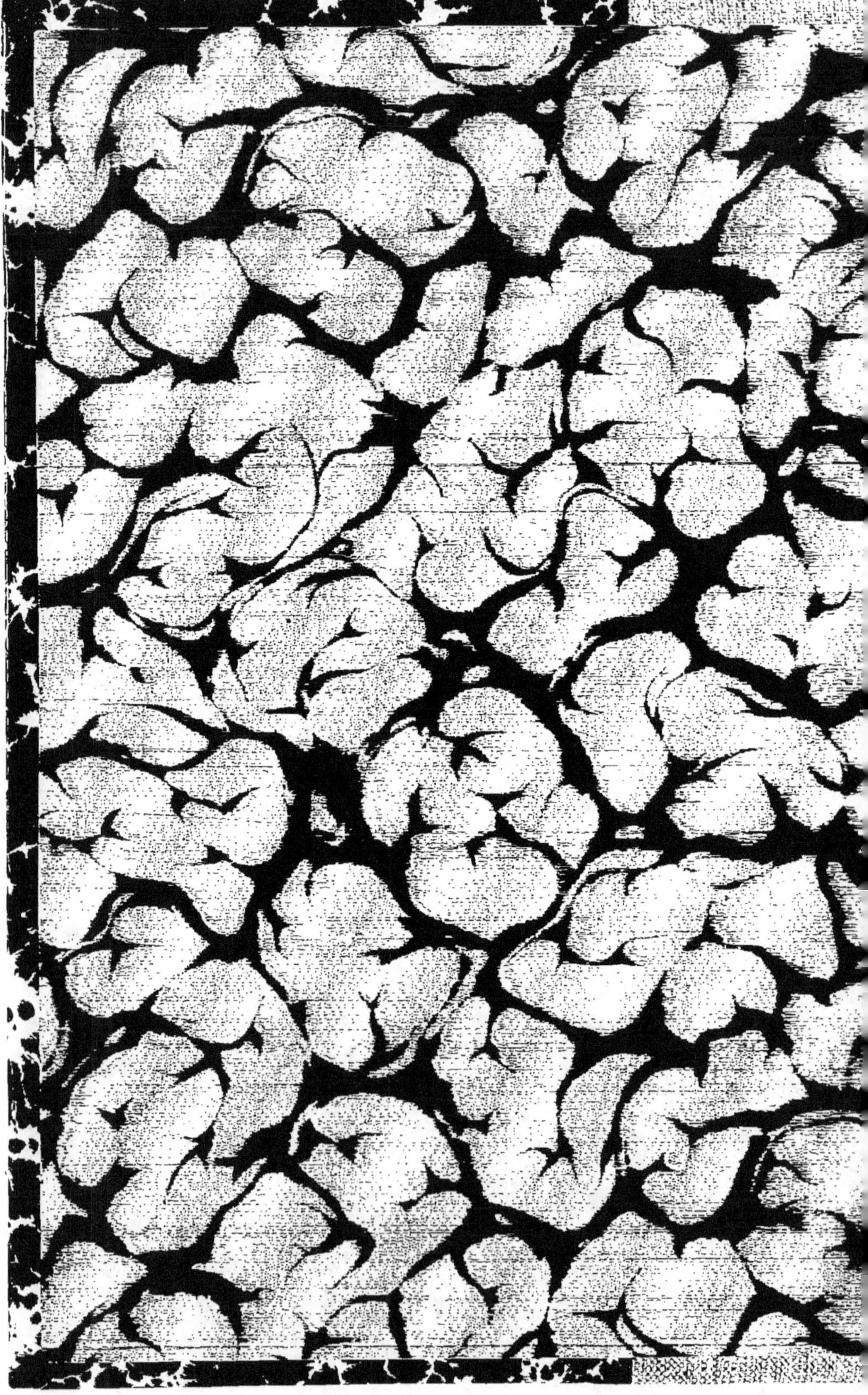

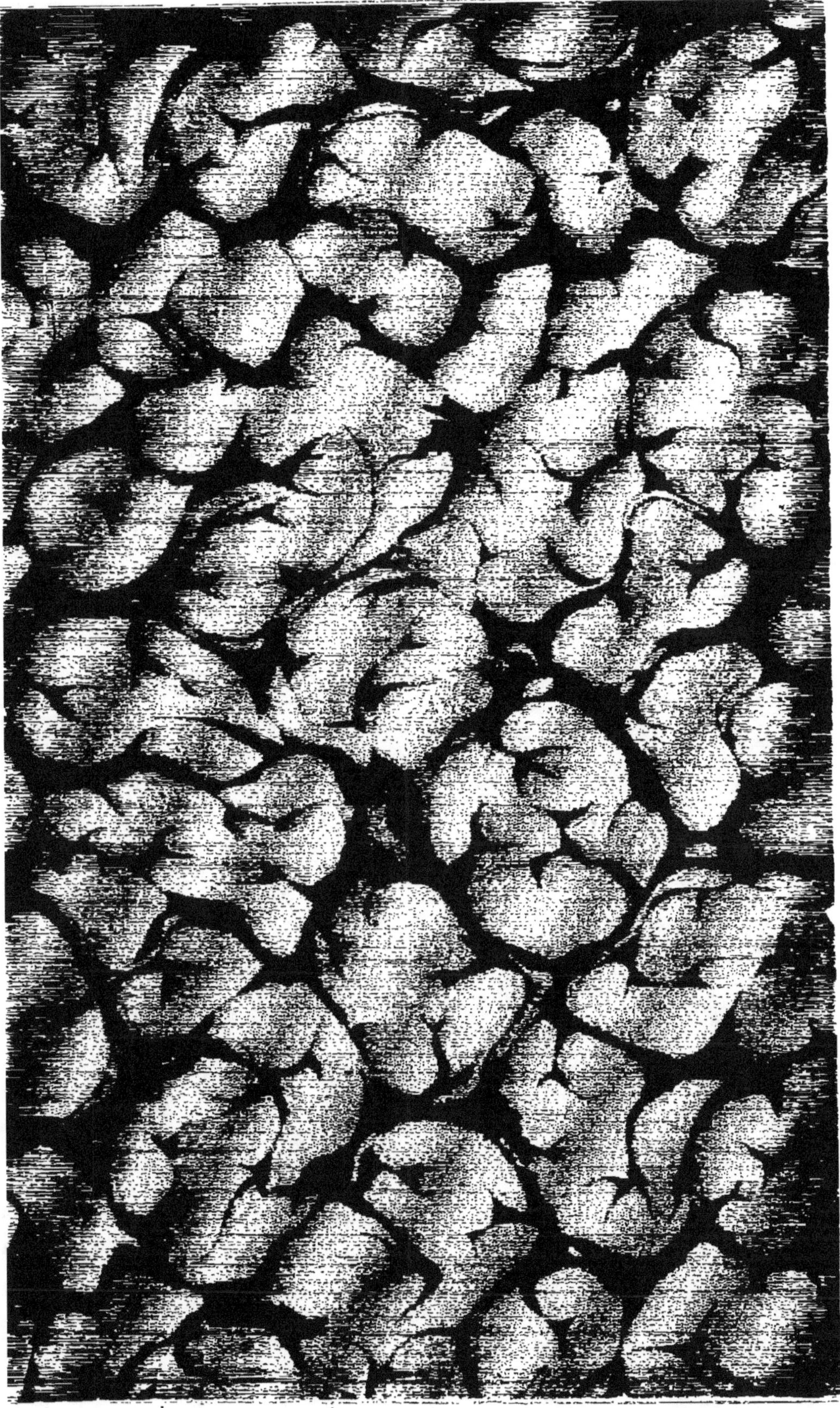

SAINTE REINE

D'ALISE

ÉTUDES SUR SA VIE,
LES ACTES DE SON MARTYRE ET SON CULTE.

AVEC DESSINS DE M. LE DOCTEUR F. LÉPINE.

PAR M. L'ABBÉ QUILLOT

Curé d'Alise Sainte Reine

PARIS

RENÉ HATON, libraire-éditeur,

33, rue Bonaparte, 33

1881

SAINTE REINE

D'ALISE

IMPRIMATUR :

DIVIONE, *die 24° Augusti 1880.*

E. JOLY,
V. G.

Cîteaux *(Côte-d'Or).* — Imprimerie et Librairie Saint-Joseph. — 9—

SAINTE REINE, PRIEZ POUR NOUS.

SAINTE REINE

D'ALISE

ÉTUDES SUR SA VIE,
LES ACTES DE SON MARTYRE ET SON CULTE.

AVEC DESSINS DE M. LE DOCTEUR F. LÉPINE.

PAR M. L'ABBÉ QUILLOT

Curé d'Alise Sainte Reine

PARIS

RENÉ HATON, libraire-éditeur,

33, rue Bonaparte, 33

1881

PRÉFACE.

Le xviiie siècle avait démoli, le xixe devait reconstruire.

Pour leur part, les Catholiques du xixe siècle comprirent cette nécessité et sans tarder se mirent à l'œuvre.

Le xviiie siècle, après avoir déversé sur la religion le sarcasme et le mensonge, avait dépouillé l'Eglise de ses libertés nécessaires, de ses biens et même de son existence légale en France.

Par le concordat de 1801, Napoléon Ier lui rendit cette existence légale, avec une indemnité annuelle pour ses biens vendus. L'Église retrouva la liberté de la parole dans ses temples et la liberté de l'administration des Sacrements. Elle put faire sentir sa bénigne influence aux âmes des fidèles qui venaient prier avec elle, mais cette vie intérieure est insuffisante à celle qui a entendu cette divine parole : « Allez et enseignez toutes les nations, » il lui faut encore une vie publique et d'expansion pour conquérir les âmes.

Chateaubriand, de Maistre, de Bonald,

essayèrent de la faire rentrer dans la vie publique « en établissant magnifiquement le règne du Christianisme sur la politique, sur la philosophie, sur les sciences, les lettres et les arts. (1) »

Lamennais, Lacordaire et Montalembert firent un pas de plus. Napoléon Ier, en créant le monopole de l'Université, avait enlevé à l'Église la liberté d'enseignement : liberté nécessaire pour la conservation de la grâce du Baptême dans l'âme de l'enfant et pour le recrutement du Sacerdoce. Lacordaire et Montalembert commencèrent cette revendication. La lutte fut longue, mais les catholiques furent persévérants. De grands Évêques, tels que Mgr Parisis, Mgr Dupanloup, ne craignirent pas de descendre dans l'arène et d'arracher aux gouvernements morceaux par morceaux cette précieuse liberté. Profitant de leurs victoires, les Frères et les Sœurs de différentes congrégations multiplièrent les écoles primaires catholiques. M. de Falloux, ministre de l'instruction publique en 1850, permit aux Évêques et aux Ordres religieux d'ajouter aux petits séminaires des collèges catholiques. Et enfin, après la victoire de 1875, les Universités Catholiques de Lille, de Paris, de Lyon, de Toulouse et d'Angers sortirent de terre, comme par enchantement.

Avec la nouvelle société, gouvernée par

____

1. Mgr. Parisis. Lettre au C. de Montalembert, 11 novembre 1844.

e suffrage universel, c'est-à-dire par la pensée collective des majorités, une nouvelle puissance s'était établie en France : la puissance du journalisme. Issu des passions politiques, le journal devint bientôt dans les moments de calme une affaire commerciale. Les souscripteurs actionnaires y cherchèrent avant tout des dividendes et les rédacteurs de bons appointements. La vérité et les convictions furent sacrifiées ; pour attirer les abonnés, on flatta les passions : la politique et les romans devinrent les leviers du journalisme et la littérature se fit à son image. Lorsque le journal ne professait pas le mépris de la religion, il faisait silence sur les remarquables publications des Catholiques. Ceux-ci essayèrent de s'emparer de cette puissance en créant eux-mêmes des feuilles quotidiennes. Lutte difficile ! « Comme les ministres de la parole divine, le journalisme religieux est, et par le nombre, et par la richesse, et par toutes les ressources humaines, moins fort que ses adversaires ; comme eux il protège le faible contre le puissant et l'humble de cœur contre le superbe ; comme eux il combat les passions mauvaises et en les combattant, souvent il les soulève contre lui-même et il n'est pas de moyens que les ennemis de Dieu ne mettent en jeu pour lui imposer silence.... Ceux qui doivent le plus facilement remporter sur le peuple une victoire décisive ce sont ceux qui flattent ses passions... Comme parmi les hommes, les goûts dépravés sont presque toujours ou les plus dominants ou les plus promptement éveillés, c'est en favorisant ces penchants mauvais que le journalisme obtient des lecteurs plus nombreux, plus crédules et plus dévoués. (1) »

Cependant la vie chrétienne se répandait de plus en plus. Les œuvres Catholiques surgissaient de toutes parts : l'association de la Propagation de la foi, l'Archiconfrérie pour la conversion des pécheurs, les mois de Marie, les Conférences de S. Vincent de Paul, la résurrection des Ordres religieux, l'institution des Petites Sœurs des pauvres, le Denier de S. Pierre, les Zouaves pontificaux, les apparitions de la Sainte Vierge, les pèlerinages manifestaient hautement la vitalité de l'Église en France. Le système du silence n'était plus possible. La presse matérialiste et libre penseuse essaya des moqueries et des dédains et la presse catholique des apologies. *L'avenir, l'Ami de la Religion, l'Univers, le Monde, Le Correspondant* conquirent leur place dans la publicité, et un grand nombre de journaux, encouragés par leur vaillance, ne craignirent plus de manifester leur respect pour la religion, respect qui fit désormais partie de leur système politique.

Pendant ce temps-là, d'autres chrétiens, comme les Juifs qui rebâtissaient le temple

1. Mgr Parisis. Cas de conscience 1847, 7e cas journalisme.

et les murs de Jérusalem après la captivité de Babylone, défendaient leur religion partout où elle était attaquée en même temps qu'ils divulguaient son enseignement. Aug. Nicolas dans ses *Etudes philosophiques sur le Christianisme* montrait ses racines profondes dans les traditions de tous les peuples et son accord avec la raison humaine ; dans la chaire de Notre-Dame de Paris, Lacordaire mettait ses dogmes en lumières devant un auditoire rationaliste ; Montalembert à la tribune essayait de faire rentrer la religion dans les lois ; l'historien Rorhbacher s'attachait à combattre le Gallicanisme en établissant l'autorité divine du pouvoir des Papes ; Mgr Gerbet, en dénonçant les erreurs de la philosophie moderne, prouvait la nécessité d'un accord entre la religion et la philosophie, et dans l'histoire Gorini vengeait l'Église par sa réfutation des erreurs historiques modernes.

Dans ce grand mouvement chrétien l'hagiographie ne fut pas oubliée.

La vie des Saints est un des aliments les plus substantiels de la vie surnaturelle. A mesure que la vie religieuse rentrait dans les âmes, le besoin de cet aliment se fit sentir et de ce côté encore le XIXe siècle n'avait guère trouvé que des ruines.

Sous prétexte que la vie des Saints ne reposait que sur des légendes sans valeur, Baillet et son école avaient soumis l'hagiographie à une critique outrée. Supprimant les miracles et le surnaturel de la vie des Saints, ils réduisaient ces derniers aux proportions de simples grands hommes, quand ils n'avaient pu nier leur existence ou la certitude de leur histoire. La vie des Saints par Godescard était le produit le plus orthodoxe de cette hypercritique.

Le comte de Montalembert avec sa : *Vie de Sainte Elisabeth de Hongrie*, Lacordaire avec sa : *Vie de Saint Dominique* commencèrent la réaction contre cette manière d'écrire l'histoire des Saints. D. Pitra : *Histoire de S. Léger*, M. Faillon : *Monuments inédits sur Ste Marie-Madeleine, etc.* M. Bougaud : *Étude sur S. Bénigne* et beaucoup d'autres. continuèrent ce mouvement, remontant aux sources, discutant les légendes anciennes, sachant se tenir à égale distance de la fausse légende et de la fausse critique. D. Guéranger : *Actes des Martyrs*, Mgr Guérin : *Petits Bollandistes*, l'abbé Duplus : *Vie des Saints du diocèse de Dijon* et d'autres appliquèrent la même méthode aux collections des Vies des Saints (1). C'est pour apporter ma pierre à cette reconstruction que j'ai entrepris ce travail sur Sainte Reine.

Cette Sainte, si célèbre au Moyen-Age et au xviie siècle par l'éclat et le grand nombre de ses miracles, n'avait pas trouvé grâce aux yeux de Baillet. Il en avait fait une sainte quelconque du nom de Reine,

1. Pour une énumération plus complète, voir les Petits Bollandistes. t. XVII.

laquelle était morte en défendant sa virginité sous Aurélien ou pendant l'invasion des barbares. Courtépée avait affirmé, en passant, que les Actes de Sainte Reine ne remontaient qu'au ixe siècle (1). Et les Bollandistes en 1761, écrivant sous l'influence de cette école, avaient déclaré les Actes du martyre de Sainte Reine incertains et suspects sinon faux (2).

Le peuple n'avait rien admis de ces nouvelles idées, il avait conservé sa croyance entière avec sa confiance en Sainte Reine, mais les hommes instruits, sans approfondir le sujet, avaient adopté les conclusions de ces savants et regardaient la vie de Sainte Reine comme une pieuse légende, un d'entre eux, allant plus loin, n'avait vu dans la légende qu'une allégorie : la personnification de la Gaule chrétienne victorieuse à son tour des Romains, vainqueurs de la Gaule païenne.

Baillet ne discute pas la vie de Sainte Reine, il ne donne que ses oppositions. Courtépée n'a pas étudié la question et se sert maladroitement des Actes de Théophile et d'une affirmation de Rhaban Maur. Mais l'autorité des Bollandistes est autrement grave et c'est à combattre leurs conclusions que je me suis appliqué. L'entreprise pourrait paraître téméraire et ressembler au

1. Description du Duché de Bourg. 4 vol. Tome 3.

2. Acta Sanctorum. 3e vol. de Septembre :

combat d'un pygmée contre un géant, s'il n'était avéré que les Bollandistes au xviiie siècle ont modifié leurs premières règles de critique pour adopter en partie celles de Baillet et Tillemont. En particulier le P. Suysken, l'auteur du travail sur Sainte Reine, est connu entre tous par son exagération dans l'application des règles de la critique à la vie des Saints. J'en donnerai comme preuve le témoignage du savant D. Paul Piolin des Bénédictins de Solesmes. Voici la réponse qu'il m'envoya le 5 juin 1879 : « Je partage entièrement votre manière d'apprécier le jugement des Bollandistes sur les Actes de Sainte Reine. On peut dire, sans courir risque de se tromper, qu'à partir du mois de Juillet ces savants ont suivi des règles exagérées et qui sont en opposition avec celles qu'ils avaient adoptées et suivies dans le commencement. Le P. Suysken est précisément l'un de ces critiques outrés ; leurs successeurs sont plus raisonnables. »

M. l'abbé H. Duplus, dans sa *Vie des Saints du diocèse de Dijon*, (Ch. Vie de Sainte Reine,) dit en note : « Les notes critiques des Bollandistes *(VII sept.)* sont plus que sévères. » D'autres prêtres instruits, que j'ai consultés, portent le même jugement.

Je me suis donc proposé d'abord de prouver l'antiquité et l'authenticité des Actes du martyre de Sainte Reine, en me servant des règles de critique de Baillet même et en montrant que les objections des Bollandistes ne sont pas suffisantes pour détruire l'autorité de ces Actes.

Dans ma seconde partie, j'ai examiné les traditions locales les plus anciennes dans leurs rapports entre les Actes du martyre de Sainte Reine et je les ai séparées des traditions modernes consignées dans la légende qui nous vient d'Allemagne.

L'histoire du Culte de Sainte Reine, qui compose ma troisième partie, est entièrement neuve. Les historiens bénédictins de la Sainte martyre ont laissé complètement dans l'ombre Alise et sa fontaine pour ne parler que des reliques conservées à Flavigny. J'ai puisé les faits de cette troisième partie principalement aux Archives de l'évêché d'Autun, aux Archives départementales de Dijon et aux Archives de la commune et de l'hôpital de Sainte Reine.

Je prie Sainte Reine de bénir ces Études et l'auteur.

ALISE SAINTE REINE, *le 7 Septembre 1880.*

QUILLOT,

Curé de Sainte Reine.

PREMIÈRE PARTIE.

CHAPITRE I.

Actes primitifs.

I. LES ACTES AUTHENTIQUES DU MARTYRE DE SAINTE REINE ONT-ILS EXISTÉ?

Pour écrire la vie des saints martyrs on a ordinairement deux sources : les Actes du martyre et les traditions locales. Les traditions les plus anciennes nous rappellent les lieux où les Saints furent arrêtés, emprisonnés, martyrisés, mais les détails du martyre ne nous sont conservés que par les Actes.

Sainte Reine a-t-elle eu son notaire? Les Actes authentiques de son martyre ont-ils existé?

Pour répondre à cette question, il faut remonter la suite des siècles et en examiner les témoignages écrits dans les martyrologes et les calendriers.

Le plus ancien de tous les martyrologes que nous possédons est celui de Saint Jérôme ou d'Eusèbe. Les uns prétendent qu'Eusèbe, après avoir fini son grand ouvrage d'*Histoire ecclésiastique* en fit un abrégé en forme de calendrier des martyrs et que Saint Jérôme le traduisit en latin. D'autres pensent que Saint Jérôme le composa sur les Actes réunis par Eusèbe et sur d'autres qu'il recueillit dans ses voyages. Enfin ceux qui ne veulent admettre ni Eusèbe, ni Saint Jérôme comme auteurs de ce martyrologe conviennent au moins que le rédacteur était contemporain de Saint Jérôme. On peut donc dire que ce martyrologe a été rédigé entre les années 325 et 328 ou au plus tard en 420 et la raison qu'on en donne, c'est qu'on n'y trouve pas les noms des martyrs du Ve siècle (1).

Or on lit dans les différents exemplaires de ce martyrologe : « Le 7 des ides de septembre, à Alise au territoire d'Autun, passion de Sainte Reine, » — ou bien : « Le 7 des ides de septembre, Sainte Reine, martyre, » — ou bien : « Le 7 des ides de septembre, Sainte Reine, vierge, (2) » — ou bien : « Dans la cité d'Autun en un lieu appelé Alise, naissance de Sainte Reine, martyre, le 7 des ides de septembre. (3) »

Comme on le voit, le martyrologe de Saint Jérôme n'est qu'un calendrier, mais dès le IVe siècle la passion de Sainte Reine est connue

1. Bougaud. Étude sur S. Bénigne, p. 135.

2. D. Martène : (Ex ms. codice Corbeiensi) : VII idus (septembris) Augustiduno loco Alisina, passio S. Reginæ. — (Ex ms. monasterii S. Germani Autissiodorensis) : VII idus (septembris) Reginæ martyris. — (Ex ms. Lyrensis monasterii) : VII idus (septembris) Sanctæ Reginæ virginis.

3. Martyrologium vetustissimum S. Hieronymi presbyteri nomine insignitum : « VII idus septembris, Augustiduno civitate, loco qui dicitur Alisia, natalis sanctæ Reginæ martyris. » (Ex antiquissimo ms. abbatiæ Corbeiensi. — D. Luc d'Achery, Spicil. 2e vol. in-fol.)

jusqu'en Orient. Les Églises ayant coutume au IIIe siècle d'envoyer les Actes des martyrs à Rome, d'où ils nous revinrent souvent après la persécution, il faut que Saint Jérôme dans son voyage en Gaule ou son séjour à Rome ait pris connaissance des Actes de Sainte Reine pour expliquer la mention qu'il en fait, et les Actes que lut Saint Jérôme ou son contemporain sont évidemment des Actes primitifs, puisque Sainte Reine souffrit en 286.

On pourrait peut-être objecter le silence de Grégoire de Tours au VIe siècle. Ce silence doit plutôt servir à prouver que le martyre de Sainte Reine était écrit et connu à cette époque, car Grégoire de Tours n'a eu l'intention de transmettre à la postérité que les miracles et les actions des Saints, qui n'étaient pas écrits : « Que tel ait été son but, dit D. Ruynart (1), on le voit dans la préface de ses livres, dans la préface du livre : *De gloria confessorum* et plus au long dans le corps de cet ouvrage : « *Licet jam dixerimus in prologo libri hujus ut ea tantum scriberemus quæ Deus post obitum... operari dignatus est. Tamen non puto absurdum duci, si de illorum memoremus aliqua, de quibus nulla cognovimus esse conscripta.* » Il est donc évident, continue D. Ruynart, que Grégoire de Tours passera sous silence les actions des Saints qui sont connus et dont on possède la vie. » Ainsi le silence de Grégoire de Tours, loin de prouver contre l'existence des Actes de Sainte Reine est au contraire une preuve en sa faveur, car il le dit : Si un Saint n'est pas

1. D. Ruynart, éditeur de Grég. de Tours. Préface n° 71.

connu, il raconte sa vie ; si sa vie est publiée, il la passe sous silence.

Le Vénérable Bède, qui vint jusqu'à Langres en 716 et mourut en 737, inscrit le nom de la Sainte martyre : « Dans la Gaule... le même jour, naissance de Sainte Reine, vierge (1) » et il affirme lui-même qu'il n'a rien écrit touchant les Saints sans un examen approfondi des monuments anciens (2).

Mais si son témoignage n'est pas assez explicite, en voici d'autres absolument positifs.

Dans le martyrologe du diacre Vandalbert, abbé de Prume au diocèse de Trèves (842) on lit : « VII septembre, naissance de Sainte Reine martyre, *dont on a les Actes.* (3) »

Et Rhaban Maur, qui écrivait en 856, dit également : « En la cité Eduenne, dans les Gaules à Alise, naissance de Sainte Reine, martyre, *dont on a les Actes, cujus gesta habentur.* (4) » Rhaban Maur, qui affirme aussi nettement l'existence des Actes du martyre de Sainte Reine, était archevêque de Mayence, l'homme le plus savant de son siècle. « Disciple d'Alcuin, maître de Walafrid Strabon, de Loup de Ferrière, de Rudolf et d'une

1. Martyrologium Bedæ, publié avec des additions par les Bollandistes. Au tome II de mars, voici ce qu'on lit aux additions : « B (ms. Barberiniacum) in Gallia eodem die natale S. Reginæ, virginis. »

2. Vita sanct. abbatum Wirmuthensis, lib. II in fine.

3. Vandalberti martyrologium (en marge : 842 anno) VII septembris : « Et natale Sanctæ Reginæ martyris. Cujus gesta habentur.» D. Luc d'Achery, Spicil. 2ᵉ volume in-fol. p. 52.)

4. Ædua civitate, in Galliis, loco Alisiana, natale Sanctæ Reginæ martyris, cujus gesta habentur. » Boll. IIIᵉ vol. septembre. (art. S. Reine.)

foule d'autres hommes éminents, ami d'Hinc-
mar de Rheims, en rapport avec tous les savants
de son siècle, on le voit ne reculer devant
aucune étude, devant aucun voyage, aucune
correspondance pour approfondir et éclaircir les
questions difficiles. Mais ce qui donne à cet
auteur une autorité particulière dans la question qui nous occupe, c'est son voyage d'Orient.
Il est certain, en effet, qu'il visita les lieux saints
de la Palestine et qu'il parcourut tout l'O-
rient. (1) » Si ces Actes (*cujus gesta habentur*)
n'étaient qu'une abréviation des Actes de Sainte
Marguerite d'Antioche, comme les Bollandistes, après Baillet, en ont émis le doute,
Rhaban Maur, curieux, comme il était, d'antiquités et de traditions ecclésiastiques, n'eut pas
manqué de l'apprendre et de le noter. Donc
quand un savant comme Rhaban Maur affirme
sans hésitation que l'on possède en 856 les
Actes de Sainte Reine, on ne peut appliquer
cette parole qu'aux Actes anciens, aux Actes
authentiques. Il ne pouvait s'y tromper.

Nous pourrions arrêter là notre démonstration, il nous semble intéressant de continuer
la revue des martyrologes.

Nous en rencontrons deux en la même année
875 : le martyrologe d'Usuard et celui d'Adon.

Usuard s'exprime ainsi : « Au territoire
d'Autun, martyre de Sainte Reine, vierge, qui,
sous le proconsul Olibrius, supporta les supplices du chevalet, de la prison, des torches
ardentes et finit par être condamnée à subir la
peine capitale. (2) »

1. Bougaud. Étude sur S. Bénigne, p. 128.
2. In territorio Augustodunensi, Sanctæ Reginæ, virgi-
. nis, quæ, sub proconsule Olibrio, equulei, carceris ac lam-

Nous ne sommes plus en présence d'un simple calendrier, c'est une analyse claire, concise, complète du martyre de Sainte Reine et ce ne peut être que l'analyse des Actes de cette Sainte (1). Usuard, mieux que personne, devait connaître les saints de l'Eglise d'Autun, étant, peut-être, originaire de la Bourgogne, ou du moins parent du comte d'Autun, Humfrid, qu'il venait visiter au château d'Argilly. Du reste le martyrologe d'Usuard, moine de Saint-Germain des Prés, répandu dans toute l'Eglise, est célèbre par son exactitude. Il est copié par le martyrologe romain : « Au territoire d'Autun, naissance de Sainte Reine, vierge et martyre, qui sous le proconsul Olibrius supporta les supplices de la prison, du chevalet et des torches ardentes et enfin condamnée à la peine capitale s'envola vers son époux. (2) »

Nous lisons également dans le martyrologe d'Adon : « VII des ides de septembre. A Alise, ville autrefois très forte et détruite par Jules César, naissance de Sainte Reine, vierge, qui, sous le proconsul Olibrius, fut publiquement battue de verges pour la foi du

padarum perpessa supplicia, tandem capitali sententia finiri est jussa. (Boll. art. Sainte Reine.)

1. Les Bollandistes n'hésitent pas à l'affirmer : « Usuardus sæculi IX martyrologus elogium sanctæ ex alterutris (nos actes anciens et ceux de Théophile) haud dubie desumpserit. Eadem etiam nota fuerunt Rabano ejusdem sæculi scriptori. (III vol. 7^bris, art. S. Reine.)

2. In territorio Augustodunensi, Sanctæ Reginæ, virginis et martyris, quæ, sub proconsule Olibrio, carceris, equulei ac lampadarum perpessa supplicia demum capitali sententiâ damnata, migravit ad sponsum.

Christ et après avoir été jetée en prison, étendue sur le chevalet, dépouillée honteusement de ses vêtements et brûlée avec des torches, finit par être décapitée. Ainsi son âme s'envola vers les demeures célestes, laissant à la terre son corps tronqué. Il se fait de très nombreux miracles au lieu de sa sépulture. (1) »

Adon était archevêque de Vienne et Usuard moine à Paris, ils écrivaient en même temps, ils écrivaient les mêmes choses, dira-t-on qu'ils se sont inspirés des traditions orales de l'Auxois ? Adon pourrait autoriser cette supposition, lorsqu'il ajoute : Il se fait de très nombreux miracles au lieu de sa sépulture, car ce n'est pas dans les Actes du martyre de Sainte Reine qu'il a puisé ce renseignement. Mais cette supposition devient impossible après l'affirmation de Rhaban Maur et du diacre Vandalbert : *cujus gesta habentur.* Des auteurs comme Usuard et Adon n'auraient pu utiliser les traditions locales qu'au défaut des Actes du martyre et du moment que ces Actes existaient, nous ne devons voir dans les détails donnés par eux que l'analyse des Actes de Sainte Reine. — Les témoignages d'Usuard et d'Adon sont donc précieux pour nous, parce qu'ils nous permettent de vérifier si nous pos-

---

1. VII idus septembris. Apud Alesiam quæ olim fortissima civitas a Julio Cæsare fuerat destructa, natalis Sanctæ Reginæ, virginis quæ, sub Olibrio proconsule, pro fide Christi publice virgis cæsa : post carcerem et eculei extencionem, post turpissimam denudationem et ignis exustionem : tandem capitali sententia jussa est finiri. Sicque spiritus cœlestia petens, truncus corporis terræ hærens. Fiunt loco ejus sepulturæ creberrima miracula. (Martyr. Adonis, éd. de Giorgi. Rome, 1745, t. II. p. 453.)

sédons les Actes authentiques de la Vierge de l'Auxois.

Après ces martyrologes, nous ne trouvons plus que le martyrologe de Flavigny, qui s'exprime ainsi : « Au territoire des Eduens, dans le lieu appelé Alise, ville autrefois très forte, mais détruite par Jules César, le VII des ides de Septembre, naissance ou passion de la très sainte dame Reine, vierge et martyre du Christ, dont le corps tout à fait vénérable et très saint fut transporté et renfermé avec honneur au monastère de Flavigny le XII des calendes d'Avril de l'année de l'Incarnation huit cent soixante-quatrième, en présence d'un grand nombre de personnes qui chantaient les louanges de Dieu. A Alise et à Flavigny, Sainte Reine brille par de nombreux miracles. (1) »

Les martyrologes de Saint Jean de Réome et de Notre-Dame de Semur copient le martyrologe de Flavigny. — Ces pièces du XIe et XIIe siècles ne donnent aucun détail sur le martyre de Sainte Reine, parce que les Actes du martyre avaient pour eux la croyance universelle, elles préfèrent relater un événement

---

1. VII idus septembris, in Gallia territorio Eduorum, nuncupato loco Alisia, quæ olim fortissima civitas, sed a Julio Cæsare fuerat destructa, natalis sive passio sacratissimæ Domnæ Reginæ, virginis et martyris Christi, cujus per omnia venerabile et sanctissimum corpus anno Incarnationis Domini octingentesimo sexagesimo quarto, XII Kalendas aprilis cum divinis laudibus, innumera comitante caterva, delatum ad Flaviniacum cœnobium, nobiliterque reconditum, utroque loco crebris coruscat miraculis. — Les martyrologes de Flavigny, de S. Jean de Réome et de Notre-Dame de Semur, des XIe et XIIe siècles, qui ont appartenu à la Reine de Suède, sont aujourd'hui au Vatican sous les n°s 511, 512 et 514. (Bolland. IIIe vol. 7bre Art. S^{te}. Reine.)

d'une grande importance pour le monastère des Bénédictins et pour le culte de Sainte Reine.

Il n'est pas moins vrai que Saint Jérôme a dû lire les Actes authentiques de Sainte Reine au IVe siècle; qu'au témoignage du diacre Vandalbert et de Rhaban Maur, ils existaient en 842 et 856 et qu'Usuard ainsi qu'Adon nous en ont conservé le résumé.

II. POSSÉDONS-NOUS LES ACTES PRIMITIFS DU MARTYRE DE SAINTE REINE ?

Deux monuments ou pièces historiques pourraient se disputer le titre d'Actes authentiques du martyre de Sainte Reine : l'un sans nom d'auteur, l'autre portant le nom de Théophile.

Je dirai tout d'abord qu'il n'y a pas eu d'hésitation parmi les hagiographes : aucun n'a pris les Actes de Théophile pour les Actes primitifs du martyre de Sainte Reine. La question aujourd'hui se réduit donc à savoir, si les Actes, sans nom d'auteur, sont les Actes authentiques de Sainte Reine.

Les Bollandistes en possédaient deux versions manuscrites (1) : l'une qui vient on ne sait d'où et qui a été reproduite par Mombritius (2); l'autre qui vient d'Utrecht et qui a été éditée par les Bollandistes. Cette dernière commence ainsi : *Temporibus Maximiani imperatoris, sub Olibrio præside, passa est Regina Virgo, Clementis cujusdam gentilis unica filia,* — tandis que la première débute par :

1. Bollandistes, 3e vol. sept. — 1761 — R. P. Suysken.

2. Mombritius. Sanctuarium sive vitæ Sanctorum.

Sub Olibrio præside, passa est, etc, ne faisant pas mention de l'époque du martyre. Au XIIIme siècle, ces mêmes Actes insérés dans le *Speculum historiale* (1) de Vincent de Beauvais, commencent également par ces mots : *Sub Olibrio passa est virgo Regina, Clementis cujusdam gentilis* : mais ils sont rapportés au temps des empereurs Galère et Maximien *(tempora Galeri et Maximini imp.)*

Je donne ici la traduction littérale du manuscrit d'Utrecht.

« PASSION. (2)

(auteur inconnu)

1° Sous le règne de Maximien, le Président Olibrius fit souffrir une jeune vierge nommée Reine, fille unique d'un païen nommé Clément. Agée de quinze ans, elle se plaisait à écouter le récit des souffrances des saints et elle mettait toute son espérance dans le Seigneur. Olibrius, venant de Marseille, passait à Alise, assis sur son char, lorsqu'il vit cette jeune fille d'une grande beauté et, poussé par ses passions, il ordonna de la saisir. Celle-ci adressa une prière à Dieu et fut amenée devant lui. Interrogée sur sa famille, son nom et sa profession, elle répondit qu'elle était de famille libre, qu'elle s'appelait Reine et adorait la Sainte Trinité. Le préfet lui dit : Tu portes donc le nom du Galiléen ou Nazaréen? Reine répondit : C'est mon nom, si toutefois je mérite que l'on invo-

---

1. Vincent de Beauvais : Speculum historiale, liv. XIII, ch. 29.

2. Voir le texte latin aux pièces justificatives, n° 1.

que à mon sujet mon Seigneur Jésus-Christ,
qu'il me couvre de son ombre et me protège
comme sa servante. »

2° Alors l'impie préfet ordonna qu'elle fût
gardée jusqu'à ce qu'il vînt dans la ville et commanda de la conserver en prison, jusqu'à ce
qu'il eût offert des sacrifices, pour l'interro-
ger en public. Etant entré dans la ville
d'Alise, il immola à ses dieux, s'assit publiquement devant (1) le tribunal et donna l'ordre
d'amener la jeune fille. A la vue de sa beauté
son âme fut fortement troublée et il lui dit :
« Reconnais nos dieux, jeune fille, car j'ai
pitié de toi à cause de tes grâces et de ta jeunesse, je te donnerai de grandes richesses
et les autres jeunes filles te porteront envie,
sinon tu devras supporter les plus grands
supplices, tu seras couverte de plaies et
ton faible corps sera taillé par le glaive, con-
sumé par les feux les plus violents. » Comme
elle persévérait avec constance et sans frayeur
à confesser le Christ, il ordonna de lui enlever
ses vêtements, de l'appliquer sur le chevalet et
de la frapper avec des verges flexibles.

3° Mais celle-ci étendue sur le chevalet ne
sentait pas la douleur, elle regardait le ciel et
disait : « J'ai mis mon espoir en vous, Seigneur, je ne serai point confondue pour l'éternité. » Pendant que ses tendres membres
étaient frappés et que les verges minces les déchiraient, son sang coulait avec tant d'abondance que les assistants pleuraient sur elle très
amèrement et que plusieurs lui disaient : « O
quelle beauté tu perds par ton incrédulité !
Consens et sacrifie pour sortir des tourments. »

1. Ou sur son tribunal, *pro tribunali.*

Reine leur répondit : « O mauvais conseillers ! O perfides conseils ! Je ne consens pas, je ne sacrifie pas : j'ai avec moi Jésus-Christ qui me fortifie. » Le préfet irrité ordonna aux bourreaux de la déchirer avec des ongles de fer, et de la torturer, de telle sorte que l'impie et cruel préfet se couvrait la face avec son manteau et se détournait pour ne pas voir : les assistants pleuraient de même en voyant ses chairs lacérées.

4° Alors le préfet lui dit : « Qu'y a-t-il, Reine ? ne peux-tu avoir pitié de toi ! Voici que ta chair est torturée et que tes membres sont devenus inutiles : consens à mon désir et sacrifie ; car il ne t'est pas possible de sortir des tourments, si tu ne m'obéis. » Comme elle méprisait ses paroles et le traitait de fou et de malheureux, il ordonna de la déposer et de la reconduire en prison : là, pendant qu'elle priait, une colombe lui apparut subitement, en même temps elle vit une croix qui s'élevait de la prison jusqu'au ciel et la colombe se posant sur la croix disait : « Je te salue, Reine, ta prière est un parfum de suavité, une couronne de gloire t'attend, le paradis est ouvert et tu reposeras avec tes pères. » Alors celle-ci glorifia le Seigneur.

5° Le lendemain matin elle fut ramenée devant le juge : et, comme elle ne voulait consentir à ses désirs, il ordonna de la dépouiller de ses vêtements, de la suspendre au chevalet et de lui appliquer les torches ardentes sur les côtés. Mais levant les yeux au ciel, elle disait : « J'ai passé par le feu et par l'eau et vous m'avez conduite au rafraîchissement. » Alors l'impie préfet ordonna d'apporter un grand vaisseau, de le remplir d'eau, ensuite de la déposer du chevalet, de lui attacher les mains et les pieds et de la jeter dans cette cuve pour la noyer. Mais elle priait disant : « Seigneur, rompez mes liens afin que je vous offre un sacrifice de louanges : que cette eau devienne pour moi une eau de suavité, que cette suffocation devienne pour moi l'illumination du salut. » Quand elle eut prié, ils la jetèrent dans ce vase plein d'eau ; et voici qu'il se fit un grand tremblement de terre, voici que la colombe descendit du ciel tenant une couronne dans son bec ; en même temps, les liens de la bienheureuse Reine se rompirent et elle sortit de l'eau, louant, bénissant le Seigneur et disant : « Le Seigneur a régné, il est revêtu de splendeur. Seigneur Jésus-Christ, vous m'avez illuminée et vous m'avez sauvée par votre pitié pour une pauvre jeune fille : soyez béni dans tous les siècles. » Et la voix de la colombe se fit entendre, disant : « Viens, Reine, dans le repos du Christ, tu es bienheureuse, toi, qui as mérité cette couronne. » Alors quatre-vingt-cinq hommes et femmes crurent au Seigneur. C'est pourquoi Olibrius, plein de fureur, lui fit trancher la tête. »

Ces mêmes Actes donnés par Vincent de Beauvais et Mombritius après ces mots : « C'est pourquoi, Olibrius, plein de fureur, lui fit trancher la tête, » ajoutent : « Cette passion eut lieu le VII des Ides de Septembre. Les anges emportèrent au ciel avec louanges l'âme de Reine en présence de tous les assistants. »

I. L'AUTEUR DE CES ACTES N'EST PAS INCONNU.

« Les traditions sur nos Églises naissantes étaient trop précieuses pour qu'elles n'eussent pas été de bonne heure recueillies par écrit. Les unes, en effet, l'avaient été dès l'origine et par des témoins oculaires ; malheureusement c'était le petit nombre et encore beaucoup de ces pièces antiques s'étaient perdues, soit au milieu des persécutions, surtout celle de Dioclétien, soit au milieu des troubles des guerres civiles ou des invasions barbares. Les autres avaient été rédigées un peu plus tard, aux IVe et Ve siècles, dans les premiers jours de la paix de l'Eglise, par des hommes placés à peu de distance des événements et leurs récits très simples, échos fidèles de la tradition, avaient été reçus avec grand honneur dans l'Eglise et y avaient toujours eu, sinon la réalité, au moins la valeur des pièces originales. (1) »

Or, d'après une tradition de l'Auxois, les Actes du martyre de Sainte Reine furent écrits par un témoin oculaire, par S. Théophile dans sa prison et fort peu de temps après l'événement, puisque lui-même fut martyrisé un an ou deux après Sainte Reine. Cette tradition fut d'abord consignée au VIe ou au VIIe siècle, dans la paraphrase de ces Actes, comme je le prouverai au chapitre suivant, et confirmée ensuite par le calendrier et l'ancien cartulaire de Flavigny (2).

1. Bougaud. Étude sur S. Bén. Introd. 2 et 3.

2. Ansart. Hist. de Sainte Reine et de l'abbaye de Flav. p. 244.

Cette tradition est absolument vénérable par son antiquité et nous n'avons qu'à la défendre par l'examen des Actes mêmes.

II. OBJECTIONS DES BOLLANDISTES.

Les Bollandistes, comparant ces Actes à leur paraphrase, s'expriment ainsi : « Ces Actes sont beaucoup plus purs que ceux de Théophile (actes paraphrasés) et ne contiennent rien qui sente tant soit peu la fable et que l'on soit obligé de rejeter. On n'y trouve pas le prologue des seconds Actes et Théophile n'apparaît pas dans la prison de la martyre. Il n'y a point de ces longs discours impossibles à une jeune fille de quinze ans. Ici, il n'est question ni de la mort de la mère, ni de la nourrice chrétienne, ni du soin de paître les brebis, mais après avoir parlé de l'amour impur d'Olibrius pour la chaste jeune fille, l'auteur raconte de suite le martyre et il faut remarquer qu'il ne dit rien d'incroyable, rien qui soit suspect, si on excepte l'apparition de la croix et de la colombe... Ces Actes sont certainement anciens, car Usuard au IXe siècle en a tiré l'éloge de la Sainte... et ils furent également connus de Rhaban Maur. »

« Et cependant, continue le P. Suysken, je ne puis prouver que ces Actes sont sincères, parce que cette colombe, se posant sur cette croix descendue du ciel et exhortant la martyre, a je ne sais quel goût de fable et de fausse tradition populaire et parce que ces Actes ont pu être abrégés par un homme judicieux se servant des amplifiés. C'est pourquoi je regarde ces Actes comme incertains et suspects, laissant au libre jugement du lecteur ou de les admettre comme tels avec moi ou de les rejeter comme faux. »

Ainsi le P. Suysken ne trouve qu'une tache : le miracle de la colombe. — Mais ce miracle ne sent pas autant la fable que veut bien le dire le savant bollandiste. — Pour ne citer que des Actes loués par les Bollandistes et reproduits par D. Guéranger (1). Saint Hilaire d'Aquilée souffle sur les idoles et les réduit en poudre ; — Saint Caprais voit *une colombe* blanche comme la neige descendre du ciel et poser sur la tête de Sainte Foi une couronne plus brillante que le soleil ; — un ange descend dans la prison de Saint Rufin et de Saint Valère pendant leur sommeil, parle à ces saints martyrs et dépose sur leur front une couronne brillante ; — à Rome, le Sauveur apparaît, plein de gloire et de majesté, à Saint Pantaléon et à ses compagnons ; le tranchant de l'épée s'amollit sur le cou du même martyr et *une voix du ciel* se fait entendre ; dans le martyre de Saint Georges, on entend *une voix du ciel,* il y a une apparition d'un personnage revêtu d'habits blancs comme neige. Ces exemples, qui n'ont pas fait rejeter les Actes de ces saints martyrs, suffisent pour faire absoudre les Actes de Sainte Reine (2).

Et s'il faut un exemple plus local, un ange vient faire communier S. Bénigne dans sa prison et l'âme du martyr s'envole comme une

1. D. Guéranger : Les Actes des martyrs des trois premiers siècles.

2. On pourrait ajouter beaucoup d'autres exemples semblables ; j'ai pris ceux-ci rapidement, au hasard.

colombe blanche à la vue de tout le peuple (1).

Il est vrai que l'apparition de la colombe dans les Actes de Sainte Reine a quelque chose d'inaccoutumé, en ce que l'on fait parler cette colombe, comme autrefois Dieu fit parler l'ânesse de Balaam. Faut-il prendre le fait à la lettre ? Ceux qui ont écrit les Actes des saints n'étaient pas infaillibles. Théophile pourrait avoir pris la voix de Dieu pour la voix de la colombe, sans que la sincérité de son œuvre pût en souffrir. Et de fait, les historiens de Sainte Reine ont généralement interprété cette voix de la colombe par une voix qui venait du ciel. Le contexte favorise cette interprétation. Sainte Reine se dit adoratrice de la Sainte Trinité : « *Sanctæ Trinitatis cultricem,* » et, après cette confession, elle aperçoit une croix, une colombe, et entend une voix ; ne peut-on pas voir dans cette voix, cette croix, cette colombe, la Sainte Trinité se manifestant à Sainte Reine pour la récompenser de sa confession et l'encourager au martyre ? Cette vision ne rappelle-t-elle pas le miracle du baptême de Notre-Seigneur, et le P. Suysken trouverait-il que ce miracle évangélique sent la fable ?

Tous les exemplaires des Actes de Sainte Reine font mention du tremblement de terre, de l'apparition de la colombe et leur attribuent la conversion de quatre-vingt-cinq personnes. Devant cette unanimité des témoignages écrits et cette conséquence du prodige, il est difficile d'admettre que l'histoire de la colombe est une fable ajoutée.

Lorsqu'on lit les réflexions des Bollandistes

_____

1. Bougaud. Étude sur S. Bénigne, pièces justif.

sur les Actes de Sainte Reine, on croit tout
d'abord qu'ils vont les classer parmi les Actes
sincères, car ils en font l'éloge le plus complet.
Puis, il leur semble découvrir une tache et cette
tache jette un nuage devant le jugement qu'ils
allaient en porter ; ils entrent en soupçon et finalement les traitent de suspects et laissent au lecteur le soin de dire qu'ils sont faux. Mais comment les regarder comme faux, après leur avoir
reconnu un si grand air de vérité et d'antiquité ? Voici à quel expédient ils ont recours :
« Ces Actes ont pu être abrégés par un homme
judicieux sur les Actes amplifiés. » Cette as-
sertion ne peut être admise, car cet homme judicieux, qui rejette les traditions respectables
concernant la mort de la mère de Sainte
Reine et celles de la nourrice, traditions auxC-
quelles il ne manque que la certitude historique, n'aurait certainement pu accepter sur la
foi du même amplificateur le miracle de la
colombe, bien plus difficile à admettre ; — il
n'aurait certainement pas passé sous silence le
nom de l'auteur, Théophile, qui se donne
comme témoin oculaire ; — et enfin il faut bien
le dire : la coutume d'abréger les Actes des
martyrs est loin d'être prouvée. « Ces sortes
d'ouvrages, dit Tillemont (1), vont plutôt en
augmentant qu'en diminuant, comme on le
voit par expérience. »

Le P. Suysken avait déclaré incertains et suspects les Actes du martyre de Sainte Reine à
cause du prodige de la colombe. J'ai essayé de
prouver que ce récit ne « sentait pas la fable »,
puisqu'on en trouvait d'équivalents dans les

1. Tillemont. Mém. t. II, p. 551.

Actes sincères des martyrs, puisque cet événement merveilleux rappelait un miracle évangélique, puisqu'on le trouvait dans toutes les copies des Actes de la Sainte et qu'il était la cause d'un fait remarquable : la conversion de quatre-vingt-cinq personnes.

Le P. Suysken avait déclaré faux les Actes de Sainte Reine dans le cas possible où ils ne seraient qu'un abrégé des Actes dits de Théophile. J'ai démontré l'impossibilité de la supposition par l'examen de quelques détails des Actes et par la coutume générale.

Enfin les Bollandistes se demandent si les Actes de Sainte Reine n'ont pas été composés sur ceux de Sainte Marguerite d'Antioche. Le P. Suysken répond : « Au contraire, je soupçonne fortement *(vehementer suspicor)* l'auteur des Actes de Sainte Marguerite d'avoir adapté à cette Sainte les Actes de Sainte Reine en y mêlant de sottes fables. La preuve en est que tout ce qui est dit dans les Actes de Sainte Reine se lit également dans les Actes de Sainte Marguerite, mais amplifié et moins vraisemblable et, d'autre part, tout ce qui est ajouté dans ces derniers est en grande partie absurde ou suspect. De plus, l'auteur des Actes de Sainte Marguerite étant manifestement imposteur, il n'y a pas injustice à le soupçonner d'être plagiaire. »

Deux exemples suffiront pour montrer l'absurdité des additions : Le démon, sous la figure d'un dragon, vient combattre Ste Marguerite dans sa prison. Pendant la discussion, il s'approche de la Sainte, pose sa langue sur la tête de cette jeune fille et par une forte aspiration avale Sainte Marguerite. Celle-ci à ce moment s'arme du signe de la croix, le ventre du dragon se partage en deux et Sainte Marguerite en sort sans avoir souffert. — Arrivée au lieu de son supplice, le bourreau lui déclare qu'il ne veut pas lui couper la tête, parce qu'elle est une Sainte. Elle lui répond qu'il n'ira pas en paradis, s'il ne la tue pas. Alors il lui donne le coup mortel, mais il tombe inanimé à côté de sa victime.

Baronius, S. Pie V et d'autres n'hésitent pas à déclarer, avec les Bollandistes, que ces Actes de Sainte Marguerite sont apocryphes.

III. APPLICATION AUX ACTES DE SAINTE REINE DES RÈGLES EXAGÉRÉES DE CRITIQUE DE BAILLET ET DE TILLEMONT.

« Nous honorons la science profonde de Tillemont, nous reconnaissons l'érudition variée de Baillet ; mais nous n'acceptons pas plus leur critique que nous ne suivons leur théologie. » (D. Guéranger, Préf. des Actes des martyrs, p. 21.) Cependant essayons ces règles de critique.

« L'une des règles les plus sûres de notre critique, dit Baillet, est que les Actes des Saints les plus simples et les plus courts sont les meilleurs et portent un caractère d'authenticité. » — « Leur fidélité paraît d'autant plus certaine, dit Tillemont, qu'ils sont courts et extrêmement simples, qui sont les deux caractères qui distinguent les Actes authentiques d'avec ceux qui sont faux ou paraphrasés. (1) »

----

1. Baillet, disc. prélim. 14. — Tillemont, Mém. ecclés. t. 2. p. 435.

Voilà la grande règle de critique pour reconnaître les Actes authentiques. Or il suffit de lire les Actes de Sainte Reine pour voir jusqu'à quel point ils possèdent ce double caractère. Les Bollandistes en ont été frappés et n'ont pu s'empêcher, malgré leur conclusion, de louer la pureté, le naturel et l'antiquité des Actes de Sainte Reine. Sous ce rapport, ils ne craignent pas la comparaison avec les Actes reconnus comme authentiques.

« De plus, ajoutent Tillemont et Baillet, les Actes originaux contiennent peu de longs discours ou de harangues étudiées ; pas d'affectation de science ou de citation d'Ecriture sainte. » Appliquant cette autre règle de critique aux Actes de Sainte Reine, on peut dire qu'ils ne contiennent pas de longs discours, pas de harangues étudiées, pas d'affectation de science, mais Sainte Reine dans ses prières aime à citer la Sainte Ecriture. N'oublions pas ici la tradition locale qui attribue la rédaction de ces Actes à Théophile dans sa prison, un an au moins après le martyre de Sainte Reine et payant pour avoir des renseignements plus précis. Dans les loisirs de sa prison, il a pu méditer les réponses de Sainte Reine et les traduire par les textes équivalents de la Sainte Ecriture. Mais Sainte Reine a pu faire elle-même ces réponses, car il ne faut pas oublier que la Bible et les Actes des martyrs étaient les livres de lecture des premiers chrétiens. Du reste ces citations n'ont rien d'affecté, elles traduisent admirablement le sentiment de la situation de Sainte Reine, et sont assez rares, en somme.

Les Actes que nous examinons renferment également une promesse d'argent : « Je te donnerai de grandes richesses et les autres jeunes filles te porteront envie, » et Tillemont incline à regarder comme faux et suspects les Actes où l'on voit que l'on promettait des récompenses aux martyrs qui renonceraient à la foi. Mais Tillemont nous apprend lui-même que l'histoire de S. Théodote, martyr à Ancyre « est non-seulement belle, animée, mais grave, naturelle et véritablement originale. (1) » Cependant on y voit que le gouverneur fit des promesses au martyr : « *Toti urbi dominaberis, factus sacerdos Apollinis.* » Nous pourrions également citer les Actes de Saint Victor de Marseille, des Saints Donatien et Rogatien de Nantes, de Saint Théodoret d'Antioche et de beaucoup d'autres parfaitement sincères où l'on voit de magnifiques promesses faites aux saints martyrs qui voudraient apostasier. (2) » Cette règle générale souffre donc des exceptions, et s'il y a une situation où l'exception puisse être admise, c'est bien celle de Sainte Reine en face d'un soldat qui veut non-seulement la faire apostasier, mais l'épouser ou la séduire.

Ces objections tirées de la Sainte Ecriture et de la promesse d'argent n'ont donc pas de gravité. Du reste les Bollandistes n'en ont pas parlé.

IV. CONCLUSION.

Les Actes de Sainte Reine ne sont pas suspects, à cause du miracle de la colombe, puisqu'on trouve des miracles équivalents dans les Actes sincères et dans l'Evangile, — ils

1. Till. tom. V. p. 189.
2. Bougaud, Ét. sur S. Bén. l. II. ch. 1.

ne sont pas l'œuvre d'un abréviateur judicieux, puisque ce miracle de la colombe a été conservé. Ces Actes emploient les paroles de la Sainte Ecriture sans affectation. Les règles de critique qui proscrivent les promesses d'argent sont exagérées, puisqu'elles souffrent de nombreuses exceptions. D'autre part, la brièveté, la simplicité, le naturel, le parfum d'antiquité que l'on trouve dans ces Actes de Sainte Reine prouvent que nous possédons des Actes authentiques : ceux dont parlent Rhaban Maur et le diacre Vandalbert, *cujus gesta habentur* et ceux qu'Usuard résuma en 875.

Faut-il conclure, avec la tradition de l'Auxois, que nous possédons les Actes rédigés par S. Théophile vers l'an 287 ? D'abord nous pouvons affirmer qu'ils sont antérieurs au VIe siècle. Que sont, en effet, les vies des Saints que l'on composa aux VIe et VIIe siècles ? « Ce sont, disent les savants auteurs de l'*Histoire littéraire*, plutôt! des éloges et des panégyriques, que des relations simples et naïves de leurs actions et de leurs vertus. On y employa une fausse éloquence qui ne consistait qu'en des pensées peu justes et peu naturelles, des tours guindés, des expressions affectées, des pointes recherchées, un amas d'épithètes sans ordre, sans discernement; des cadences réitérées, mais plus propres à ennuyer qu'à réveiller l'attention du lecteur. (1) »

On chercherait vainement ces défauts dans les Actes que nous examinons. Donc les Actes de Sainte Reine remontent au moins au Ve siècle et si nous pouvons les suivre ainsi

____

1. Hist. litt. t. III. p. 455.

jusqu'au Ve siècle, il n'y a pas témérité à dire que ce sont les Actes primitifs, rédigés en 287 par S. Théophile.

Avons-nous l'original de ces Actes ? Evidemment non, car un manuscrit commence par ces mots : *Temporibus Maximiani imperatoris*, qui manquent dans les deux autres et les deux autres ont ajouté cette phrase qui n'est pas dans le premier : *Hujus passio recolitur septimo idus septembris*. Quelle que soit la fidélité du récit intercalé entre ces deux phrases et son entière ressemblance dans les trois manuscrits, ces phrases du commencement et de la fin sont certainement des additions faites dans les copies de ces Actes. Si Théophile avait donné cette date : *Temporibus Maximiani imperatoris*, aucune copie ne l'aurait supprimée et on peut en dire autant du *septimo idus septembris*.

C'est peut-être en cela que je suis d'accord avec les Bollandistes, mais il faut convenir que les termes : incertains, suspects et faux, dont ils se sont servis, sonnent mal et semblent porter beaucoup trop loin.

« Pour démontrer l'authenticité d'un ouvrage, il n'est pas nécessaire de produire le manuscrit autographe de l'auteur, puisqu'autrement on ne pourrait prouver celle d'aucun ouvrage de l'antiquité sacrée ou profane. « On n'a plus à présent les autographes des livres sacrés, disent les savants auteurs du *Nouveau Traité de Diplomatique* ; on n'a plus ceux des versions authentiques, on n'a plus ceux des ouvrages des Saints Pères ; on n'a plus ceux des historiens et des auteurs profanes. » (t. I.

p. 228.) — Il suffit donc de produire des copies non suspectes. (1) »

Nous n'avons que des copies des Actes primitifs du martyre de Sainte Reine, mais nous pouvons dire que ces copies, très anciennes (2), contiennent et nous ont conservé dans leur intégrité les Actes primitifs, rédigés dans la prison par S. Théophile, un an environ après la mort de Sainte Reine.

1. Faillon. Monum. inéd.. t. II. ch. 1.

2. Le martyrologe de S. Jérôme disait déjà au IVe siècle : *septimo Idus septembris.*

CHAPITRE II.

ACTES PARAPHRASÉS DU MARTYRE DE SAINTE REINE
AUTREMENT DITS : ACTES DE THÉOPHILE.

Les seconds Actes du martyre de Sainte Reine nous ont été conservés par plusieurs manuscrits. Les Bollandistes en 1761 en possédaient trois : le premier venait de l'abbaye de Vauxcelles (1) ; le second, qui n'était qu'une copie du premier, venait de l'abbaye de Clairmarais (2) ; le troisième était tiré de l'abbaye de Rougeval (3). Un quatrième manuscrit, provenant d'un fond de Clairvaux, existe à la bibliothèque de l'école de médecine de Montpellier (4) ; c'est la traduction de ce dernier que je vais donner. Les Actes de cette seconde classe ont pour auteur indiqué, Théophile, qui se dit témoin oculaire de ce qu'il raconte, mais

1. Valcellensis in Belgio, monastère du Cambrésis.

2. Clarimariscenus, village et monastère du Pas-de-Calais.

3. Rubeo valle in Belgio, Rougeval ou Rougevaux, de l'ordre des Prémontrés au diocèse de Toul. Baillet, vie de S. Matthieu, n° 5, in fine.

4. Cinq vol. ms., gr. in-fol, sur vélin ; 2e vol. 5e passion : Passio Sanctæ Reginæ virginis. M. l'abbé Fabre, vicaire de la cathédrale de Montpellier en 1878, m'a envoyé la copie que je possède.

nous verrons qu'ils ne sont qu'une amplification des Actes primitifs.

« PASSION

DE SAINTE REINE, VIERGE ET MARTYRE.
VII septembre (1).

« Après la résurrection de notre Seigneur et Sauveur, Jésus-Christ, et sa glorieuse ascension vers son Père dans les cieux, et après la mort et le couronnement des bienheureux apôtres, les saints, en grand nombre, souffrirent, vainquirent le malin par la vertu de la croix du Seigneur et méritèrent d'être récompensés par le Seigneur Jésus. Le culte insensé des idoles captivait encore le genre humain et les saints de Dieu n'obtenaient que la haine. Pour moi, ô mes très chers en toutes choses, moi, Théophile, enchaîné au service du Seigneur, appelé par lui, tiré par lui de la profondeur de l'ignorance et baptisé dans les profondeurs de la sagesse et de la science, je me propose de vous faire connaître à tous la glorieuse résolution d'une jeune fille vraiment sainte, nommée Reine, de vous montrer quel courage elle fit paraître et comment elle foula aux pieds l'aiguillon du Diable, par sa confiance en la croix, dans la ville d'Alise, première de Pisidie. Après avoir assisté à sa lutte, je donnai quelque argent de ma bourse et je reçus des notaires le récit des choses qui s'étaient passées de leur temps. C'est donc en toute connaissance de cause que j'ai exposé les choses suivantes pour

1. Voir le texte latin aux monuments historiques et pièces justificatives, no 2.

3

vous tous qui avez cru au Seigneur Jésus-
Christ.

« Reine fut la fille unique d'un payen nommé
Clément. Après sa naissance, on la donna
pour être nourrie au dehors, dans une ferme
éloignée de quinze stades (1) de la cité d'Alise,
et elle fut nourrie par celle qui la reçut chez
elle. Reine perdit bientôt sa mère et l'affection
de sa nourrice redoubla pour elle, mais son
père la prit en haine, parce qu'elle était chrétienne. Elle devint chère au contraire au Seigneur Jésus-Christ. Quand elle fut âgée de
quinze ans, elle se trouvait heureuse dans la
maison de sa nourrice et se plaisait à écouter
le récit des combats de tous les saints martyrs.

« En ce temps, beaucoup de saints ver-
sèrent leur sang pour le nom de Notre-Seigneur
Jésus-Christ, et Reine, éclairée par l'esprit de
Dieu, mettait toute sa confiance dans le Seigneur. Ce fut alors qu'un certain préfet, nommé
Olibrius, venant de Marseille à Alise, passait
en martyrisant les élus de Dieu qu'il rencon-
trait. Or Reine se plaisait à sortir dans la campagne avec les brebis de sa nourrice : elle
imitait l'antique règle de Saint Joseph (2).
Pendant qu'avec ses compagnes, elle paissait les
troupeaux, l'impie Olibrius, passant donc assis
sur son char, vit la jeune fille et fut charmé de
la grande beauté de son visage. Il ordonna de
la saisir en disant : « Si elle est de condition

1. Le stade olympique était de 184m95 : quinze stades
font 2760 mètres.

2. Dans les Actes de Sainte Marguerite d'Antioche, édités par les Bollandistes, on lit : « Sainte Marguerite paissait les brebis de sa nourrice avec humilité, comme
autrefois Rachel, mère du patriarche Joseph. »

libre, elle sera mon épouse : si elle est esclave, elle sera ma concubine. En tout cas, elle sera bien traitée chez moi à cause de sa beauté. » Comme on la saisissait, la jeune servante de Jésus-Christ se mit à crier et à dire : « Jésus-Christ, Seigneur très saint, ne m'abandonnez pas et ne laissez pas souiller mon âme chaste, pure et sans tache. Que ma foi reste intacte, que mon corps ne soit point profané, que mes sentiments ne changent pas, que ma perle ne soit pas jetée dans la fange aux pourceaux, que mes sens ne soient pas livrés à la turpitude et à la folie du diable. Mais envoyez-moi la sagesse, qui vous assiste dans vos jugements, pour m'ouvrir la bouche et me permettre de répondre avec assurance, de résister sans crainte aux méchantes paroles de cet impie. Je me vois comme une brebis au milieu des loups, comme un passereau dans les filets des chasseurs, comme une chèvre prise dans le piège, comme un poisson entouré par les pêcheurs. Secourez-moi, ô Christ, et sauvez-moi ! » — Les soldats rapportèrent ces discours au président et lui dirent : « Il n'est pas en ton pouvoir de communiquer avec elle, car elle n'est pas soumise à notre loi ; elle invoque un certain maître, sublime habitant du ciel. »

Olibrius changea de visage, fit arrêter son char, amener la jeune fille et lui demanda : « De quelle condition es-tu ? » Reine dit : « Je suis de race libre. » — « A qui obéis-tu et quel est ton nom ? » Elle répondit : « Je m'appelle Reine. » — Le préfet ajouta : « Quel Dieu honores-tu, invoques-tu, adores-tu ? Sainte Reine répondit : « J'invoque le Dieu tout-puissant, son Verbe et son Esprit-Saint ;

je crois et confesse la Sainte Trinité en une seule puissance, substance et gloire incompréhensible et inséparable. » — « Tu portes donc le nom du Galiléen ou Nazaréen ? » Reine dit : « Je porte son nom, si toutefois je suis digne de faire invoquer à mon sujet mon Seigneur Jésus, de me reposer à l'ombre de son nom et d'en être protégée comme sa servante. » Alors l'impie préfet ordonna de la garder jusqu'à ce qu'il vînt dans la ville, de la reconduire en prison *(reduci in carcerem)* jusqu'à ce qu'il pût l'entendre en public après avoir offert des sacrifices. Lorsqu'il entra dans la cité d'Alise, il offrit des sacrifices impurs, il immola des victimes à ses dieux en faisant des vœux solennels pour les empereurs, selon la coutume. Le jour suivant, il siégea publiquement sur son tribunal et ordonna d'amener la jeune fille. A la vue de sa beauté, un attrait puissant s'empara de l'âme d'Olibrius. Il lui dit : « Reconnais nos dieux, jeune fille, car ta beauté, ton âge tendre m'inspirent de la compassion pour toi. Cède à mes vœux, sacrifie aux dieux, je te donnerai de grandes richesses, tu seras plus heureuse que toutes les autres jeunes filles. » — Reine dit : « Je reconnais le maître des dieux, lequel a créé tous les esprits. Il me sauvera et je ne quitterai pas les pieds du Christ, mon maître. Tu ne souilleras pas mon temple saint et la perle de mon âme qui l'habite. Moi, j'adore le souverain Seigneur et je lui offre un sacrifice de louanges. A lui toute gloire ! Ainsi soit-il. » — Olibrius : Tu vas être jugée, tu seras condamnée à la torture et aux supplices les plus cruels, le fer et le feu le plus violent détruiront ton tendre corps. »

« Reine répondit : « Tes tourments ne peuvent m'effrayer. Mon âme est l'œuvre de Dieu et mon corps a été formé du limon de la terre. Mon âme, (qui vient de l'esprit de Dieu) (1) n'hésite pas à livrer mon corps aux tourments pour l'amour de son Créateur. Car le Fils de Dieu, qui est le Verbe procédant de son Père, n'a pas épargné son corps et l'a livré pour le salut du monde. Si donc Dieu le Père tout-puissant n'épargna pas son propre Fils, mais le livra à la mort pour nous tous et si le Fils lui-même s'est sacrifié pour le salut du monde, comment pourrais-je ne pas livrer mes membres pour le nom de Jésus-Christ, mon Dieu. » — Olibrius donna l'ordre de la dépouiller d'abord de ses vêtements, de l'étendre ainsi sur le chevalet, et de la frapper avec des verges flexibles. Quand les bourreaux l'eurent étendue sur le chevalet, elle ne sentait pas la douleur, mais regardant le ciel, elle disait : « J'ai espéré en vous, Seigneur, je ne serai pas confondue pour toujours. Que mes ennemis ne se moquent pas de moi, car ceux qui vous sont fidèles ne seront point trompés. Abaissez vos regards sur moi, Seigneur, ayez pitié de moi et délivrez-moi des mains de mes ennemis. Venez à mon secours, Seigneur ; que mes plaies soient guéries, car c'est pour vous que je souffre. » Après cela, les bourreaux s'approchèrent et la frappaient pendant qu'un héraut criait à haute voix : « Consens aux désirs du préfet et sacrifie aux dieux. » Ses chairs tombaient en lambeaux, parce que ses membres étaient tendres et les verges flexibles et son sang

1. *Quæ de spiritu est.* Ces mots sont grattés, mais encore lisibles sur le manuscrit de Montpellier.

coulait si abondant que les assistants pleuraient
amèrement sur son sort. Quelques-uns lui
disaient : « Quelle splendeur tu perds par ton
incrédulité ; ne vois-tu pas que cet homme
peut te détruire et effacer ta mémoire sur
la terre. Consens plutôt à ses désirs et sacrifie
pour sortir des tourments. « O mauvais conseillers ! » s'écria Reine, « ô mauvais conseils !
Pourquoi pensez-vous, que mon faible corps
ne doit pas mourir et que je ne peux sur-
monter la honte de ma nudité ? Je crois au
Seigneur, créateur de toutes choses et je désire
par mes souffrances attirer à mon Seigneur
Jésus-Christ un grand nombres d'âmes, qui
sont dans l'erreur. Je ne consens donc pas, je
ne sacrifie pas. Et toi, Préfet, fais ce que tu
veux et ce qui plaît à Satan ton père ; pour
moi j'ai le Christ Jésus qui me fortifie. » —
Alors le préfet, transporté de colère, ordonne
aux bourreaux de la déchirer avec des ongles
de fer. Reine, levant les yeux vers le ciel,
dit : « Une meute de chiens féroces m'a entourée, les desseins des méchants m'ont assié-
gée. Regardez-moi, Seigneur, et ayez pitié de
moi. Christ, fortifiez-moi, éclairez-moi par un
rayon de la divine sagesse qui entoure votre
trône. Que ma prière pénètre dans le firmament, que votre esprit et votre force percent le
ciel et descendent jusqu'à moi pour m'aider à
combattre en face mon adversaire et à le vaincre, afin que j'aille vous rejoindre, vous qui
êtes béni dans tous les siècles. » Cependant
les bourreaux déchiraient les côtés si cruellement que l'impie et barbare préfet se couvrait
les yeux avec sa chlamyde et se détournait
pour ne pas voir. Les assistants pleuraient

également en voyant lacérer ses chairs. Le préfet lui dit alors : « Qu'est-ce que cela veut dire, Reine ? Ne peux-tu avoir pitié de toi ? Ta chair est déchirée et tes membres mutilés, obéis enfin et sacrifie ; tu ne peux t'arracher de mes mains sans de grands tourments. » Reine répondit : « Insensé et malheureux ! si j'avais pitié de mon âme, je me perdrais infailliblement, c'est pourquoi j'ai livré mon corps à l'extermination pour conduire mon âme couronnée dans les cieux. »

« On était à la septième heure, l'impie ordonna de la descendre et de la conduire en prison. Ils l'emmenèrent secrètement, en évitant la foule. Quand elle fut seule, elle pria ainsi : « Dieu des cieux, dont les desseins sont impénétrables, que tous les siècles redoutent, qui faites trembler toutes les puissances impies, Père du ciel, jetez les yeux sur moi, parce que je suis seule. Vous me voyez, Seigneur, dans le combat et dans une grande tristesse. Vous me voyez gémir sur mes plaies, ne m'en voulez pas. Vous savez que je vous aime, vous savez que c'est pour vous que j'ai conservé mon âme, ne permettez pas que je sois souillée et salie, vous qui êtes mon gardien, vous qui êtes béni dans tous les siècles. »

« Théophile était comme un frère pour elle. Il lui procurait le pain et l'eau et restait en secret, avec une grande persévérance, en dehors de la fenêtre, attendant ses ordres, quand tout à coup apparut dans la prison une colombe et une croix, qui s'élevait jusqu'au ciel depuis le lieu où se tenait la sainte enfant. Et voici que la colombe, se posant sur la croix, disait à Sainte Reine : « Salut, Reine, dont la prière

produit un parfum de suavité, une couronne
de gloire t'est préparée, le paradis s'ouvre
pour toi ; tu reposeras *avec tes pères.* » A ces
mots la bienheureuse Reine répondit : « Gloire
à vous, Seigneur Jésus-Christ, qui vous êtes
manifesté à votre servante, qui m'avez apparu
dans le combat ! Gloire à vous, Saint d'Israël,
qui vous êtes souvenu de moi ! Gloire à vous,
qui avez raffermi le courage de mon âme !
Gloire à vous, qui avez *posé les fondements
de la terre sur les eaux !* Je vous en prie,
Seigneur, ordonnez que je sois purifiée dans le
bain de l'Esprit-Saint, infaillible, vivifiant et
incorruptible. Gloire à vous, Dieu tout-puissant,
qui êtes béni dans tous les siècles. »

« Le lendemain matin, le préfet donna l'ordre de la produire et les soldats l'amenèrent
au prétoire. Sainte Reine en entrant s'arma du
signe de la croix. Toute la ville était réunie
pour la voir. Le préfet lui dit: « Consens à
mes désirs, jeune fille, et sacrifie aux dieux
pour ton bonheur. » Reine répondit : « Pour
le salut des chrétiens tu devrais être serviteur
du Christ Sauveur, l'ami des prophètes, le
confident des martyrs, et non l'esclave de la
vanité et des idoles. » Le préfet s'écria :
« Dépouillez-la, suspendez-la au chevalet et ap-
pliquez les torches ardentes à ses flancs. » Les
ministres du diable exécutèrent cet ordre, ils
brûlèrent les membres ou les côtés de Sainte
Reine. Elle leva les yeux au ciel et pria ainsi :
« Vous avez brûlé mes reins, Seigneur, et il ne
s'est point trouvé d'iniquité. J'ai passé par le
feu et par l'eau et vous m'avez amenée au lieu
du rafraîchissement. » Cependant les bourreaux
cessèrent de brûler Sainte Reine et le préfet

répéta encore : « Obéis et sacrifie, car une méchante femme ne peut être plus forte que les décrets des empereurs et que l'assemblée de tous les dieux. » Reine répondit : « Je n'obéis pas, je ne sacrifie pas. Le Diable ne peut vaincre une chaste servante du Seigneur Christ et le Christ, mon maître, s'est consacré tous mes membres. »

« L'impie préfet ordonna alors d'apporter une grande cuve et de la remplir d'eau ; en même temps, il commanda de descendre Reine du chevalet, de lui lier les mains et les pieds et de la jeter dans l'eau pour la noyer. Pendant qu'on la liait, la bienheureuse Reine priait en ces termes : « Seigneur, Dieu éternel, brisez mes liens pour que je vous offre un sacrifice de louanges. Que cette eau devienne pour moi une eau de suavité ; que cette suffocation devienne pour moi une illumination de salut ; que votre grâce me serve de bain salutaire. Rendez-moi invincible et revêtez-moi du salut. Envoyez la colombe sainte, c'est-à-dire l'Esprit-Saint planer sur cette eau et la bénir. Dépouillez-moi du vieil homme et revêtez-moi du nouveau qui me renouvellera et me rendra digne d'entrer dans la vie éternelle. Confirmez ma foi, glorifiez mon corps, pardonnez-moi mes péchés, emportez-moi dans votre gloire, vous qui êtes béni dans tous les siècles. » Après qu'elle eut prié, ils la jetèrent dans cette cuve pleine d'eau et voilà qu'il se produisit un grand tremblement de terre, et voilà qu'une colombe descendit des cieux, tenant dans son bec une couronne. En même temps, les liens de Reine se rompirent et elle sortit de l'eau louant et bénissant le Seigneur en ces termes :

« Le Seigneur a régné, il s'est revêtu de splendeur. Seigneur Christ, vous m'avez illuminée,
vous m'avez honorée et glorifiée, vous êtes
descendu pour me sauver et me soutenir.
Vous avez eu pitié d'une pauvre fille, vous qui
êtes béni avant tous les siècles. » Et l'on entendit la voix de la colombe qui lui disait :
« Viens te reposer dans les tabernacles du
Christ. Tu es bienheureuse, toi qui as mérité
cette couronne et qui as reçu la gloire éternelle. » A la vue de ces prodiges, quatre-
vingt-cinq hommes et femmes du peuple,
crurent au Seigneur Jésus-Christ. Olibrius,
égaré par la colère, ordonna d'emmener Reine
et de lui trancher la tête. Elle fut conduite
hors de la ville et le bourreau, saisissant le
glaive, lui dit : « Présente le cou et reçois la
mort. » Mais la bienheureuse Reine lui demanda
une heure de liberté pour dire adieu à ses frères
et sœurs. Alors levant les yeux sur la multitude, qui était venue de la ville, elle dit : Mes
frères, mes sœurs et mes compatriotes, je
vous prie tous par le Seigneur roi des Cieux,
souvenez-vous de moi pour que je traverse sans
crainte les Principautés et les Puissances. Je
vous supplie par Notre-Seigneur Jésus-Christ
de prier pour moi pécheresse et de me recommander au Seigneur roi. Et moi pécheresse, je
prierai pour vous. Je demanderai au Seigneur,
qu'il vous donne la gloire et l'espérance éter-
nelles, qu'il vous fasse héritiers de sa gloire,
que les demandes de votre cœur soient exau-
cées, qu'il vous inonde de la lumière des élus
et vous conduise au parfait bonheur. Je rends
grâces au roi des siècles, qui a daigné m'admettre au nombre de ses élus et de ses saints.

A lui l'honneur, la puissance, la magnificence et la louange, parce que son nom est glorifié dans les siècles des siècles. Ainsi soit-il. » Après cette oraison, on lui trancha la tête.

« Et voici que les anges, à la vue de tout le peuple, emportèrent son âme dans les cieux, louant et glorifiant le Seigneur, qui est admirable dans ses saints, par la grâce du même Notre-Seigneur Jésus-Christ, à qui est due toute gloire dans les siècles des siècles. Ainsi-soit-il. »

Fin de la passion de Sainte Reine vierge et martyre. »

Comparés aux Actes primitifs, ces seconds Actes, ont ajouté un prologue, contenant un exorde et quelques détails sur l'enfance de la vierge de l'Auxois ; ils font tenir à la Sainte des discours plus longs, mais pour le reste, ce sont les mêmes faits racontés presque constamment dans les mêmes termes.

Ce sont ces Actes que Courtépée dénonce comme l'œuvre d'un fourbe vivant au IXe siècle ; ce sont ces Actes que les Bollandistes soupçonnent avoir été composés sur ceux de Sainte Marguerite d'Antioche. Nous avons donc le devoir d'établir leur antiquité, leur honnêteté, leur sincérité.

1. *Leur Antiquité.* — Ils sont antérieurs à 870, car ils ont inspiré le rédacteur des leçons de l'ancien bréviaire de Flavigny (1), leçons qui furent écrites entre les années 865 et 870 puisque l'auteur dit que l'abbé Egil était alors

1. Regina fuit cujusdam patris gentilis filia, quæ fuit illi unica. Postquam nata est, dederunt eam foris nutriri in quodam prædio distante stadiis quindecim ab Alesia civitate.

Évêque métropolitain de Sens (1) et que cet abbé ne demeura sur le siège épiscopal de cette ville que de l'année 865 à l'année de sa mort 870 (2).

Mais pour obtenir l'honneur d'être transcrite dans le livre de prières des Bénédictins, la paraphrase dite de Théophile devait être déjà ancienne en 870, car il s'en fallait beaucoup que l'on abandonnât à l'arbitraire ces prières officielles ou les lectures publiques des vies des saints, qui avaient lieu avant la messe. « Chaque légende, avant que la lecture en fût autorisée, était soumise à un contrôle sévère et solennel. L'Evêque assisté des anciens, de son clergé, examinait avec soin quel était l'auteur de la légende, où il avait puisé les faits qu'il racontait, s'ils étaient conformes à la tradition de son Eglise. (Grégoire de Tours en cite de curieux et continuels exemples). Dès le Ve siècle, dans le fameux décret répété d'âge en âge par tous les Souverains Pontifes et cité par tant de Conciles, le Pape Gélase excluait de la lecture publique de l'Ambon, les Actes dont les auteurs étaient tout à fait inconnus, et ceux qui, rédigés par des gens peu sensés, contenaient des choses moins exactes que ne le demandait le sujet. (Decret. 1. pars, distinct. XV. Canon III, *sancta romana*). (3) »

Maintenant rappelons les paroles des Bénédictins, auteurs de l'*Histoire littéraire*, carac-

1. Ab eodem *tunc* venerabili Abbate Egili, *nunc* metropolitanæ Senonum Episcopo mihi relatum. (D. Viole, Apologie... de Ste Reine, Paris, 1653. Leçons du Dim. dans l'Oct.)

2. D. Mabillon. 3e siècle bénéd. Vie de S. Egil.

3. Bougaud. Étude sur S. Bén. l. 1. ch. 1. p. 40.

térisant les vies des martyrs composées aux VIe
et VIIe siècles : « Ce sont plutôt des éloges et
panégyriques que des relations simples et
naïves de leurs actions et de leurs vertus. On y
employa une fausse éloquence, qui ne consistait qu'en des pensées peu justes et peu naturelles, des tours guindés, des expressions affectées, des pointes recherchées, un amas d'épithètes sans ordre, sans discernement ; des
cadences réitérées, mais plus propres à ennuyer
qu'à réveiller l'attention des lecteurs. (1) »

Ces traits caractéristiques des compositions
du VIe et du VIIe siècle, s'appliquent si complètement aux Actes paraphrasés du martyre
de Sainte Reine, qu'on pourrait déjà dire sans
témérité qu'ils sont du VIe ou du VIIe siècle.
— Si, après cela, on les compare aux Actes
ou Vies de saints paraphrasés certainement au
IXe siècle, on trouvera les Actes dits de Théophile, si courts, si scrupuleux, si timides dans
leur amplification que la démonstration sera
achevée.

Nous disons donc sans hésiter que ces Actes
paraphrasés du martyre de Sainte Reine sont
du VIe ou du VIIe siècle.

2. *Leur honnêteté.* — Ces seconds Actes
n'ont plus la simplicité, la brièveté, la naïveté
des premiers Actes ; leur forme s'essaie à devenir plus dramatique, plus abondante, plus ornée :
C'était le goût du siècle. La simplicité des premiers Actes ne suffisait plus à la dévotion des
peuples aux VIe et VIIe siècles. Cette dévotion
devenait plus exigeante, elle voulait au moins un
rajeunissement du vêtement pour qu'il fût à la

____

1. Hist. litt. t. 3. p. 455.

mode. De là, ces Actes paraphrasés, où l'on ajoute des légendes populaires, qui en font comme un premier essai de vies des Saints.

Le succès de ces premières vies des Saints fut immense. Elles firent oublier les Actes primitifs, qui furent relégués dans les bibliothèques et devinrent de plus en plus rares, tandis que les copistes des monastères multipliaient les Actes paraphrasés. Leurs copies ne sont pas toujours faites avec tout le soin, l'application, la science désirables, mais ordinairement elles se corrigent l'une par l'autre.

Et pourtant, il n'en est pas ainsi pour l'œuvre de Théophile. Si son résumé du martyre n'ajoute pas un fait au récit primitif, s'il se contente d'orner le récit et de le rendre plus dramatique, à la manière de Tite-Live, il y a un prologue, qui lui appartient en propre et ce prologue contient des fautes graves que l'on retrouve dans tous les manuscrits que nous possédons et ce sont ces fautes qui ont permis aux Bollandistes de traiter Théophile d'imposteur et de plagiaire, à Courtépée de le traiter de fourbe, et sans doute à Baillet de regarder toute l'histoire de Sainte Reine comme douteuse. En effet, l'auteur dit qu'il fut témoin oculaire de la passion de Sainte Reine et qu'Alise est la capitale de la Pisidie.

L'auteur de ces Actes est peut-être un religieux bénédictin d'Alise, vivant au VIIe siècle ; pourquoi dit-il : « *Ego Theophilus qui aderam certamini ejus.* » N'est-ce pas une fourberie ? Je réponds d'abord que cette fourberie est impossible. Les contemporains auraient reconnu dans son œuvre la facture de leur siècle. Les amis d'un auteur, qui serait venu leur dire au VIIe siècle : Je vivais au IIIe siècle, je m'appelle Théophile et j'assistais au martyre de Reine, lui auraient ri au nez.

Il faut chercher une autre explication et elle se présente toute naturelle. Qu'est-ce que ces Actes dits de Théophile ? Ce sont les anciens Actes de Sainte Reine, auxquels on a ajouté les traditions locales. Or une de ces traditions rapportait qu'un nommé Théophile (1), père nourricier de Sainte Reine (dans son enfance ou dans sa prison) avait assisté au martyre de la Sainte et en avait transmis le récit à la postérité. — Notre auteur, qui voulait précisément conserver les traditions locales, crut donc devoir consigner celle-ci dans son travail, et lui donnant une tournure animée, il voulut faire parler Théophile même. Théophile n'est donc pas l'auteur du VIIe siècle. Cette idée de mettre le récit dans la bouche de Théophile fut parfaitement comprise des contemporains, elle dut leur paraître ingénieuse et heureuse ; loin d'être une fourberie ce n'est qu'une fiction littéraire.

Par là, l'auteur voulut sauver de l'oubli le nom de Théophile, auteur des Actes primitifs d'après la tradition, et c'était d'autant plus nécessaire que l'Eglise devenait plus sévère pour les Actes sans nom d'auteur, depuis le décret du Pape Gélase, cité plus haut (2).

1. Les Bénédictins de Flavigny en ont fait un saint martyr et prétendaient en posséder les reliques. D'après eux, il aurait été martyrisé à Alise un an ou deux après Sainte Reine. Ils ne disent ni où, ni quand, ni comment ils retrouvèrent son corps.

2. Le Pape Gélase disait aux Catholiques, qu'ils devaient, lorsqu'on leur présentait quelque vie anonyme de Saint, se souvenir de cette sentence de l'Apôtre : Examinez toute chose et retenez ce qui est bon.

Ce qui prouve que l'on doit expliquer ainsi la mise en scène de Théophile, c'est que les Bénédictins de Flavigny ont regardé l'auteur comme un homme sérieux, instruit et honnête, puisqu'ils se sont servi de son œuvre pour rédiger les leçons de leur bréviaire et comme un homme connaissant parfaitement les traditions locales qu'ils pouvaient vérifier sur place. On m'objectera peut-être que les Bénédictins de 870 trouvèrent l'erreur ou l'imposture en possession depuis deux cents ans et qu'ils prirent, comme le vulgaire, les plagiats de Théophile, pour les traditions populaires de l'Auxois. Je répondrai, que les Ormeaux, la Fontaine et peut-être encore le palais de Clément, étaient des témoins vivants des traditions d'Alise et si l'on m'objecte, que ces témoins ont pu être inventés pour la cause, je citerai encore le château et la prison de Grignon, dont Théophile ne parle pas et qui sont les témoins irrécusables de l'existence de ces traditions. Non, on ne peut pas voir dans l'œuvre de Théophile, la source menteuse des traditions de l'Auxois, car Sainte Reine était en vénération depuis deux ou trois cents ans quand les Actes paraphrasés de son martyre furent écrits. Non, le prétendu Théophile n'est pas menteur, la fidélité avec laquelle il reproduit le martyre de Sainte Reine est un garant de sa véracité et de son honnêteté dans son prologue. Du reste, en général, les chroniqueurs écrivent les traditions, les embellissent, mais ne les inventent pas.

Mais comment a-t-il pu écrire qu'Alise était la capitale de la Pisidie, « *Elesia prima Pisidiæ*? Je vais essayer d'y répondre au paragraphe suivant.

3. *Leur sincérité*. — Sainte Marguerite fut martyrisée à Antioche de Pisidie (1), elle souffrit sous Olibrius, elle fut mise en nourrice, elle fut arrêtée dans les mêmes circonstances que Sainte Reine et subit les mêmes supplices, aux mêmes heures et dans le même ordre. Théophile n'est-il pas un plagiaire des Actes de Sainte Marguerite, qui met *Elesia* à la place d'*Antiochia*, mais qui se trahit en oubliant de traduire *Pisidiæ* par *Mandubiorum?* — Je ferai d'abord observer que dans les Actes de Sainte Marguerite ne se trouve pas l'expression : « *Antiochia prima Pisidiæ*, » et que plus l'erreur est grossière moins il est permis de l'attribuer à un auteur du reste exact et instruit. En second lieu, il faudrait prouver que cette faute a été faite par l'auteur des Actes paraphrasés, ce qui n'est pas possible, puisque nous n'avons plus le manuscrit original. Nous n'avons que des manuscrits du XIe ou XIIe siècle, provenant de monastères éloignés de l'Auxois. A cette époque Alise était détruite depuis longtemps et la science de la géographie était bien négligée, mais les Passions de Sainte Reine et de Sainte Marguerite étaient connues. N'est-il pas permis de penser qu'un érudit comparant ces Passions si ressemblantes aura écrit ses no-

1. Antioche de Pisidie, voyez Actes des Apôtres, ch. XIII, v. 14. — « Séleucus fonda seize villes du nom d'Antioche, cinq du nom de Laodicée, neuf du nom de Séleucie, trois du nom d'Apamée, une du nom de Stratonicée et un grand nombre d'autres qui reçurent également des noms grecs. (Appien, guerre de Syrie, LVII, 622) cité par Napoléon III, Hist. de Jules César. l. 1. ch. IV — « Errare noscuntur hi, qui ipsam Alexandriæ passam referunt, cum constat Antiochiæ Pisidiæ id factum. (Baronius cité par les Bollandistes, V^e vol. Julii, p. 24.)

tes en marge du manuscrit de Théophile et qu'un copiste ignorant y trouvant ces mots : *Prima Pisidiæ,* les aura transportés dans le texte et accolés à *Elesia.* On sait en effet que les copistes du Xe et du XIe siècles estropient surtout les noms propres et les noms de villes, complètent maladroitement une abréviation, ou insèrent dans le texte une note mise en marge. — Si les Bénédictins avaient trouvé *Elesia prima Pisidiæ* dans le manuscrit de 870, cela n'eût-il pas suffi pour le rendre suspect à leurs yeux et lui fermer la porte de leur bréviaire ?

Donc ce n'est pas l'auteur des Actes paraphrasés qui a écrit : « *Elesia prima Pisidiæ,* » mais n'a-t-il pas copié les Actes de Sainte Marguerite d'Antioche ? — Les Bollandistes pensent que l'on a fabriqué les Actes de Sainte Marguerite sur les Actes de Sainte Reine, et que Théophile a complété les Actes de Sainte Reine avec ceux de Sainte Marguerite. — Les Bollandistes nous montrent deux Actes de la Passion de Sainte Marguerite : les uns attribués à Tectinus et composés on ne sait quand ; les autres préférés parce qu'ils sont plus raisonnables, mais également sans date.

Il suffit de comparer les Actes paraphrasés de Sainte Reine à ces deux pièces pour être convaincu que Théophile les aurait diminués au lieu de les augmenter. Or il faut se rappeler ici la règle de Tillemont : Ces sortes d'ouvrages vont plutôt en augmentant qu'en diminuant, comme on le voit par expérience (1). — Si les faits sont semblables, les expressions

______

1. Mém. t. 2. p. 551.

sont toutes différentes. Or Théophile, qui enchâsse dans son récit les termes des premiers Actes de Sainte Reine, aurait également reproduit les termes des Actes de Sainte Marguerite, s'il était plagiaire.

Les Bollandistes sont portés à croire que Théophile a copié les Actes de Sainte Marguerite à cause de ces mots : *Elesia prima Pisidiæ*, mais nous avons dit que cette expression ne se trouve pas dans les Actes de Sainte Marguerite et, sans aucun doute, n'est pas le fait de Théophile.

Enfin, l'œuvre de Tectinus est sans valeur aux yeux de tous, et Théophile indique suffisamment ses sources par sa conformité avec les Actes de Sainte Reine et les traditions de l'Auxois. Il est vrai que nous possédons d'autres Actes de Sainte Marguerite, préférés par les Bollandistes, comme « moins mauvais et moins improbables » (1), mais ces derniers ont moins de ressemblance avec les Actes de Théophile et sont probablement d'une facture postérieure, car ils sont très longs, divisés en quatre chapitres et en forme de sermon.

Donc, les Actes paraphrasés de Sainte Reine sont du VIe ou VIIe siècle ; c'est à tort qu'on a accusé leur auteur de plagiat et d'imposture, et son œuvre parfaitement conforme aux Actes primitifs et aux traditions locales mérite de conserver toute l'autorité dont elle jouit au moyenâge.

---

1. Non quia omnino et undequaque bona et probata sed quia minus mala et improbabilia. (Boll. 5e vol. Julii.)

CHAPITRE III.

Légende de Sainte Reine.

Il y a des légendes du IXe siècle qui méritèrent
le nom de troisièmes Actes des Saints. S'il en
exista pour Sainte Reine, elles se trouvaient
sans doute aux Archives de l'abbaye de Flavigny, dont nous regrettons la perte. Ces légendes, moitié historiques, moitié oratoires,
dépourvues, le plus souvent, de rhétorique, de
géographie et de chronologie, conservent
cependant le respect de la vérité historique consignée dans les monuments les plus anciens.
Divisées ordinairement en deux parties très dis-
tinctes : dans la première elles reproduisent sans
critique les traditions populaires sur la vie du
saint jusqu'à son martyre ; et la seconde contient le récit de sa mort glorieuse, suivi des
premiers renseignements pour l'histoire de son
culte.

Ces caractères distinctifs conviennent à la légende que je reproduis, d'après l'abbé Tridon (1),
mais si elle date du IXme siècle, elle a été complétée au XVIme, car elle parle de la chapelle
de Sainte Reine construite sur le tombeau
de la Sainte et sur sa fontaine, confondant
ainsi la basilique construite sur le tombeau au

____

1. Le pèlerin de Sainte Reine, par M^r l'abbé Tridon,
ch. 1er, p. 15.

Vme siècle et la chapelle construite sur la fontaine en l'année 1500. Elle fait mention également du culte rendu à Sainte Reine dans la
ville de Paris ; or, sans pouvoir préciser le
moment où Sainte Reine commença d'attirer
les Parisiens à Alise, l'histoire laisse entendre qu'ils ne lui rendirent un culte public qu'à
partir du XVIme ou du XVIIme siècle.

COPIE DES ACTES

DU MARTYRE DE SAINTE REINE.

Tirée de la Bibliothèque de Mgr l'évêque d'Osnabruk,
(ville d'Allemagne) où le culte de cette Sainte est en
grande vénération.

« Sainte Reine prit naissance dans la ville
d'Alise, au pays d'Auxois, dans le duché de
Bourgogne ; ses père et mère étaient païens,
et joignaient à l'idolâtrie gauloise le culte de
toutes les autres divinités de l'empire romain.

« L'an sept cent de Rome, 52 ans environ
avant Jésus-Christ, Jules César, après la bataille sanglante qui assujettit si longtemps les
Gaulois aux Romains, se rendit maître d'A-
lise ; il laissa quelques troupes pour démolir la
place, raser les fortifications et combler les
fossés.

« Un chevalier romain, nommé Lucius Clementinus, devint éperdument amoureux de la
sœur de Vergasillaune, général gaulois fait prisonnier dans cette bataille ; l'ayant épousée, il
ne put jamais l'engager à le suivre à Rome ;
son amour ardent ne lui permit pas de se sé-
parer d'elle ; il obtint de Jules César le commandement du pays des Mandubiens, appelé

aujourd'hui l'Auxois, dont Alise était la capitale ; il se fixa dans cette ville. Il y fit bâtir une superbe maison auprès d'une petite source, sur le penchant de la montagne.

« Lucius Clementinus, un de ses arrière-petits-fils, fit bâtir le château de Grignon, situé à deux mille pas ou à une lieue d'Alise ; il épousa une riche demoiselle du pays, l'an de Jésus-Christ 236. Sa femme lui donna pour premier enfant une fille et mourut en la mettant au monde. Le père, désolé, choisit une femme vertueuse, pour servir de nourrice et de mère à une enfant si chère. Il réussit au delà de ses espérances ; car cette femme, étant chré-tienne, lui fit sucer, avec le lait, les vérités de la Religion. La fille de Clementinus fit des progrès inconcevables, et mérita d'être baptisée à neuf ans. Peu après, elle consacra sa virginité à Jésus-Christ, qu'elle choisit pour époux. Sa nourrice lui recommanda sur sa résolution un secret inviolable à l'égard de son père, qui formait dès lors les plus grands projets pour son établissement.

« L'empereur, l'an 250, envoya Olibrius, que l'on nomme aussi Olibre, pour gouverner les Gaules ; ce nouveau gouverneur voulut visiter la ville d'Alise, si fameuse par le sang que sa conquête avait coûté aux Romains.

« Il vit dans cette ville Lucius Clementinus, que le vulgaire appelait Clément ; le commandant d'Alise lui fit le plus grand accueil, le mena à Grignon, sa maison de campagne, où il avait rassemblé toute la noblesse du pays. Il n'y eut point de fêtes, ni de plaisirs qu'il ne cherchât à lui procurer. Olibrius, épris de la beauté de l'unique héritière de Clementinus, ne trouvait de plaisir qu'à la voir, et à converser avec elle. La candeur, l'ingénuité, la douceur de cette jeune fille le déterminèrent à la demander en mariage à son père. Clementinus, frappé d'une si noble alliance, promit sa fille au gouverneur, qui le pria de différer ce mariage jusqu'après son voyage d'Allemagne. Pendant ce temps, Clementinus devait prévenir en sa faveur sa fille, qui n'avait alors que quatorze ans. L'an 252, Olibrius, de retour d'Allemagne, somma Clementinus d'exécuter sa promesse. La douleur et le désespoir étaient peints sur le visage de cet infortuné père. Il avait appris de la bouche de sa propre fille qu'elle n'aurait jamais d'autre époux que Jésus-Christ, auquel elle s'était vouée. La vertueuse nourrice, pour éviter la fureur de ce père irrité, avait pris la fuite. La jeune élève, fortifiée par la grâce de son céleste époux, souffrait patiemment toutes les persécutions de son père, qui prétendait la forcer à changer de religion. Les plus durs traitements, la prison même où il la tenait enfermée dans son château de Grignon, ne servirent qu'à allumer de plus en plus la foi dans le cœur de la jeune Vierge.

« Olibrius, ne pouvant croire ces choses, pria Clementinus de faire venir sa fille à Alise. Sitôt qu'elle y fut arrivée, il lui alla rendre visite. Plus épris que jamais de sa beauté, il donna une fête à toute la ville, où le luxe romain fut étalé dans toute sa pompe. Les peuples, enivrés de joie et de plaisirs, regardèrent déjà la fille de Clementinus comme leur reine ; de là le nom de Reine lui est resté. Son futur époux lui présenta les bijoux les plus précieux, qu'elle refusa avec tant de grâce et de modes-

tie, que le cœur du romain n'en fut que plus
embrasé ; il lui offrit enfin sa main, qu'elle ne
put accepter, ayant pris, dit-elle, Jésus-Christ
pour époux. A ces mots, l'amour d'Olibrius se
tourna en rage ; sa fureur se déchaîna d'abord
contre le malheureux père, qu'il menaça de dépouiller de tous ses biens, si dans trois jours
il n'obligeait pas sa fille à sacrifier aux dieux
protecteurs de l'Empire, et à l'épouser. Les
prières, les caresses, les pleurs, les gémisse-
ments de l'infortuné Clementinus furent inutiles.
Olibrius, étonné d'une si grande constance, la
fit amener devant lui : n'ayant pu rien gagner
sur elle, il désespéra de la vaincre.

« Son zèle pour les faux dieux et son amour
méprisé changèrent tout à coup le plus tendre
amant en tyran le plus cruel. Il la fit dépouiller
et la fit fouetter pendant deux heures. Tandis
que son sang ruisselait de toutes parts, Reine
bénissait le ciel et montrait un visage si tran-
quille, qu'elle déconcertait ses bourreaux. On en
substitua d'autres qui lui déchirèrent la chair
avec des ongles de fer. Olibrius rougit enfin de
sa cruauté ; il ne put soutenir la vue d'un si
tendre corps réduit à un état si affreux : il ordonna qu'on la conduisît en prison. A peine
y fut-elle enfermée, qu'elle s'endormit. Le ciel,
qui lui envoyait ce sommeil pour la fortifier,
lui procura une faveur plus grande ; une croix
d'une grandeur énorme lui apparut. Elle aper-
çut au haut une colombe qui lui annonça qu'elle
recevrait le lendemain la couronne du martyre.
Une espérance si flatteuse la réveilla tout à
coup : mais quelle fut sa surprise de trouver
son corps aussi sain que s'il n'eût jamais été
frappé !

« Le geôlier, étant venu lui apporter quelque légère nourriture, pouvait à peine croire ses yeux. Il courut annoncer le prodige à Olibrius, qui, le prenant pour un effet de la magie, n'en devint que plus furieux. Il ordonna au père de travailler pour la dernière fois à fléchir l'opiniâtreté du cœur de sa fille. Le désolé Clementinus, n'ayant pu réussir, la quitta désespéré, vomissant les plus exécrables imprécations et les plus horribles blasphèmes.

« Le tyran Olibrius, hors de lui-même, la fit attacher à un poteau, lui fit brûler les mamelles et les flancs avec des torches de poix allumées ; cet affreux supplice n'ayant servi qu'à ranimer le courage de la Sainte, le tyran la fit jeter dans une cuve d'eau froide. A peine y fut-elle plongée, que ses fers se brisèrent, ses plaies disparurent et la même colombe, que pendant son sommeil elle avait aperçue au haut de la croix, vint se reposer sur sa tête : une voix en sortit et tous les spectateurs entendirent ces mots : « Venez, Reine, venez recevoir la palme due à votre courage et à vos vertus. » Ce nouveau miracle frappa les auditeurs, et un grand nombre se convertirent à Jésus-Christ. Olibrius, craignant une émeute populaire, ordonna qu'on coupât la tête à la jeune vierge ; ce qui fut exécuté sur-le-champ. Il envoya son corps au malheureux père, qui le fit inhumer dans un coin retiré de sa maison, près d'une petite fontaine.

« Ce fut en vain que la vertueuse nourrice et plusieurs autres chrétiens firent toutes les tentatives imaginables pour enlever des reliques si précieuses. La vigilance de l'aveugle et idolâtre Clément rendit tous leurs efforts inutiles. A peine cette vierge chrétienne avait-elle cessé de vivre, que toute la passion d'Olibrius se réveilla. Il cherchait de tous côtés celle qu'il venait de faire mourir si inhumainement, puis il détestait sa barbarie, et blasphémait horriblement contre le Dieu des chrétiens. Enfin, ne pouvant soutenir la vue d'un lieu où il avait lui-même sacrifié à ses dieux la personne qui lui était la plus chère, il abandonne le pays, trois jours après le martyre de Sainte Reine, arrivé au mois de septembre l'an du Christ 253. Cette vierge était alors âgée de 17 ans.

« Quelques années après, vers l'an 274, l'empereur Aurélien renouvela la persécution contre les chrétiens. Le gouverneur des Gaules, trop fidèle aux ordres de l'empereur, en fit périr un grand nombre ; il ne resta que fort peu de fidèles, qui furent obligés de se cacher. La mémoire du martyre de Sainte Reine se perpétua parmi eux, et, dès qu'ils commencèrent à jouir de la liberté, ils firent de nouveaux efforts pour découvrir les reliques de cette Sainte. Mais tout leur zèle demeura sans fruit, la maison de Clément étant occupée par un seigneur païen, qui ne leur en permit pas même l'entrée. Ce ne fut que vers l'an 864, qu'un saint abbé du monastère de Flavigny, nommé Egil, ayant trouvé dans les manuscrits de son abbaye qu'une vierge, nommée Reine, avait souffert le martyre à Alise et que son corps y était inhumé dans la maison de son père, se transporta dans cette ville, en parcourut toutes les maisons. Ayant aperçu dans une vaste cour une colombe qui planait sur une grande pierre, il s'en approcha ; la colombe prit son vol, mais revint jusqu'à trois fois, planant sur le même endroit dès qu'Égil s'en retirait. Ce prodige étonna le saint abbé, à qui le Seigneur révéla la nuit suivante que, sous la pierre où la colombe s'était levée, se trouvait le corps de Sainte Reine, martyre. N'osant trop compter sur cette révélation, il alla trouver l'évêque d'Autun, nommé Jonas, qui vivait en odeur de sainteté ; il lui déclara le sujet de son voyage. Quelle fut la surprise du saint évêque d'entendre, mot pour mot, ce que pendant son sommeil de la nuit précédente il avait pris aussi pour un vain songe ! Ne doutant plus que ce ne fût un avis du Ciel, les deux saints passèrent la nuit en prières, conjurant le Seigneur de guider leur démarche. Le lendemain, ils partirent pour Alise et allèrent droit à la maison où Egil avait vu la colombe. Elle apparut encore aux deux saints, planant sur la même pierre. Alors, sûrs de l'endroit où le corps de la Sainte était déposé, ils appelèrent le clergé du pays, et on chanta des psaumes, pendant qu'on pratiqua la fouille sous la pierre. On trouva bientôt le corps de la Sainte séparé de la tête, aussi frais que si elle venait d'expirer ; son père avait fait enfermer ses chaînes avec le corps. On recueillit précieusement des monuments si remarquables. Le saint abbé Egil, craignant d'abuser de la crédulité du peuple qui s'était amassé en foule, passa trois jours et trois nuits en prières sur le tombeau de la Sainte. Pendant cet espace de temps, Egil ne prit aucune nourriture. Puis, ayant aperçu près de là une fontaine, il fit à Dieu cette prière : « Seigneur, daignez exaucer votre serviteur : faites lui connaître combien vous chérissez vos élus ; et pour me confirmer dans la persuasion où je suis que je possède le véritable corps de

Sainte Reine, accordez au premier-malade que je ferai plonger dans cette fontaine une parfaite guérison. »

Plein de confiance dans la bonté de Dieu, le saint abbé fit apporter un homme perclus de tous ses membres, le fit plonger dans la fontaine et le miracle de sa guérison s'opéra devant une grande multitude de chrétiens ; le bruit en courut de toutes parts ; des malades de toute espèce s'y firent porter, et, aussitôt qu'ils se plongeaient dans la fontaine, ils se trouvaient guéris. La reconnaissance d'un si grand bienfait engagea quelques personnes riches à faire bâtir une chapelle sur le tombeau de la Sainte et à enclore la fontaine, où l'on vint, dans la suite, des extrémités de la France, de l'Italie et de l'Allemagne, pour implorer la puissante intercession de Sainte Reine.

« Un bourgeois notable de Paris, ayant été guéri d'une paralysie par l'usage de l'eau de la fontaine et l'intercession de Sainte Reine, qu'il invoqua soir et matin pendant neuf jours, lui fit bâtir une chapelle dans cette capitale du royaume, ce qui propagea considérablement le culte de Sainte Reine. Son corps fut transporté en grande pompe dans le monastère de Flavigny (en Bourgogne), qui conserve soigneusement un dépôt si sacré. Les autres reliques sont restées à la chapelle que lui ont élevée ceux d'Alise. »

CHAPITRE IV.

Historiens de Sainte Reine.

Un grand nombre d'auteurs ont parlé de Sainte Reine ou ont écrit sa vie. Je ne puis analyser tous leurs ouvrages ; du reste je n'ai pu les avoir tous entre les mains. Ce chapitre sera donc une simple nomenclature, une notice bibliographique pour aider les recherches de ceux qui voudront étudier la vie de Sainte Reine.

1. Les martyrologes : de Saint Jérôme, du Vénérable Bède, du diacre Vandalbert, de Rhaban Maur, d'Usuard, d'Adon, de Flavigny, de Saint Jean de Réome et de Notre-Dame de Semur, que j'ai cités au chapitre 1er de ces Études.

2. Le dominicain français Vincent de Beauvais, né vers 1190, mort en 1264 (1), reproduit les premiers Actes de Sainte Reine dans son *Speculum historiale*, livre XIII, ch. 29. — Il place le martyre au temps de Galère et de Maximien : *Tempora Galeri et Maximini imperatorum.* En marge on lit : *Visio beatæ Reginæ ; — salutatur a spiritu sancto sub specie columbæ.* Les Actes commencent par ces mots : *Præterea sub Olibrio passa est virgo*

---

1. J'ai puisé ces renseignements biographiques et les suivants, dans la nouvelle biographie générale par Hoefer. — Firmin Didot, Paris, 1855.

Regina, Clementis cujusdam gentilis unica filia... et se terminent ainsi : *Tunc crediderunt in Dominum animæ 85 virorum et mulierum. Iratus ergo Olybrius fecit eam decollari. Hujus passio recolitur...*»

3. Saint Antonin, archevêque de Florence, dominicain italien, né en 1389, mort en 1459. Dans le premier volume de son *Chronicorum opus* (édit. de Lyon, 1586, 3 vol. in-fol.) au titre VIII : *De persecutione Diocletiani et Maximiani*, il rapporte le martyre de Sainte Marguerite et ajoute que Vincent de Beauvais donne les Actes du martyre d'une vierge, nommée Reine, âgée de quinze ans, fille unique d'un païen et soumise aux mêmes supplices que Sainte Marguerite, « *quasi similibus cruciatibus tortam.* » Il reproduit ensuite la mention du martyrologe d'Usuard pour Sainte Reine.

4. Petrus de Natalibus ou Natali, né à Venise, florissait vers la fin du XIVᵉ siècle. Issu d'une ancienne famille patricienne, il fut d'abord curé, puis il devint évêque d'Equilium, ville détruite aujourd'hui. Il vivait encore en 1376. On lui doit un : *Catalogus sanctorum et gestorum eorum ex diversis voluminibus collectus*; (Venise, 1493, in-fol.) ouvrage qu'il composa de 1369 à 1372, traduit en français par Guy Breslay (Paris 1523 – 1524, 2 vol. in-fol.) d'après une édition très augmentée du P. Castellano. Au livre VIII, nº 47, il fait un abrégé des Actes anciens de Sainte Reine, en la forme du martyrologe d'Usuard, mais bien plus détaillé : il ne rapporte pas de traditions, il n'y a pas de dialogues, mais il parle des deux colombes. J'ai cru devoir en extraire les citations suivantes : *Regina fuit filia Clementis*

cujusdam gentilis de Alisia civitate... cum esset annorum XV ignorante patre latenter in Christum credidit et baptismum suscepit, atque virginitatem suam Domino consecravit.... in carcerem misit usque ad reditum suum (il fait aller Olibrius d'Alise à Marseille au moment de l'arrestation.) Huit cent cinquante personnes se convertissent. — *Cujus animam cunctis videntibus ad cœlos angeli portaverunt. Sepultaque est Alesiæ 7 id. septembris.* — On reproche à Pierre de Natalibus de manquer de critique.

5. Mombrizio (Bonino), plus connu sous le nom latinisé de Mombritius, né à Milan en 1424, mort vers 1482, composa vers 1479 son : *Sanctuarium sive vitæ sanctorum*, 2 vol. infol. C'est le meilleur ouvrage de Mombrizio; les Bollandistes, D. Ruynart, Baillet en louent l'exactitude. Il reproduit, comme nous l'avons dit, les Actes anciens de Sainte Reine.

6. André Duval, né à Pontoise en 1564, mort à Paris en 1638, docteur, puis doyen de la faculté de Théologie de Paris, ajouta quarante vies de Saints de France aux *Fleurs des vies des Saints*, traduites de l'espagnol de Ribadeneira par René Gauthier. Sa vie de Sainte Reine en français est un abrégé des Actes de la Sainte avec un prologue un peu détaillé sur la nourrice et l'enfance de Sainte Reine. Comme Pierre de Natalibus, il convertit 850 personnes, et il place le martyre au retour d'Olibrius d'Allemagne.

7. Gilbert Genebrard, bénédictin, prieur de Semur en Bourgogne, évêque manqué de Lavaur et à cause de cela ligueur, fut ensuite archevêque d'Aix. Cet auteur passionné parle

de Sainte Reine au témoignage d'Ansart, qui n'indique pas dans quel ouvrage. J'ai parcouru inutilement : *Chronologiæ libri IV*, Paris 1580, in-fol.

8. Jurain Claude, né à Auxonne, après avoir pris ses grades en droit à Dôle à l'âge de 19 ans, se fit recevoir avocat à Dijon à 20 ans ; mais il renonça bientôt à l'exercice de son état. Nommé président à Vezelay, il occupa cette place pendant un petit nombre d'années, donna sa démission et revint dans sa ville natale dont il devint maire et où il mourut le 9 novembre 1618. Il écrivit un : « *Voyage de Sainte Reine*, contenant l'instruction du pèlerin, la vie, mort et passion de cette vierge, la translation de son corps, plusieurs prières et cantiques spirituels à ce sujet et la messe du jour de la fête. » Dijon, 1612, in-8° — Dans leur discussion avec les Bénédictins de Flavigny, les Cordeliers de Sainte Reine aimaient à le citer.

9. Méat, qui est indiqué comme l'auteur de la phrase du Gallia Christiana de Robert sur Sainte Reine, composa : *La fille héroïque* ou vie de Sainte Reine, gros in-12, 1644.

10. J.-B. Cadiou, Curé d'Alise Sainte Reine, docteur en théologie, écrivit la : *Vie de Sainte Reine*, in-12, 1648, imprimée à Alise.

11. D. Daniel Georges Viole, érudit français, né en 1598 à Soulaire, diocèse de Chartres, mort le 21 avril 1669 à Auxerre, admis en 1623 parmi les bénédictins de S. Maur, fit imprimer en 1649 la : *Vie de Sainte Reine*, in-12, Paris. La ville d'Osnabruck prétendant posséder les reliques de Sainte Reine d'Alise, D. Viole publia en 1653, une seconde édition

augmentée, sous le titre : *Apologie pour la véritable présence du corps de Sainte Reine d'Alise, dans l'abbaye de Flavigny, contre une prétendue translation faite en Allemagne sous l'empire de Charlemagne.* In-12, Paris.

12. Le P. Goujon Pierre, gardien des Cordeliers, né à Dijon en 1623, mort à Autun en 1673, après avoir publié une : *Vie de Sainte Reine, vierge et martyre, son office, etc.* (in-12, Autun, 1651, et plus tard Dijon, 1724) publia quelques années après, pour répondre à D. Viole : *Eclaircissements sur la véritable relique de Sainte Reine d'Alise, donnée à Mgr de Longueville par l'Evêque d'Osnabruck pour servir de réponse à un libelle intitulé : Apologie pour les reliques de Sainte Reine à Flavigny.* » In-8°, Paris, 1666.

13. D. Luc d'Achery et D. Ruynart, ne font que reproduire les anciens martyrologes et particulièrement celui de S. Jérôme.

14. Le P. Giry : *Vies des Saints.* Paris, 1685.

15. Baillet Adrien, né le 13 juin 1649 près Beauvais, mort le 21 janvier 1706, avant d'employer sa vie à l'étude, fut d'abord vicaire. Il publia en 1701 : *Les vies des Saints,* 3 vol. in-fol. ou 12 vol. in-8°. Adrien Baillet est le premier et principal adversaire de l'histoire de Sainte Reine (1). Il ne nie pas l'existence de

---

1. Les ennemis de la vérité Catholique consultent encore aujourd'hui son chapitre sur Sainte Reine, c'est pourquoi il me paraît utile d'en donner ici une réfutation aussi courte que possible.

I D'abord dans sa « Table critique des Auteurs et des Actes » Baillet se résume ainsi : « L'histoire de Sainte Reine ne passe que pour une fiction. Elle paraît avoir été tirée de celle de Sainte Marguerite. Elle est plus

cette Sainte, mais laisse entendre qu'il regarde
son histoire comme une pieuse fiction. Et pour
que cette Sainte ne reste pas sans histoire, il
lui en fabrique une immédiatemment. Il en fait
une vierge et martyre sous Aurélien, ou bien
sous les Vandales, Suèves, Alains, ou bien sous
d'autres barbares. Dans le reste de son article
sur Sainte Reine, il parle de la basilique élevée sur son tombeau, enrichie par Vidrade, négligée par ses successeurs rapaces, — de la
translation des reliques à Flavigny, — de la
chapelle de la confrérie de Sainte Reine à

ancienne qu'Usuard, mais il paraît qu'Adon n'en a point
eu de connaissance. Ce qui fait juger qu'elle n'a point
été composée avant le milieu du IXme siècle. » Ainsi la
grande raison, qui fait dire à Baillet que les Actes de
Sainte Reine sont du IXme siècle, c'est que, d'après lui,
Adon n'en parle pas. Si donc Adon parle de l'histoire de
Sainte Reine, tout l'échaffaudage de Baillet pèche par
la base. Or on peut se rappeler le témoignage d'Adon :
« VII idibus septembris. Apud Alesiam, quæ olim fortissima civitas a Julio Cæsare fuerat destructa, natalis Sanctæ Reginæ virginis, quæ, sub Olibrio proconsule, pro
fide Christi publice virgis cæsa, post carcerem et eculei
extentionem, post turpissimam denudationem et ignis
exustionem : tandem capitali sententia jussa est finiri. Sicque spiritus cœlestia petens, truncus corporis terræ hærens. Fiunt loco ejus sepulturæ creberrima miracula. (1) »
— En présence d'un témoignage si formel, comment
Baillet a-t-il pu écrire qu'Adon n'avait pas eu connaissance des actes de Sainte Reine ? Comment a-t-il pu ignorer qu'avant Adon, Rhaban Maur et le diacre Wandal-
bert avaient affirmé l'existence de ces mêmes Actes, et
que l'on retrouve le témoignage du martyre de Sainte
Reine jusque dans les plus anciens calendriers, y
compris celui de S. Jérôme ? Une réponse honnête à
ces questions n'est pas facile. Mais, en tout cas, l'erreur de
Baillet ne pouvant être plus complète, on ne peut plus
dire avec lui que les Actes de Sainte Reine datent du

______

1. 1re partie, ch. 1er, § 1.

S.-Eustache-(Paris) « où l'on trouve une image
remarquable de la Sainte qu'un marchand a rapportée d'Angleterre où sa mémoire était en
grande vénération avant le schisme. » Il cite encore une autre confrérie de Sainte Reine dans
la paroisse de Saint-Paul (Paris) et une église
en particulier dont elle est titulaire (Paris). Il
termine en disant quelques mots de la querelle
des Cordeliers et des Bénédictins au sujet de la
relique venue d'Osnabruck.

16. D. Guyard, bénédictin, laissant de côté
la vie de Sainte Reine, publia en 1757 : *His-*

milieu du IXme siècle. J'ai démontré ailleurs (1), avec
les Bollandistes, que l'histoire de Sainte Reine n'est pas
tirée de celle de Sainte Marguerite.

II.   « Quoiqu'on puisse nous convaincre sans peine
que toute l'histoire de Sainte Reine n'est qu'une pieuse
fiction, on n'aura point sans doute la même facilité à nous
persuader qu'elle n'aurait été qu'un fantôme de sainteté
dans l'Eglise de Dieu. On peut écouter pour cela les
fidèles du diocèse d'Autun qui ne croient pas pouvoir en
produire de meilleure preuve que les os et les cendres de
la Sainte même, dont ils se disent dépositaires. (2) »
« Dont ils se disent dépositaires » est à remarquer, lors
même que Baillet ne peut nier, il se garde d'affirmer.
Mais enfin Baillet reconnaît l'*existence* de Sainte Reine,
parce qu'elle a un témoin : les reliques. Or l'*histoire*
de Sainte Reine a aussi pour témoins : la fontaine, les
ormeaux, le château de Grignon, témoins vivants, aussi
irrécusables que les reliques. Donc Baillet est inconsé-
quent quand il affirme l'existence de Sainte Reine et nie
son histoire.

III. Qu'est-ce que Sainte Reine d'après Baillet ? —
« Il n'est pas incroyable qu'une sainte Vierge de ce nom
qui aurait voulu défendre sa foi contre les idolâtres au
troisième siècle, du temps d'Aurélien ou de quelqu'autre
empereur païen, ou son honneur et sa virginité au cinquième siècle contre des Vandales, des Suèves, des Alains,

1. 1re partie, ch. 1er, § 2.
2. Baillet : Vie des Saints. 7 septembre. Les citations suivantes sont
tirées de la même source.

toire du culte et du pèlerinage aux reliques de Sainte Reine d'Alise qui se voient à Flavigny, — il oublie de parler du pèlerinage d'Alise Sainte Reine. On pourrait se demander pourquoi D. Guyard n'écrivit pas la vie de Sainte Reine, mais on devine qu'il est sous l'influence des négations de Baillet. On peut en dire autant de Courtépée (Description du duché de Bourgogne, 3me vol.); pour lui les actes de Sainte Reine composés au IXme siècle sont fabuleux et ceux de Théophile sont ceux d'un fourbe. Au reste, Courtépée se montre

ou d'autres barbares qui ravagèrent alors les Gaules et qui y firent un grand nombre de martyrs; il n'est pas incroyable, dis-je, que cette sainte Vierge ayant répandu son sang en une telle occasion ait laissé sa dépouille mortelle à ses citoyens qui en auront pris occasion d'en consacrer la mémoire. » — Ainsi le sévère Baillet repousse l'histoire de Ste Reine parce qu'il la croit composée au IXme siècle, et il en fabrique une autre en 1701 avec de simples suppositions de son imagination.

IV. Il n'est pas plus sérieux dans l'histoire du culte de Sainte Reine. « Ses citoyens dans ce cinquième siècle ou au plus tard dans le suivant bâtirent une église sur son tombeau près de l'ancienne ville d'Alise... On y construisit ensuite un petit monastère ; et la dévotion des peuples y a fait multiplier les bâtiments de telle sorte que c'est maintenant une petite ville. du nom de Sainte Reine. » S'il place le tombeau près de la fontaine, il oublie que cette partie de la petite ville, qui reçut en effet le nom de Sainte Reine, et sa chapelle ne furent bâties qu'au XVIme siècle. S'il place le tombeau et le monastère près de l'Eglise paroissiale S. Léger, il oublie que cette partie de la petite ville portait encore le nom d'Alise au moment où il écrivait. Et enfin en plaçant le tombeau « près de l'ancienne ville d'Alise, » il se met en contradiction avec le bréviaire de Flavigny qui dit, avec bien plus de vraisemblance, que les reliques retrouvées de Sainte Reine furent portées dans les murs d'Alise, « intra muros oppidi, » (1) placées dans

1. 6me leçon de la fête de la Révélation. D. G. Viole.

très respectueux pour cette grande Sainte, son
tombeau et ses miracles ; il place ce tombeau
près de l'église S. Léger d'Alise. — D.
Guyard affirme avoir vu et lu « les registres où
les récits des miracles sont consignés, les procès-verbaux et les lettres » qui les relataient.
Le suivant fait la même déclaration.

17. Ansart André Joseph, né en Artois
en 1723, fut d'abord bénédictin ; puis ayant
quitté pour de graves causes cette congrégation,
il devint Conventuel de Malte, se fit recevoir avocat au Parlement et docteur en droit à la Fa-

un grand sarcophage en pierre sur lequel on construisit une
basilique. — Le passage cité plus haut est donc erroné
ou au moins manque de précision.

Baillet ajoute que sous les abbés séculiers de Flavigny,
successeurs de Vidrade, l'église fut négligée et le culte que
l'on rendait à Sainte Reine diminué « jusqu'à laisser
perdre la connaissance du lieu où son corps était enfermé. » Et
plus loin : « Egile, après s'être assuré du lieu où se devait trouver le corps de la Sainte, y alla. » — Entre Vidrade (721) et Egile (864), il semble que ces abbés pré-
varicateurs ne peuvent être mieux placés qu'en 828. Or, en
828, une troupe de cavalerie de l'armée de Pépin d'Aquitaine
poursuivant les paysans qui accouraient avec leurs biens
les plus précieux dans la Basilique de Sainte Reine,
comme dans un lieu de refuge, voici ce qu'on lit dans la
2me leçon de l'office pendant l'octave de Sainte Reine
(ancien bréviaire de Flavigny) : « Lamfridus (diaconus)
mente confusus per fenestram jactatis lapidibus percu-
tiebat sepulchrum. Omnis que populus unâ voce Dei
protectionem ac beatæ Virginis Reginæ suppliciter effla-
gitabant. » Outre le diacre Lanfroi ou Leufroi qui jetait
des pierres sur le tombeau, une vieille femme frappait de
ses mains le même tombeau pour réveiller la Sainte. Ces
actes de foi naïve nous font connaître que le tombeau de
Sainte Reine était apparent et sinon hors de terre, au
moins au niveau du sol. Si Egile en 864 chercha le tombeau, il faut trouver une autre cause d'ignorance, par
exemple : la destruction de la basilique, ou l'enfouisse-
ment du tombeau par crainte des Normands. — Je crois

culté de Paris. Il devint ensuite prieur Curé de Villeconin et fit paraître divers ouvrages. On a dit de lui qu'il aimait peu le travail et qu'il avait trouvé ses ouvrages dans les archives de S.-Germain des Prés à Paris (abbé Pascal, Alise Ste Reine, p. 43). Il publia en 1780 son : *Manuel des pèlerins de Sainte Reine d'Alise, vierge et martyre* (Paris, in-12), — et en 1783 son : *Histoire de Sainte Reine d'Alise et de l'abbaye de Flavigny*, in-12, qui résume tout ce que les Bénédictins ont publié sur Sainte Reine.

18. Guillier, curé de Flavigny : *Nouvelle vie de Sainte Reine*. In-12, Semur, 1814.

plutôt que Baillet confond ici la révélation du corps saint avec sa translation. C'est vers l'an 400 que l'on ne savait plus au juste où le corps de Sainte Reine avait été inhumé après son martyre.

V. Une dernière remarque et nous conclurons ! « Quelques Allemands, dit Baillet, ont prétendu que son corps avait été *enlevé de Flavigny,* et transporté à Osnabruck en Westphalie... par Charlemagne. » — J'ai entre les mains les réponses des Cordeliers, les copies de plusieurs lettres adressées d'Osnabruck à D. Mabillon, ainsi que la copie des authentiques délivrés par l'Evêque et les chanoines de la cathédrale de cette ville. On ne lit nulle part que Charlemagne *enleva le corps de Flavigny,* chose du reste impossible, puisque Charlemagne mourut en 814 et que le corps de Sainte Reine ne fut transporté à Flavigny qu'en 864.

On voit maintenant avec quelle légèreté Baillet a écrit ces quelques pages sur Sainte Reine, et avec quelle docile confiance ceux qui l'on suivi ont admis ses erreurs. On peut sans témérité lui appliquer le mot par lequel il qualifie la vie de Sainte Reine de D. Viole et dire : « Qu'il a composé une vie de Sainte Reine de sa façon. » Les Bollandistes, sans discuter ses assertions, lui ont fait subir un premier échec en publiant leur travail sur Sainte Reine ; ce n'est pas assez.

Tout le chapitre de Baillet sur la Vierge et Martyre de l'Auxois est un tissu de confusions et d'erreurs.

19. Maillard de Chambure : *Mémoire* sur le culte rendu à Sainte Reine et sur le procès auquel il donna lieu. (26 Juillet 1827 — aux Archives de l'Académie des sciences à Dijon.)

20. Grognot, curé de Flavigny : *Vie et culte de Sainte Reine.* In-18, Dijon, 1853.

21. Duplus, aumônier des Ursulines de Flavigny : *Vie des Saints du Diocèse de Dijon.* In-12, Dijon, 1866. Son chapitre sur Sainte Reine a inspiré l'auteur des Petits Bollandistes.

22. Mgr. Guérin : *Les Petits Bollandistes.*

23. Breuillard : *Sainte Reine d'Alise*, son martyre et la preuve que son histoire ne fut jamais une allégorie du sort de la Gaule sous les Romains. (*Journal d'Avallon, janvier 1864* — un manuscrit en est aux Archives de la Commission des Antiquités de Dijon.)

24. L'abbé Tridon, chanoine honoraire de Troyes : *Le pèlerin de Sainte Reine* ou légende et pèlerinage de Sainte Reine. In-18, Paris. Sans date imprimée — 1855.

25. L'abbé Pascal, chanoine honoraire, membre du clergé de Paris : *Alise Sainte Reine* avant et après l'ère chrétienne. Brochure in-8°, Toulouse, 1858.

26. Nortet, curé de Flavigny : *Manuel de la confrérie de Sainte Reine*, sa vie, ses reliques, son culte. In-18, Dijon, 1874.

27. Mignard, membre de l'Académie de Dijon, etc... : *Alise, Vercingétorix et César.* Il consacre quelques pages à Sainte Reine. Brochure in-8°, Dijon, 1874.

28. Grignard, curé de Grignon : *Sainte Reine à Grignon.* Brochure gr. in-12, Dijon, 1877.

29. *Sainte Reine d'Alise, vierge et martyre ; son culte à Beignon,* diocèse de Vannes. Broch. in-8°, Vannes, 1878. Sans nom d'auteur.

30. *Vie de Sainte Reine,* sans date, sans nom d'auteur, in-18, imprimée à Dole. Brochure, avec gravures sur bois ancien représentant toute la vie de la Sainte au verso de chaque feuille. S'est vendue à Alise Sainte Reine jusqu'à présent.

Les Bollandistes, (le P. Suysken, 1761, 3me vol. septembre).

S'il fallait désigner tous les ouvrages qui ont prononcé le nom de Sainte Reine, il me faudrait ajouter : Courtépée, dans sa *Description du Duché de Bourgogne ;* le *Nouveau traité de diplomatique* par D. Fr. Ch. Toustain et D. Tassin, bénédictins, Paris, 1750-1765, 6 vol. in-4° ; *Les éléments de paléographie* par Natalis de Vailly, Paris, 1838 ; 2 vol. in-fol. ; *L'art de vérifier les dates,* les historiens de l'Eglise, etc...

Mais je ne puis passer sous silence les poètes qui ont chanté Sainte Reine. Ils ont composé des *Tragédies de Sainte Reine,* dont une au moins eut un succès durable sur la scène et un succès de vente énorme, comme le prouvent ses nombreuses éditions.

« 1° *Chariot de triomphe,* traîné par deux Aigles, de la glorieuse, noble et illustre bergère, Sainte Reine d'Alize, vierge et martyre, par M. Hug. Millotet, etc... tragédie en V actes, Autun, 1664.

« 2° *La victoire spirituelle* de la glorieuse Sainte Reine remportée sur le tyran Olibre, tragédie en V actes, nouvellement composée par M. de Corneille Blessebois, Autun, 1686.

« 3° *Le martyre de la glorieuse Sainte Reine d'Alyse,* tragédie composée par M. Claude Ternet, professeur ès mathématiques et arpenteur juré pour le roi au Chalonnais, dédiée à Mgr l'Evêque d'Autun, in-12 ou in-8°. D'après M. Paul Lacroix, la première édition de cette pièce serait de 1682, Autun, in-8°. Il y en aurait encore une de Rouen, 1699 ; — trois de Troyes, chez Pierre Garnier, dont une avec permission de 1738, in-12, 72 pages ; — quatre de Châtillon-sur-Seine, chez Claude Bourut, sans date, Philippe Marteret, 1722 et 1734, Jean Therriot, 1752. Une autre édition serait d'Autun, chez Blaise Simonnot, in-8°, et une autre de Paris, sans date. (1) » Il faut ajouter à toutes ces éditions, celle de Dôle, chez Joly, in-18, que les pèlerins et les habitants de Sainte Reine lisent encore, avec la petite vie illustrée de Sainte Reine, venant du même imprimeur (n° 30). Comme on le voit, ce fut l'œuvre de Claude Ternet, natif de Flavigny, qui eut les honneurs de la popularité et, j'ajoute, de la représentation. Cette tragédie était jouée tous les ans à Flavigny en plein air dans la cour de l'abbaye, au XVIIIme siècle, et peut-être à Alise Sainte Reine. En tout cas, Alise Sainte Reine a repris cet usage au XIXe siècle, et tous les ans les jeunes filles d'Alise jouent cette tragédie la veille de la fête de leur Sainte sur la place de la chapelle devant un très nombreux auditoire, que l'on pourrait estimer à deux mille personnes.

On me demanda en 1876 d'en faire une nouvelle édition, je proposai à un jeune poète bre-

____

1. Hist. des livres populaires par Ch. Nisard (liste communiquée et complétée par M. Harold de Fontenay).

ton de la rajeunir, en corrigeant les longueurs, en changeant les mots vieillis ou trop crus ; mais il y trouva de grandes difficultés et préféra composer la tragédie suivante, conservant le titre de Ternet.

4° *Le martyre de Sainte Reine*, drame religieux en 3 actes et en vers par J. B. E. in-8°, Dijon, Marchand, 1878.

5° *Regina* (Fleurs du Ciel), tragédie en 5 actes et en vers par Mme Edmée Roland, de Seurre, chez Marchand, Dijon, in-8°, 1878.

Enfin, il faut supposer qu'il existait une tragédie de Sainte Reine antérieure à toutes celles que je viens de nommer, car D. Georges Viole écrit en 1650 : « Quelquefois on fait jouer la tragédie qui représente le martyre de Sainte Reine, ce qui se fit il n'y a pas longtemps. (1) »

Les poëtes s'exercèrent aussi à composer des cantiques en l'honneur de Sainte Reine. On trouvera, à l'appendice de ce travail, les six cantiques conservés par « la vie de Sainte Reine avec son petit office en français, ses litanies, cantiques et oraisons... » Dôle, chez Joly, sans date. Le cantique : *Voici le jour de l'allégresse*, vient de la paroisse Ste Reine, en Bretagne.

Sainte Reine eut aussi son office ancien chez les Bénédictins de Flavigny : D. Georges Viole nous en a conservé les leçons du Bréviaire (2). On trouvera son nouvel office sans date, à la fin de ce volume (3).

1. Histoire de l'abbaye de Flavigny, manuscrit, (Semur) p. 448.

2. D. Georges Viole : Apologie... in fine.

3. Pièces justificatives, n° 9.

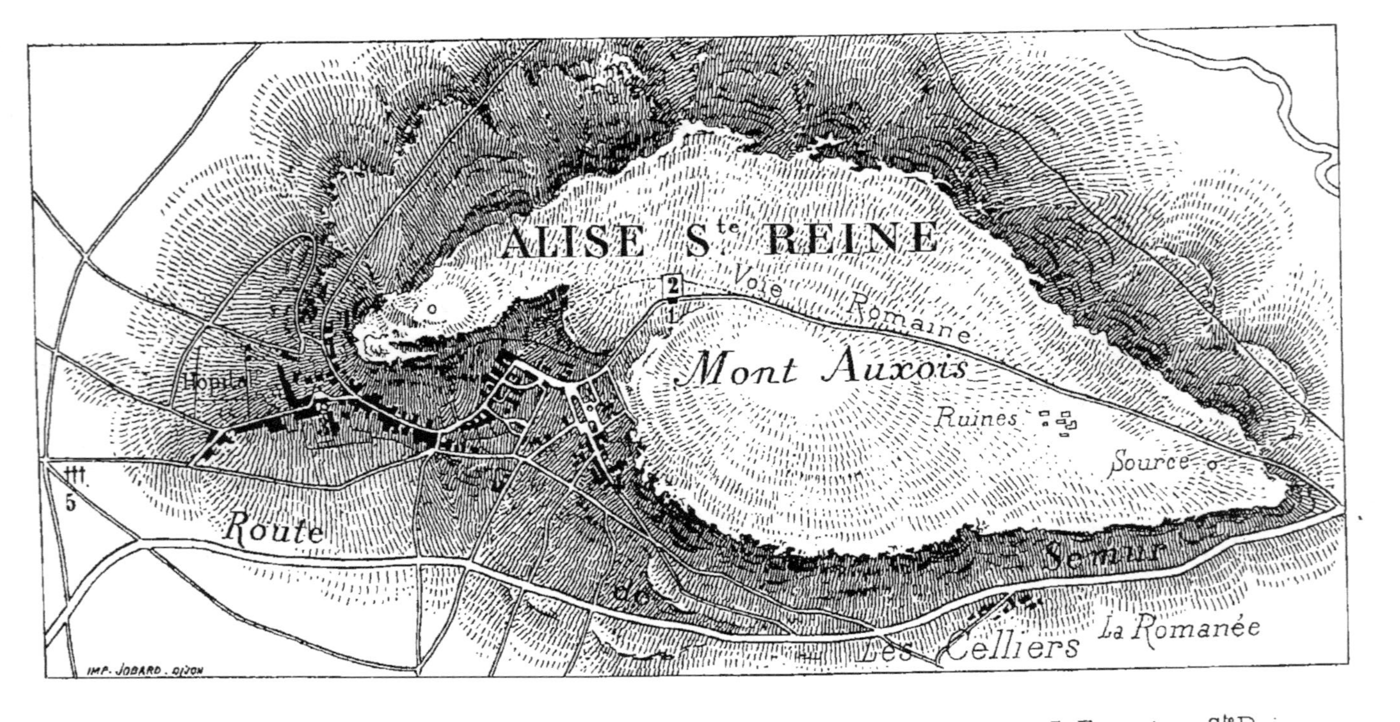

1.Tombeau.— 2,Emplacement de la Basilique et Cimetière des Pères.— 3,Fontaine Ste Reine
4, Eglise — 5, Les Ormeaux

IIᵉ PARTIE.

EXAMEN CRITIQUE DES FAITS.

CHAPITRE I.

Vie de Sainte Reine.

Si l'on s'en tenait aux Actes primitifs du martyre, la vie de Sainte Reine ne serait composée que de ces quelques faits : Elle fut fille unique d'un païen nommé Clément ; âgée de quinze ans, elle souffrit et mourut à Alise par l'ordre du préfet Olibrius, au temps de l'Empereur Maximien.

Pour écrire la vie de Sainte Reine, ses historiens ont dû tenir compte des traditions populaires et locales, écrites ou orales, et avec raison : « N'admettez, dit Ansart dans sa préface, que ce qui a été écrit d'abord par des auteurs contemporains, et non ce qui a été écrit par ceux qui sont venus quelques siècles après, vous détruisez en partie toute l'histoire et vous établissez un Pyrrhonisme, qui peut nuire à la piété des fidèles. » Il ajoute : « Les événements dont la mémoire s'est perpétuée chez les peuples jusqu'au moment où un écrivain, qui les a reçus de ses pères, les a placés dans les fastes de l'Histoire, ne méritent pas moins d'être admis que s'ils y avaient été inscrits dès le premier instant. » Les traditions peuvent s'altérer sans doute, mais d'abord elles procèdent d'un fait et le travail de l'historien consiste à dépouiller ces traditions des amplifications, des détails merveilleux ou déraisonnables que les siècles y ont ajoutés.

En complétant les Actes de Sainte Reine par toutes les traditions écrites ou orales, voici comment l'on pourrait raconter la vie de cette Sainte :

Sainte Reine naquit à Alise (1). Elle était fille d'un païen nommé Clément (2), gouverneur de cette ville, possesseur du château de Grignon et d'une maison de plaisance, construite sur le versant Ouest du Mont-Auxois, près de la fontaine dite aujourd'hui de Sainte Reine (3). Clément descendait de Lucius Clementinus, officier de Jules César, et Lucius Clementinus avait obtenu le titre de Gouverneur des Mandubiens, après son mariage avec la sœur de Vergasilaune, chef Arverne fait prisonnier à la bataille d'Alise (4). Reine perdit sa mère peu de temps après sa naissance (5) et fut confiée à une fermière des environs d'Alise (2700 mètres de la ville) (6). Cette nourrice était chrétienne et fit connaître à Reine les vérités de sa religion (7). Reine fut baptisée à l'âge de neuf ans (8), ou à

1. Légende d'Osnabruck et historiens mod.	5. Actes paraphrasés, Osn. et Hist.
2. Actes primitifs et hist.	6. Actes paraph. et hist.
	7. Actes paraph. et hist.
3 et 4. Osnabruck.	8. Osn.

l'âge de quinze ans (1). — Elle était chérie de
sa nourrice et détestée de son père parce qu'elle
était chrétienne (2), d'autres disent que Clément ignorait la conversion de sa fille (3). Reine
passait ses jours à garder les brebis de sa nourrice en compagnie des jeunes filles d'Alise (4),
elle se plaisait à lire les livres saints (5) et à
entendre raconter les combats des martyrs (6).
Elle avait quinze ans (7), lorsque se déchaîna
sur la Gaule la persécution de Dioclétien et de
Maximien (8).

Olibrius (9), gouverneur des Gaules (10), venu
de Marseille à Alise (11), et sortant d'Alise pour
aller dans la Belgique (12), rencontra Reine
avec ses compagnes (13). A la vue des soldats
romains les jeunes filles prirent la fuite et Reine
se cacha dans le tronc creux d'un orme (14).
Un lépreux la trahit (15), et les soldats envoyés
par Olibrius pour la saisir, la conduisirent au
préfet, qui fut épris de sa beauté et du haut de
son char lui demanda qui elle était (16), bien que
ses soldats lui eussent déjà appris qu'elle était
chrétienne (17). Elle répondit qu'elle était de famille libre, qu'elle s'appelait Reine et qu'elle était
chrétienne. A ce mot de chrétienne, Olibrius la
fit conduire en prison à Alise (18), ou bien la
livra à Clément pour la faire apostasier et Clé-

1. Pierre de Natalibus.
2. Actes paraph. etc.
3. Osn. et Pierre de Nat.
4. Actes paraph. etc.
5. Tradition populaire.
6. Actes paraph., etc.
7. Actes primitifs, etc.
8. Actes, Vincent de Beauvais, S. Antonin.
9. Actes.
10. Osnabruck.
11. Actes.
12. Mombritius, Osnab.,
André Duval.
13. Actes, Osn.
14. Trad. popul.
15. Trad. popul.
16. Actes.
17. Actes paraph.
18. Actes.

ment la fit enfermer dans son château de Grignon (1).

Elle resta chrétienne et comparut devant le tribunal d'Olibrius (2) revenu de Belgique (3). En présence des habitants d'Alise, Olibrius la fit dépouiller de ses vêtements, appliquer au chevalet et frapper avec des verges. Son sang coula avec tant d'abondance que les Mandubiens, touchés de compassion, lui conseillaient d'apostasier. Olibrius la fit ensuite déchirer avec des ongles de fer si cruellement, que lui-même ne put en supporter le spectacle. Comme on était à la septième heure du jour, il la fit reconduire en prison. Là, elle eut une vision céleste qui lui rendit les forces et le courage (4).

Le lendemain matin, Olibrius la fit de nouveau dépouiller de ses vêtements, de nouveau étendre sur le chevalet et donna l'ordre de lui brûler les côtés avec des torches ardentes. Enfin, il essaya de la noyer, en la faisant jeter pieds et poings liés dans une cuve remplie d'eau. Mais, à ce moment, il s'opéra des prodiges qui convertirent quatre-vingt-cinq personnes : il se fit un grand tremblement de terre, les liens de Reine se rompirent, elle sortit de l'eau et une colombe apparut dans les airs portant une couronne dans son bec, pendant qu'on entendait une voix venant du ciel, qui disait : Viens, Reine, viens recevoir la couronne que tu as méritée (5). Olibrius, effrayé et furieux, ordonna d'emmener Reine hors de la ville (6), et de lui trancher la tête (7). Ce qui fut fait le 7 des

1. Osn., trad. popul.
2. Actes.
3. Osn., A. Duval.
4. Actes.

5. Actes.
6. Actes paraph.
7. Actes.

ides de septembre (1). Sa tête en tombant fit jaillir une source (2), et son corps fut inhumé près de cette source (3).

1. Actes.
2. Trad. popul.

3. Légende de Flavigny et Osn.

CHAPITRE II.

Discussion des faits.

---

§ I. PERSONNES.

1. *Reine.* — La fille de Clément s'appelait-elle Reine ?

La légende d'Allemagne raconte que pendant la fête donnée par Olibrius en l'honneur de la fille de Clément, les peuples la regardaient déjà comme leur reine et que « de là le nom de Reine lui est resté. » Cette affirmation sans preuve est tirée du double sens du nom de Reine, mais elle a le malheur de contredire l'histoire. En effet, les Actes du martyre disent que la fille de Clément s'appelait Reine. Elle-même répond à Olibrius, je m'appelle Reine. Du reste Olibrius n'était pas roi, il n'est même pas sûr qu'il fut gouverneur d'Alise ou des Gaules. — D'autre part, Reine, *Regina*, est un nom latin ; c'était en particulier le nom des femmes d'une ancienne famille de Rome, la famille Reginus, qui donna à Jules César un lieutenant : C. Antistius Reginus. — Donc le nom de Reine est le vrai nom de la fille de Clément.

2. *Clément.* — Le père de Sainte Reine était-il descendant de Lucius Clementinus et de la sœur de Vergasillaune ? Je ferai d'abord observer que les Actes primitifs et les Actes paraphrasés se contentent de nommer Clément et ne font pas sa généalogie ; que les martyrologes et l'ancien bréviaire de Flavigny imitent les Actes et qu'on ne trouve cette généalogie que dans la légende d'Osnabruck, légende moderne ou au moins complétée au XVIe siècle, et dans les historiens qui l'ont suivie. D'après cette légende, Lucius Clementinus, officier de Jules César, aurait épousé la sœur de Vergasillaune après la bataille d'Alise et aurait reçu de Jules César le commandement du pays des Mandubiens. — Il y a dans ce récit plusieurs impossibilités. Si les Gaulois, dans leurs émigrations, emmenaient avec eux leurs femmes et leurs enfants, ils n'agissaient pas de même dans la guerre des Gaules. On ne voit jamais les femmes figurer dans le récit des batailles donné par Jules César. Vergasillaune, qui commandait sur le mont Réa les 60,000 hommes d'élite qui pénétrèrent dans le camp des Romains, était Arverne et non Mandubien. Il fut fait prisonnier avec le reste de ses troupes, mais l'armée gauloise de secours se dispersa après la bataille et put regagner ses foyers. Pour faire prisonnière la sœur de Vergasillaune, il faudrait donc admettre, non-seulement qu'elle suivit son frère devant Alise, mais qu'on la laissa prendre rang parmi les combattants d'élite du mont Réa : ce qui n'est pas possible. — Le commandement du pays des Mandubiens n'est pas plus admissible. Jules César indique le campement de ses légions après la prise d'Alise. Il n'en laissa

point dans cette ville et il n'avait pas de lieutenant du nom de Lucius Clementinus. — Et si
l'on suppose que Lucius Clementinus se maria
en Auvergne avec la sœur de Vergasillaune,
ce n'est pas le gouvernement d'Alise qu'il aurait demandé, mais celui de Gergovie.

Clément était-il gouverneur d'Alise? — pos-
sédait-il « une superbe maison auprès d'une petite source sur le penchant de la montagne?» fit-
il bâtir le château de Grignon? — On a toujours
voulu donner des ancêtres glorieux aux personnages célèbres, mais cette qualité de gouverneur
d'Alise, attribuée à Clément par la légende, a
contre elle le silence des Actes de Sainte Reine.
Cependant ces monuments anciens qualifient
Clément en disant qu'il était païen, ils auraient
pu ajouter son titre honorable de préfet ou
gouverneur d'Alise. — Pour ce qui regarde la
maison de plaisance près de la fontaine, je n'ai
vu nulle part que l'on ait trouvé des fondations
ou des ruines quand on bâtit cette partie d'Alise
Sainte Reine aux XVIe et XVIIe siècles. —
Pour ces deux questions, je ne puis nier, mais
je n'affirme pas.

La possession, sinon la construction du castrum de Grignon, est plus plausible. Elle s'appuie sur une très ancienne tradition et sur
l'existence probable du monument à cette époque. Nous en reparlerons à l'article : prison de
Sainte Reine.

3. *Olibrius*. — Qu'était cet Olibre? L'histoire ne nomme qu'un Olibrius (Anicius), qui fut
un fantôme de prince revêtu de la pourpre de
l'Empire d'Occident, en 472, après la mort
d'Anthémius et dont le nom est demeuré un
titre traditionnel de ridicule et de moquerie.

Néanmoins cet Olibrius était de l'illustre famille
Anitienne, qui avait ses aïeux consulaires et
rien ne s'oppose à ce que le tyran Olibrius d'A-
lise n'ait été un aïeul de celui qui régna six ou
sept mois à Rome avec tant de dérision. Au
surplus, ils ont bien mérité tous deux que leurs
noms devinssent une épithète méprisante (1).

Etait-il préfet des Gaules ? — Dans les Actes
de Sainte Reine, Olibrius est appelé préfet,
nom qui pourrait se traduire par gouverneur,
mais les Actes ajoutent qu'il venait de Marseille.
Or, Marseille n'était pas le siège du gouverneur ou préfet des Gaules ; Lyon et Trèves se
partageaient ordinairement cet honneur. D'autre
part, les Actes de Sainte Marguerite d'Antioche
disent que ce fut un Olibrius, préfet, qui la fit
souffrir et les supplices inventés par cet Olibrius
d'Antioche sont tellement semblables aux supplices supportés par Sainte Reine, qu'ils ont fait
supposer que les Actes de Sainte Marguerite
avaient été copiés sur ceux de Sainte Reine.
N'est-il pas raisonnable de supposer que ces deux
Olibrius étaient le même personnage et que l'Olibrius, qui vint de Marseille à Alise, venait d'O-
rient. De plus, nous supposons, à cause de la
tradition relative à son voyage en Allemagne,
qu'il aida l'Empereur Maximien à réprimer la
révolte des Bagaudes. Cette expédition n'est pas
en opposition avec les Actes de Sainte Reine, ils
semblent au contraire l'autoriser. Nous sommes
donc en présence d'un Olibrius, préfet à Antioche, préfet à Alise et général d'armée. Un
préfet pouvait commander les armées et le préfet de Pisidie pouvait devenir préfet des Gaules :

1. Mignard : Alise, Vercingétorix et César. (Note ex-
plicative, 16.)

cependant je ne trouve pas assez de lumière pour pouvoir dire qu'Olibrius fût préfet des Gaules (1).

4. *La nourrice de Sainte Reine.* — L'histoire de la nourrice est racontée pour la première fois dans les Actes paraphrasés, qui ont été composés au VIme ou au VIIme siècle. Il y en aurait assez pour constituer une tradition ancienne, si on ne retrouvait le même fait dans les Actes de Sainte Marguerite. Les Bollandistes ont pensé qu'un des deux récits avait été copié sur l'autre et ils inclinent à croire que Théophile s'est servi des Actes de Sainte Marguerite pour composer son prologue. Et cette phrase : « dederunt eam foris nutriri in quodam prædio distante quindecim stadiis ab Alesia civitate, » quoique différente de celle-ci : Edesius dedit eam nutriendam procul a civitate sua scilicet Antiochia, » semblerait confirmer le soupçon des Bollandistes, à cause de cette expression grecque, « quindecim stadiis. » Le stade était une mesure des Grecs et non une mesure des Romains. Cependant j'ai cru pouvoir conclure (1 part. ch. 2) que Théophile ne s'est inspiré que des Actes de Sainte Reine et des traditions de l'Auxois.

Et en effet, nous avons les traditions locales et particulièrement l'existence, le renouvellement religieux des trois Ormeaux, qui viennent appuyer la croyance de l'Auxois. Sainte Reine gardait les brebis de sa nourrice près des Ormeaux, quand elle fut arrêtée : voilà la tradition de l'Auxois. Cette tradition est en possession et pour la déposséder, il faudrait

1. Olibrius quidam præfectus (actes paraph.) n'indique pas un préfet des Gaules.

prouver non-seulement qu'elle a été inventée par un copiste des Actes de Sainte Marguerite, mais encore que les Ormeaux ont été supposés témoins de l'arrestation de Sainte Reine après l'apparition des Actes paraphrasés. En attendant, nous conservons la tradition locale. Nous regrettons seulement qu'elle ne soit pas plus complète, qu'elle n'ait pas désigné la maison de la nourrice, fait connaître son nom et celui du père nourricier. Les noms de Philomène et de Théophile n'ont rien de certain. Théophile, d'après les Actes paraphrasés, peut être aussi bien un chrétien d'Alise que le père nourricier de Sainte Reine. — Paître les brebis n'était-ce pas indigne de la fille du gouverneur d'Alise? D'abord nous avons dit qu'il n'était pas prouvé que Clément fut gouverneur de la ville. Nous répondrons ensuite que les troupeaux formaient alors la principale richesse et que Sainte Reine se livrait à cette occupation par vertu, à l'imitation des patriarches. Les Actes de Sainte Marguerite et les Actes paraphrasés de Sainte Reine suggèrent cette explication en nommant Rachel et son fils Joseph. Cette occupation ne peut donc prouver que Sainte Reine était de basse extraction. Elle-même déclare à Olibrius qu'elle est de famille libre, c'est-à-dire : noble.

5. *Lépreux.* — Un lépreux a-t-il indiqué aux soldats romains l'orme creux dans le tronc duquel Sainte Reine s'était cachée? — Je pense que non : 1° parce que la lèpre était à cette époque un mal inconnu parmi les populations gauloises. A la vérité, M. Gueneau, percepteur à Vandenesse, dans sa brochure sur les bains de Saint-Honoré (Nièvre), dit que les soldats

romains, atteints de la lèpre, venaient chercher leur guérison dans les bains de cette station thermale. Mais il est avéré que la lèpre vient d'Orient, d'où ces soldats romains avaient pu l'apporter dans leur légion; et il est admis que la lèpre ne fut apportée en France que par les Croisés. 2° Cette tradition n'est écrite dans aucun monument ancien. 3° Elle semble avoir pris naissance dans un fait que le peuple donne comme conséquence de la trahison du lépreux. En effet, on dit qu'en punition du crime de ce premier lépreux, la lèpre fut la seule maladie que la fontaine miraculeuse de Sainte Reine ne guérissait pas. On comprend que cette exception ait frappé l'imagination de nos pères et qu'ils en aient cherché la cause. De la pensée que cette exception était une punition du ciel à l'invention d'un premier lépreux qui trahit Sainte Reine, il n'y avait plus qu'un pas.

§ II. TEMPS.

6. *Époque du martyre.* — D. Georges Viole dit que Sainte Reine naquit en 238 et mourut en 253 pendant la persécution de l'empereur Dèce. Les Pères Cordeliers de Sainte Reine le plaisantèrent à ce sujet et affirmèrent que Sainte Reine avait souffert le martyre sous Dioclétien et Maximien, s'appuyant sur le témoignage de l'ancien bréviaire d'Osnabruck (1). Une réponse manuscrite des Bénédictins de Flavigny (2) se contente de dire que D. Georges Viole a suivi la chronologie du docte Génébrard et autres auteurs, quand il fait régner Dèce en 253. Ansart et d'autres historiens de

1 et 2. Archives fabriciennes d'Alise Sainte Reine.

Sainte Reine ont adopté les dates de D. Viole,
mais aucun ne les justifie.

Cela est d'autant plus extraordinaire que l'on ne
trouve ces dates dans aucun monument ancien.
Le manuscrit d'Utrecht dit que Sainte Reine
fut martyrisée au temps de Maximien : « temporibus Maximiani inperatoris » Le Père Boudet, jésuite d'Osnabruck, répond à D. Mabillon,
lui demandant des renseignements sur les reliques, que les anciens bréviaires, légendes et
missels d'Osnabruck s'accordent à dire que
Sainte Reine mourut en la cité d'Alise le 7 des
ides de septembre sous le règne de Maximien
et la présidence d'Olibre : « passa est septimo
idus septembris sub Maximiano imperatore et
Olibrio præside in Alisia civitate. (1) » Au
XIIIme siècle, Vincent de Beauvais place les
Actes de Sainte Reine sous le titre : « Tempora Galeri et Maximini imperatorum. » — Au
XVe siècle, Saint Antonin parle de Sainte Reine
au titre 8e ch. 1. : « De persecutione Diocletiani
et Maximiani. »

M'en référant à ces documents plus anciens,
je dis que Sainte Reine a été martyrisée sous
Maximien en 286 ; et puisque, d'après les Actes,
elle avait quinze ans au moment de son martyre, je dis qu'elle vint au monde en 271, ou au
plus tôt vers la fin de 270.

§ III. LIEUX.

7. *Naissance de Sainte Reine.* — Sainte
Reine naquit à Alise : la légende d'Osnabruck,
André Duval, le P. Giry, l'abbé Duplus le

1. Lettre du P. Boudet. Arch. fabric. d'Alise Sainte
Reine.

disent expressément. Les monuments anciens se taisent, ainsi que les historiens bénédictins ; cependant quand D. Viole cite cette parole de Tertullien : « L'air des villes est souvent la prison de la pudicité » à l'occasion de l'envoi de Sainte Reine à nourrice, il laisse voir assez clairement que, selon lui, elle vint au monde dans la ville d'Alise. Du reste le silence des monuments anciens est très naturel, ils n'avaient qu'à raconter la mort de Sainte Reine et non sa naissance, d'autre part la croyance universelle à Sainte Reine d'Alise dispensait d'en parler. Les Actes primitifs et paraphrasés de la sainte martyre laissent supposer que Sainte Reine naquit à Alise, quand ils disent qu'Olibrius venait de Marseille à *Alise* et que Sainte Reine fut placée en nourrice à quinze stades de la cité d'*Alise*. Grignon seul pourrait disputer à Alise l'honneur d'avoir donné naissance à Sainte Reine. Aucun monument ancien ne parle de Grignon. Les mêmes traditions, qui attribuent à Clément la possession du château de Grignon, lui donnent aussi à Alise non-seulement le palais du gouverneur de la ville, mais encore une maison de plaisance. Les historiens bénédictins et les autres nous ont conservé la tradition de la prison du château de Grignon ; s'ils ne disent pas que Sainte Reine naquit à Grignon, c'est qu'il n'y avait pas de tradition à ce sujet. La maison de Clément à Alise a disparu ensevelie sous les ruines de la ville, ainsi que le tribunal d'Olibrius et la prison où Sainte Reine fut favorisée d'une vision céleste. Mais le château de Grignon n'a pas subi le même sort. On en voit encore les ruines et les habitants, qui désignent encore aujourd'hui la chambre ou réduit qui servit de prison à la Sainte, montreraient également la chambre où elle naquit, si elle avait vu le jour à Grignon. On doit donc conserver à Alise sa possession et dire que Sainte Reine naquit dans la ville d'Alise.

8. *Alise est le lieu de l'arrestation de Sainte Reine, de sa lutte et de sa sépulture.* — M. l'abbé Pascal (1) raconte que, d'après Tamaya, auteur espagnol, Sainte Reine aurait appartenu à la famille des Reginus (2), établie sur les frontières du Portugal ; Alise serait une ville de cette contrée et les reliques de Sainte Reine auraient été transférées de cette ville espagnole à Autun. Il ajoute que, d'après Julien, archiprêtre de Tolède, Sainte Reine aurait été martyrisée à Toulouse en France ; et qu'à Alaise, en Franche-Comté, on montre un lieu, *qui inspire la terreur,* où Sainte Reine aurait été décapitée. — Ces revendications, honorables pour Sainte Reine, ne peuvent tenir contre les affirmations précises d'Usuard, de Rhaban Maur, même de Saint Jérome disant : *In territorio Augustodunensi, in civitate Alesiâ, passio Sanctæ Reginæ virginis et martyris.* Si l'on peut encore discuter sur l'emplacement de l'Alise de Jules César, on ne peut discuter sur l'Alise de Sainte Reine, car on ne peut discuter Autun et son territoire et cette Alise est dans le territoire d'Autun, d'après tous les monuments anciens : martyrologes, anciens bré-

1. Alise Ste Reine avant et après l'ère chrétienne. Broch. In-8°, 1858, p. 41.

2. Un C. Antistius Reginus était lieutenant de Jules César dans les Gaules.

viaires, missels et autres. Or Alise-Sainte Reine est seule de ce nom au territoire ancien d'Autun. De plus nous avons la tradition locale, ancienne et constante, indiquant nettement le lieu de l'arrestation de Sainte Reine, le lieu de sa mort et de sa sépulture, lieu illustré par d'innombrables prodiges; nous avons aussi le corps de la Sainte relevé vers l'an 400, et la fête de la Révélation célébrée « ab antiquo, » comme disent les historiens bénédictins, le 13 juillet de chaque année à l'endroit même où le corps fut trouvé.

Il nous reste donc à prouver que Sainte Reine fut arrêtée aux trois Ormeaux et qu'elle fut décapitée et inhumée près de sa fontaine.

9. *Arrestation de Sainte Reine aux Ormeaux.* — Jailly-les-moulins a une grotte de Sainte Reine et une tradition pour cette grotte. D'après cette tradition, Sainte Reine, fuyant à la vue des soldats romains, serait venue se cacher dans cette grotte et y aurait été saisie. Cette tradition a quelque chose de plausible. Une route romaine suit la crête du mont Pevenel et passe au-dessus de Jailly; en supposant la nourrice à la ferme d'Epermailles, qui est distante du Mont-Auxois d'environ quinze stades, l'événement n'aurait rien d'impossible. Cependant Jailly est à neuf kilomètres au moins de la ferme d'Épermailles et la route romaine à plus d'un kilomètre de Jailly et de la grotte. La première distance est considérable pour une jeune fille et son troupeau et la seconde est un peu longue pour Sainte Reine poursuivie. En effet cette tradition n'a pu se faire admettre.

Au contraire on a toujours cru que l'arrestation de Sainte Reine a été opérée aux Ormeaux.

LES TROIS ORMEAUX ET LES TROIS CROIX.

Inscriptions relevées en 1880 :

1. Croix principale (ouest) : « Mon Dieu, faites miséricorde à celles qui ont fait replanter cette croix et aux âmes du purgatoire. *1ᵉʳ Sept. 1817.* » — 2. Croix nord : « Cette croix estant tombée par les vents a été rétablie par ANNE TIERSOT, veuve de M. JACQUES GODARD, marchand à Sainte Reine, *le 10 Juin 1704.* » — 3. Croix sud : « A la dévotion de FRANÇOIS BAUDOT et de JEANNE GIGOT. »

Ces arbres, conservés religieusement et renouvelés plusieurs fois, sont des témoins vivants et irrécusables de la tradition et de son antiquité. Depuis environ trois siècles on y a érigé trois croix, de sorte qu'au XVIIᵉ siècle, on disait indistinctement : aller aux trois croix ou aux trois ormeaux. En 1660, les fondateurs de l'hôpital d'Alise, d'après la volonté d'une bienfaitrice, voulurent y édifier une chapelle et n'en furent empêchés que par une influence et des intérêts rivaux (1). — Cette tradition constante est aussi très naturelle, car la grande voie romaine, qui descendait d'Alise aux Laumes se dirigeant sur Paris, se trifurquait au pied du Mont-Auxois à quelques centaines de mètres des Ormeaux; la branche qui se dirigeait sur Autun par Pouillenay passait à quelques mètres de ces arbres, tandis que l'autre branche gagnait Troyes et la Champagne par la montagne de Menetreux. Si l'on admet que Sainte Reine fut arrêtée à l'arrivée d'Olibrius à Alise, on peut dire qu'Olibrius venait par Autun et Pouillenay et ainsi il passa à quelques mètres des Ormeaux. S'il la fit arrêter en sortant d'Alise pour aller dans la Gaule Belgique, comme le veut la tradition, on peut supposer qu'il allait prendre l'embranchement de la montagne de Menetreux lorsqu'il vit la jeune fille. Cette tradition n'est pas contraire aux Actes du martyre. Dans l'édition de Mombritius on lit : « Transiens autem Olibrius à Massilia in Alesiam civitatem, sedensque *deinde* in curriculo suo et videns eam speciosam nimis, jussit eam comprehendi. » Ce

---

1. La première pierre seule fut posée. Retrouvée en 1876 par le cantonnier, elle fut portée chez M. Sordoillet, notaire et maire d'Alise Sainte Reine.

deinde suppose qu'il ne venait plus à Alise. Et quand il eut interrogé Sainte Reine « præcepit eam *reduci* in carcerem usque dum veniret in civitatem. » On ne peut traduire : *reconduire* en prison, car Sainte Reine n'y avait pas encore été, il faut donc traduire par : *ramener* à la ville, ce qui semble dire qu'Olibrius en sortait. Il est vrai que « deinde » n'existe pas dans le manuscrit d'Utrecht et que « *reduci* » y est remplacé par « *deduci* », mais on lit dans tous les manuscrits édités : « in carcerem usquedum veniret in civitatem », jusqu'à ce qu'il vînt dans la ville. Expression inexplicable, si Olibrius allait à Alise, au lieu d'en sortir. — Donc la tradition de l'arrestation de Sainte Reine aux trois Ormeaux est une tradition ancienne, constante, naturelle et non contredite par les Actes. Ce qui prouve que ce n'est pas le besoin de la cause qui créa la tradition, c'est qu'Olibre pouvait venir à Alise par Sombernon et gagner la Gaule Belgique par Darcey.

10. *Mort de Sainte Reine. — Son inhumation près de la fontaine.* — Sainte Reine eut la tête tranchée sur l'emplacement de la fontaine et fut enterrée dans le même lieu : telle est la croyance ancienne et constante. La légende ajoute que la tête de Sainte Reine en tombant fit jaillir la source. — Les Actes primitifs de Sainte Reine disent seulement : « Iratus Olibrius fecit eam decollari. » Les Actes paraphrasés sont plus explicites : « *et educta est extra civitatem ad decollandum.* »

Faut-il, comme preuve de cette tradition, admettre avec le peuple et les légendaires, que la tête de Sainte Reine en tombant fit jaillir une fontaine ? — Dans le champ du surnaturel, cette merveille n'aurait rien d'extraordinaire : une source miraculeuse surgit dans la prison Mamertine pour baptiser les deux gardes que Saint Pierre venait de convertir ; Saint Clément dans la Chersonèse se met en prière et Dieu fait sourdre une fontaine pour apaiser la soif des exilés, condamnés comme le Saint aux travaux forcés ; une source naît sous les pas de N.-D. de la Salette ; Bernadette, par ordre de N.-D. de Lourdes, gratte le sol avec ses doigts et il en sort une source faible d'abord, ensuite abondante et miraculeuse. Ces faits sont historiques, tandis que nous n'avons que la légende pour affirmer la naissance prodigieuse de la fontaine Sainte Reine. Mais si nous ne pouvons rien dire sur l'origine de cette fontaine, il n'en est pas de même de son histoire : elle devint bientôt une source merveilleuse guérissant miraculeusement un grand nombre de maladies. Elle n'est pas la seule source sortant du Mont-Auxois et pourtant seule elle est miraculeuse. Un pareil fait, venant à l'appui d'une tradition populaire, n'est-il pas suffisant pour en établir la réalité? Au surplus, ce lieu est situé à 6 ou 700 mètres hors de la ville et à quelques pas de la route qui descendait de la ville d'Alise : autant de circonstances qui rendent plus probable le fait de la mort de Sainte Reine près de la fontaine.

Quant à l'inhumation du corps de la Sainte, voici ce que dit Ansart : « Les légendaires ne marquent pas positivement l'endroit où les saintes reliques furent trouvées au temps de la première élévation du corps de Sainte Reine : on les découvrit probablement au même lieu où est son ancienne chapelle à Alise : 1° la fête de cette élévation, ou première découverte de ce corps saint, se faisait tous les ans avec une cérémonie toute particulière dans cette chapelle dont on voit encore aujourd'hui les ruines. La grand'messe était solennisée auprès de la fontaine, sur un autel qu'on y dressait exprès, au bas de ladite chapelle, à gauche en entrant. 2° Il paraît, par un titre de 1448, qu'il y avait alors un autel très ancien, situé dans les vignes de l'évêché d'Autun et dédié à Sainte Reine. On bâtit en ce lieu sous l'invocation de la Sainte une chapelle, qui, dans la suite, fut possédée en titre de bénéfice par un chapelain jusqu'à l'an 1501. (1) »

Il n'est pas surprenant que les légendaires aient oublié d'indiquer le lieu où fut retrouvé le corps de Sainte Reine. En 864, l'abbé Egil viendra enlever le corps de Sainte Reine, qui reposait dans sa Basilique, il décrira le cortège, les préparatifs de la levée du corps saint, l'enthousiasme de la foule, le retour à Flavigny, et il oubliera de nous dire où était cette basilique. Les légendaires ont fait comme l'abbé Egil, ils ont écrit pour l'édification des fidèles, ils n'ont pas écrit pour l'histoire. Nous devons regretter cet oubli, mais nous avons pour nous guider cette fête particulière, qui n'est pas la fête du 7 septembre, car un peu plus loin Ansart nous dira qu'elle se célébrait le 13 juillet. — Les miracles de la source confirment donc la tradition sur le lieu de la mort de Sainte Reine et la fête du 13 juillet celle du lieu de son inhumation.

11. *La prison de Grignon.* — La légende dit qu'Olibrius, partant pour l'Allemagne, confia à Clément le soin de ramener sa fille au culte

1. Hist. de Sainte Reine d'Alise, p. 20.

des idoles et que Clément l'emmena à son château de Grignon, où il l'enferma, l'enchaîna et la tourmenta par tous les moyens qu'il put imaginer. — Cette tradition suppose d'abord l'expédition d'Olibrius en Belgique et en Allemagne, expédition qui s'accorde fort bien avec l'histoire. L'histoire dit, en effet, que Maximien Hercule, associé à l'empire par Dioclétien en 285, eut l'Occident en partage; qu'il vint dans les Gaules en 286 pour réprimer les Bagaudes et les incursions des Francs et des Saxons, et qu'il exerça une terrible persécution contre les chrétiens, en y employant ses soldats. Maximien Hercule venait d'Orient, comme son lieutenant Olibrius; Maximien traversait la Suisse, pendant que son lieutenant, debarqué à Marseille, traversait les Gaules; Maximien gagnait les bords du Rhin, son lieutenant Olibrius, avec son corps d'armée, dut en faire autant.

La tradition de la prison de Grignon suppose également une maison appartenant à Clément dans le castrum romain de Grignon et cette supposition est possible, car Courtépée nous apprend qu'en démolissant la tour à l'ouest du château, on trouva en 1755, dans un angle, plusieurs médailles d'Antonin le Pieux, grand bronze et dans le champ de la place une médaille de Faustine en argent. Or Antonin le Pieux et Faustine, femme de Marc-Aurèle, vécurent l'un et l'autre au IIme siècle après Jésus-Christ. Il y avait donc des constructions sur l'emplacement du château de Grignon avant l'existence de Sainte Reine et rien ne s'oppose à ce que ces constructions aient appartenu à Clément. Dans ce cas, il est possible qu'il ait fait enfermer sa fille dans cette maison pour la forcer à apostasier. Mais ce qui donne une certitude morale à cette tradition, c'est l'existence d'une chapelle dédiée à Sainte Reine dans le château de Grignon, la combe et les près de Sainte Reine au finage de Grignon et surtout le nom de prison de Sainte Reine conservé à une petite chambre sombre et voûtée du château. Evidemment il y a là le souvenir d'un fait. En résumé : cette tradition de la prison de Sainte Reine à Grignon est ancienne, quoiqu'écrite seulement dans des histoires modernes ; nous avons dit ailleurs qu'elle n'est pas en opposition avec les Actes ; elle n'est pas non plus contraire à l'histoire ; elle s'appuie sur un monument encore existant ; et elle est toujours vivace dans la mémoire du peuple. Donc elle doit être conservée.

Je ne dirai rien de la prison de Sainte Reine à Flavigny, située, dit-on, sous le maître autel de l'ancienne chapelle des Bénédictins. L'abbaye fut fondée par Vidrade en 722 et ce souterrain allongé, entrecoupé de réduits, semble plutôt avoir été construit par les religieux pour soustraire les choses précieuses à la rapacité des Sarrazins et des Normands.

De tous les faits ajoutés au récit des Actes primitifs du martyre de Sainte Reine, il ne nous reste plus à discuter que la date de son baptême.

12. *Baptême de Sainte Reine.* — La légende d'Allemagne dit qu'elle fut baptisée à l'âge de neuf ans et Pierre de Natalibus dit à quinze ans. Ces historiens ne donnent pas de preuves à l'appui, les Actes se taisent et il n'existe pas de tradition sur ce fait. Les éléments nous manquent pour donner une solution sérieuse.

IIIᵉ PARTIE.

CHAPITRE I.

Premier culte rendu à Sainte Reine.

« Après le très glorieux triomphe de la bienheureuse Reine, quelques-uns, qui étaient chrétiens, ensevelirent son corps au lieu même où elle avait subi le martyre et enterrèrent avec elle la chaîne de fer, qui l'avait tenue attachée dans sa prison. Ce gage sacré, ainsi caché dans les entrailles de la terre, demeura presque inconnu, jusqu'au moment où il fut révélé par un grand nombre de miracles. (1) » Tel est le récit de ce qui se passa

1. Lectio V — In festo Revelationis Sanctæ Reginæ, XIII julii : — Post gloriosissimum beatæ Reginæ virginis ad cœlos triumphum, in eodem loco ubi martyrium passa fuerat, pauci, qui erant Christiani, corpus ejus tumulàrunt, unà cum catenà ferreà quà in carcere revincta fuerat. Sic terræ visceribus abditum sacrum pignus fere mansit incognitum, donec ingenti miraculorum numero tandem revelatum fuit. Unde hæc festivitas tum Alexiæ, tum Flaviniaci, sub Revelationis nomine celebratur. (*Manuel des pèlerins de Ste. Reine d'Alise par Ansart, 1780.*)

après la mort de Sainte Reine, d'après son office latin, publié par Ansart (1780). Un autre office, dont les leçons nous ont été conservées par D. Georges Viole (1), dit simplement que le corps de Sainte Reine fut enseveli auprès d'Alise par les chrétiens (Leçon VIII du 7 7bre). L'historien Ansart (2) dit que le corps de Sainte Reine fut retrouvé par révélation divine vers l'an 400; et M. l'abbé Nortet (3), s'inspirant de la légende d'Osnabruck, le fait découvrir par l'obstination d'une colombe à revenir planer au-dessus d'une grande pierre, toutes les fois que l'on s'en éloignait.

Cette nouvelle colombe est peut-être une réminiscence de la colombe qui apparut à Sainte Reine pendant son martyre, mais la légende d'Osnabruck s'en sert fort mal : confondant le jour de la Révélation avec le jour de la Translation du corps de Sainte Reine, elle la fait apparaître en 864 à l'abbé Egil. Cette nouvelle colombe me semble donc apocryphe. J'aime beaucoup mieux le récit du bréviaire de Flavigny.

Est-ce une chose extraordinaire que l'on ait presque oublié (*fere mansit incognitum*) le lieu de la sépulture du corps de Sainte Reine? Si l'on songe au petit nombre de chrétiens que comptait alors la ville d'Alise, à la recrudescence du paganisme pendant la persécution, aux incursions des Allemands qui vinrent jusqu'à Autun sous Julien l'Apostat, à la misère

1 D. Viole : Apologie... pièces justificatives.

2. Ansart : Hist. de Ste Reine et de l'abbaye de Flavigny.

3. Manuel de la confrérie de Ste Reine. Dijon, 1866.

des habitants écrasés par les guerres et les impôts, à la nécéssité où les chrétiens s'étaient trouvés d'inhumer secrètement le corps de Sainte Reine, sans laisser le moindre signe extérieur : on trouvera qu'il n'y a rien d'extraordinaire à ce que l'on ait presque oublié le lieu de sa sépulture. Il en fut de même dans toute la Gaule. Au VIe siècle : « on voit des évêques, des prêtres voyager pour retrouver les Passions des Saints qui étaient perdues. Les Saints eux-mêmes apparaissent pour révéler aux peuples le lieu inconnu de leur sépulture, ou leur reprocher l'abandon dans lequel ils laissaient leurs tombeaux. A Bourges, par exemple, Saint Ursin, premier apôtre de la ville, avait été oublié. On avait même planté une vigne sur le champ où reposaient ses restes. A Alby, le tombeau de Saint Amarand était couvert de broussailles et d'épines. A Saintes, on avait complétement perdu le souvenir du martyre de Saint Eutrope, et le nom chrétien y avait été éteint par l'effet des persécutions. En Auvergne, le sépulcre de Saint Austremoine était demeuré sans culte jusqu'au VIe siècle. Il avait fallu que le Saint apparût et reprochât aux chrétiens l'abandon dans lequel ils laissaient sa mémoire (1). » A Dijon, Saint Bénigne apparaît à Saint Grégoire de Langres pour lui reprocher de trouver mauvais qu'on l'honore.

Les habitants d'Alise, au défaut de l'année, nous ont conservé le jour de la révélation du corps de Sainte Reine, en célébrant le 13 juillet de chaque année une fête, dont l'ancien martyrologe de Flavigny fait mention en ces termes :

1. Bougaud, Étude sur S. Bénigne, liv. 3, ch. 1er.

« *Tertio Idus Julii, Revelatio corporis Sanctæ Reginæ, virginis et martyris.* » La procession des reliques, qui se fait à Alise Sainte Reine le Dimanche de la Trinité, a pour but de rappeler cette fête de la Révélation.

Le corps de Sainte Reine fut alors porté à Alise, enfermé dans un cercueil de pierre et sur ce tombeau on construisit une basilique. Les historiens de Sainte Reine ont généralement supposé que Saint Germain d'Auxerre, en allant visiter son ami le prêtre Senator, en 430, avait aussi pour but de vénérer le tombeau de Sainte Reine, déposé dans la basilique. Mais Constans, l'historien de Saint Germain, ne le dit pas (1).

Les Bollandistes ont supposé que cette basilique était construite sur le lieu du martyre, mais Julien Clerget construisit au même lieu la chapelle de Sainte Reine en 1500, les Cordeliers y construisirent leur couvent en 1650 environ, ils auraient dû trouver des ruines, au moins les fondations de cette basilique et de l'abbaye des Bénédictins qui fut construite à côté et ce fait n'aurait pas échappé à D. Viole qui écrivait sa vie de Sainte Reine en 1649 et 1653.

Les Bénédictins ont cru, au contraire, que cette basilique n'était autre que l'église paroissiale actuelle de Saint Léger, et ils lui supposent deux patrons : Sainte Reine, patronne principale, pour les Bénédictins, possesseurs et

---

1. Voici le texte de Constans : « Erat in Alisiensi loco presbyter Senator nomine, natalibus nobilis, religione nobilior, conjux illi Nectariola, similis sanctitate : quos præteriens, pro studio antiquæ caritatis, expetiit. » Boll. t. VIIe de Juillet.

gardiens ; Saint Léger pour les habitants du bourg. — Mais on ne comprend pas pourquoi Saint Léger aurait dépossédé Sainte Reine de son patronage. De plus cette église n'a jamais été plus grande qu'elle n'est, étant resserrée entre les rochers du Mont-Auxois et la voie publique. Or nous verrons bientôt que Pépin, roi d'Aquitaine, fils de Louis le Débonnaire, rendit la justice sous le porche de la basilique de Sainte Reine, — et que les populations voisines vinrent se réfugier dans cette même basilique. Cela suppose une grande église et une place devant cette église, ce qui ne peut être appliqué à l'église paroissiale. On pourrait encore ajouter que l'église actuelle n'est pas un monument digne de l'importante ville d'Alise.

L'erreur des historiens bénédictins consiste à supposer que la ville était détruite en 430 et qu'elle n'était plus représentée que par le petit village fortifié d'Alise, construit où il est sur le versant sud de la montagne et traversé par la voie romaine montant de la plaine des Laumes pour aboutir à la grande rue de la ville. Mais si nous ne pouvons dire à quelle époque Alise fut définitivement anéantie (1) et si nous savons

1. La ville d'Alise démantelée par César, ou brûlée, d'après le témoignage de Florus, était redevenue florissante et industrielle au temps de Pline, 79 ans après J.-C. Transformée en municipe romain, elle dut souffrir de l'invasion des barbares, particulièrement de Crocus, roi des Vandales et d'Attila en 450, qui traversèrent ces contrées. C'est ce que semble indiquer la coupe des ruines d'Alise. — Quand on fouille le Mont-Auxois on rencontre au fond des monnaies de Tibère, Néron, Vespasien, Trajan et Antonin, puis, en remontant, une couche de cen-

par le testament d'Uvaré que les officiers de justice du canton l'avaient déjà quittée en 720 pour habiter Semur, nous savons aussi qu'elle fut le chef-lieu du canton auquel elle donna son nom (*Alisia, Alsia, Aulsia, Auxois*) ; que ces cantons d'importation barbare ne commencèrent qu'au Vme siècle ; que Fortunat, au VIme siècle, fait mention du Pagus Alesiensis ; qu'Alise donna naissance à S. Agricole, vulgairement S. Arige ou Aré (1), qui mourut à Décize en 594 et que l'on trouve dans ses ruines des monnaies de Théodebert, roi d'Austrasie (534), ainsi que de Gontran, roi de Bourgogne (593).

Avec ces données, on peut affirmer que la ville d'Alise existait encore à l'époque de la révélation du corps de Sainte Reine et suppo-

dre et de charbon ; ensuite on trouve des monnaies d'empereurs romains jusqu'à Théodose (395) et une nouvelle couche de cendre. Au-dessus, peu de charbons, mais beaucoup de marbres précieux, blancs et verts, des brèches d'Italie, des vases d'un galbe élégant et ornés de riches reliefs, des fibules relevées de pierres fines, des fragments de mosaïques et de fresques, des chapiteaux, des frises, enfin tous les vestiges d'une civilisation avancée et d'une ville plus richement bâtie. (Maillard de Chambure. fouilles d'Alise, 1er volume de la commiss. des Ant. de Dijon — Rossignol : Etudes sur un camp de Jules César.) M. Rossignol ajoute qu'en 1804 on trouva 13,000 fr. en pièces d'or de Théodebert, roi d'Austrasie (534), parmi lesquelles quelques monnaies d'Anthémius qui, avec l'aide des Bourguignons, se défendit longtemps contre Euric, roi des Visigoths. On cite également des monnaies de Gontran, roi de Bourgogne (593), et un tiers de sou d'or mérovingien portant le nom d'Alisia.

1. Fortunat, cité par Courtépée (t. III, p. 469.) — S. Agricole. 10e évêque de Nevers, lequel assista aux 1er et 2e Concile de Mâcon, au 2e de Lyon, au 5e d'Orléans. On célèbre sa fête le 16 août. (D. Viole : Vie de Ste Reine. — Courtépée, 1er vol.)

ser que ce corps fut transporté dans la ville. Ma supposition s'appuie sur l'office de Sainte Reine donné par Ansart, dans son *Manuel des pèlerins de Sainte Reine d'Alise.*

Aux leçons de la fête de la Révélation, nous lisons ceci : « Leçon VI. Les prêtres levèrent de terre ce trésor ainsi retrouvé, le portèrent en grande pompe *dans les murs d'Alise* « intra muros oppidi » et le placèrent dans un sépulcre en pierre, sur lequel on construisit une église, qui, au témoignage de Constans, orateur très célèbre, avait pour curé vers l'an 400, un homme pieux et noble, nommé Senator. (1) »

L'office de Sainte Reine continue ainsi : « VIIe Leçon. La renommée des miracles et des mérites de Sainte Reine croissant de jour en jour, à cette église se joignit un monastère célèbre de l'ordre de Saint-Benoît, qui fut doté par la piété des fidèles peu de temps après, mais surtout par l'immense libéralité du Vénérable Vidrade, fondateur également du couvent de Flavigny. (2) »

La leçon VIIIe du même office de la Révé-

---

1. Repertum hujuscemodi thesaurum e terra levaverunt presbyteri atque Alexiam, *intra muros oppidi,* cum ingenti pompa delatum *in lapideo sepulcro* collocarunt. Supra illud ædificata est ecclesia, quam, teste Constantio, oratore celeberrimo, circa annum quadringentesimum pastorali cura regebat vir pius ac nobilis nomine Senator. (Lectio VI.)

2. « VII Lectio. Sed crescente in dies beatæ Reginæ meritorum ac miraculorum fama, hæc ipsa ecclesia crevit in celebre ordinis sancti Benedicti monastérium, quod paulo post pietate fidelium, sed potissimum immensa venerabilis Vidradi Flaviniacensis etiam cœnobii fundatoris liberalitate dotatum fuit.

vélation réfute ainsi l'opinion des historiens bénédictins : « *Ce monastère étant ainsi construit dans la forteresse d'Alise*, les habitants se bâtirent une église paroissiale sous le titre de Saint Léger, près de ladite ville sur le penchant de la montagne. Mais pendant que les reliques de Sainte Reine reposaient dans le susdit monastère, les miracles devinrent si nombreux à son tombeau, qu'il est tout à fait impossible de les rapporter. (1) » C'est Ansart qui publie cet office et c'est le même Ansart qui pense que l'église Saint Léger fut autrefois la basilique de Sainte Reine, et n'en donne pas de preuves.

L'existence prolongée du cimetière Saints Pères conduit aussi à dire que la basilique de Sainte Reine fut bâtie dans la ville d'Alise et dans l'emplacement de ce cimetière Saints Pères. Après le dépouillement de la basilique par l'abbé Egil en 864, et sa destruction par les Normands peut-être, ce lieu où avait reposé Sainte Reine ne pouvait cesser d'être saint. On avait sans doute inhumé à côté de Sainte Reine différents personnages dans cette basilique, comme cela avait lieu dans toutes les églises en possession d'un corps saint et après la destruction de la basilique, on continua d'inhumer au même lieu. Comment expliquer autrement ce cimetière situé à l'intérieur de la ville et con-

---

1. « VIII Lectio. Ædificato sic monasterio in Alexiensi oppido, Ecclesiam sibi parochialem incolæ construxerunt prope dictum oppidum sub titulo Sancti Leodogarii in clivo montis. Sed cum in prædicto monasterio quiescerent adhuc Sanctæ Reginæ reliquiæ, tam crebra fiebant ad ejus tumulum miracula, ut ea referre omnino sit impossibile. »

servant sa destination pour les habitants de Flavigny jusqu'au XVII⁰ siècle (1) ?

La leçon V⁰ de l'office de la Translation (2) nous dit que l'abbé Egil voulut transporter le corps de la bienheureuse Reine de la ville d'Alise, dont il était seigneur, au couvent de Flavigny ; les Bénédictins d'Alise en se réunis-sant à leurs frères de Flavigny purent emporter avec eux le titre de gardiens du tombeau et de la basilique de Sainte Reine, et ces droits de propriété peuvent expliquer la translation des reliques de Sainte Reine, mais ils n'expliquent pas l'établissement et la longue durée d'un cimetière sur le Mont-Auxois pour les Bénédic-tins et les habitants de Flavigny, malgré une énorme distance. Pourquoi choisir le lieu de leur sépulture à cinq kilomètres de Flavigny, sur le territoire d'une commune voisine, s'il n'y a pas un puissant motif religieux, comme celui du dépôt d'un corps saint et vénéré et le souvenir des nombreux miracles que Sainte Reine avait opérés en ce lieu ?

La basilique de Sainte Reine a donc existé au cimetière Saints Pères (3). Sa destruction

1. D'après un auteur, qui écrivait vers l'an 1660, le peuple de Flavigny se faisait enterrer au cimetière Saints Pères. (Ansart, Hist. de S⁰ᵉ Reine et de l'abbaye, p. 254.)

2. Venerabilis Egilus Flaviniacensis abbas, sacrum corpus beatæ Reginæ, virginis et martyris, ex oppido Alexiensi suæ ditioni subdito ad Flaviniacense cœnobium transferre cupiens. (Ansart, Manuel des pèlerins.)

3. Le cimetière actuel de la paroisse, dont l'emplace-ment est peut-être *intra muros oppidi* n'a point de tradition. C'est le cimetière du village et non de la ville. Une petite chapelle de S. Léger, qui existait dans sa partie haute au siècle dernier, l'indique également.

complète et sa transformation en cimetière l'ont fait oublier. Le nom de cimetière Saints Pères rappelle la vénération dont les peuples entouraient autrefois les religieux, il est synonyme de cimetière des Bénédictins.

Je reprends mon récit : Le corps de Sainte Reine, retrouvé le 13 juillet près de la fontaine, vers l'an 400, fut transporté par le clergé en grande pompe dans la ville d'Alise et enfermé dans un sépulcre en pierre le 25 mai, jour de la dédicace de la basilique (1).

Cette basilique fut gardée par des clercs d'abord, et les historiens sont unanimes à supposer que le prêtre Sénator en était le curé en 430, quoique l'historien Constans ne le dise pas.

Bientôt après les disciples de S. Benoit, attirés par la renommée de Sainte Reine, vinrent s'établir auprès de la basilique et remplacèrent les prêtres séculiers, comme gardiens de l'église et du tombeau.

Placés sous la protection des évêques d'Autun, ils vécurent de leur travail et des largesses des pèlerins, mais ils étaient encore pauvres, lorsque leur abbé commandataire, Uvaré ou Vidrade (2), abbé de Sainte Reine d'Alise, de Saint Andoche de Saulieu et de Saint Ferréol

1. Dans l'ancien martyrologe de Flavigny, dit Ansart, on lit au 25 mai : « Translatio Sanctæ Reginæ et Dedicatio ejusdem Basilicæ. »

2. Uvidradus, Vidradus (d'où l'on a fait Uvidrade, Vidrade, Uvaré, Varé), grand seigneur, possesseur de soixante-dix-huit seigneuries et de plusieurs domaines, fonds et héritages, abbé séculier de trois abbayes, était fils de Corbon, guerrier de Charles Martel. Il devint abbé de Flavigny et y mourut.

à Besançon, par testament de l'an 720, partagea son or et son argent, ses meubles, sa bibliothèque, ses vêtements, ses ornements d'église et tous ses biens en cinq parts inégales : une pour chacune de ses abbayes, la quatrième pour ses héritiers, et la cinquième, plus considérable que les quatre autres réunies, pour fonder une abbaye de Saint Préjet à Flavigny.

Vidrade donne à son abbaye de Sainte Reine, ou plus exactement « à la Basilique de Sainte Reine, dans laquelle repose son précieux corps » : Ancy-le-franc, Ravière, et Chichée dans le canton de Tonnerre; — Villemorien, Haute-Rive (Riccy) et Bagneux dans le canton de Lans; Savoisy, Coulmier et Villeneuve dans le canton de Duesme; Charnay-sur-Saône, Chazelles dans le canton d'Amous (chez les Séquanais, bords de la Saône); *Aviciacum* et *Puscionem* dans le canton de Port (Séquanie); et Poiseul les Saulx dans le canton des Attuaires. (1) »

Ce testament est fait vers l'année 720 par-devant les notaires et officiers de justice résidant à Semur. Est-ce qu'Alise n'existe plus en 720? Si cette ville est détruite, comment se fait-il que la basilique de Sainte Reine et l'abbaye des Bénédictins soient restées debout? Courtépée nous apprend que Semur devint au VIIIe siècle

---

1. « Similiter donamus ad Basilicam Sanctæ Reginæ, ubi ipsa pretiosa requiescit in corpore, in pago Ternodrinse Vibelum Cicunias, Anciacum, Rabarias. In pago Leotincinse Villam-Morianæ, Altam ripam, Baniolum. In pago Duismense Stafiacum, Colubarium, Vilnovetum. In pago Ammaviorum Cariniacum et Casellas. In pago Portinse Aviciacum et Puscionem. In pago Athoariorum Pussessionem. » (Boll. III Julii. — D. Mabillon, IIIe siècle bénéd. 1ere partie.)

le chef-lieu du canton de l'Auxois et se trouve ainsi confirmer les soupçons apportés par le testament de Vidrade. De son côté, l'ancien bréviaire de Flavigny, dans les leçons de la fête de Sainte Reine, rédigées en 870 au plus tard, comme nous l'avons prouvé ailleurs, nous apprend qu'alors Alise n'était plus qu'un village « Vulgario habitator Alesiæ quondam civitatis, nunc villæ. » (Lec. III Dom. infra oct.) — Un peu plus loin, il ajoute : « Des monuments parvenus jusqu'à nous, aucun ne nous apprend si sa reconstruction a été commencée, ou achevée par quelqu'un, » après sa destruction par Jules César : utrum instauratio ejus deinceps ab aliquo inchoata sit, aut peracta, nulla quæ ad nos pervenerunt monumenta docuerunt. (Lect. VI.) Ainsi, à Flavigny en 870, on ne savait rien d'Alise depuis Jules César. Cette ignorance prouve au moins que la destruction de la ville était déjà ancienne. Et ces renseignements sont d'accord avec l'histoire écrite sous terre. M. Maillard de Chambure (fouilles faites à Alise en 1839) refait ainsi l'histoire d'Alise : La ville gauloise était bâtie en bois et en briques, elle fut détruite vers l'an 160 après Jésus-Christ, sous le règne d'Antonin. Elle ne se releva définitivement de ses ruines que sous Alexandre Sévère. Cette seconde ville de moindre étendue, mais plus riche que l'ancienne, fut détruite au VIe siècle et remplacée à son tour par une bourgade qui subsistait encore en partie sous Louis XI. Le moine Héric (Vita S. Girmani) ne contredit pas ces témoignages, lorsqu'il écrit en 865 : Tu quoque Cæsareis fatalis Alisia castris...

Nunc restant veteris tantum vestigia castri.

D'autre part, l'église paroissiale actuelle, placée sous le vocable de Saint Léger, ferait supposer que la ville d'Alise aurait été saccagée, comme Saint Seine par Ebroin, au VIIe siècle.

Mais quel que soit l'accident ou le barbare qui détruisit cette ville, il n'en est pas moins certain que la basilique de Sainte Reine et l'abbaye des Bénédictins d'Alise existaient, conservées ou rebâties, en 720. En 828, la basilique était encore debout, car Pépin, roi d'Aquitaine, rendit la justice sous son porche, et les populations voisines, fuyant les soldats de Pépin, vinrent s'y réfugier. Nous verrons qu'elle existait encore en 864, lorsque l'abbé Egil viendra chercher les reliques de Sainte Reine pour les porter à Flavigny.

L'historien désirerait une lumière plus abondante : les événements, les catastrophes de la cité éclaireraient l'histoire de la basilique de Sainte Reine et de son pèlerinage. L'historien voudrait avoir l'acte de fondation de l'abbaye d'Alise, la description de la basilique, le récit détaillé des miracles obtenus par l'intercession de Sainte Reine. Nous savons particulièrement que ce récit détaillé n'existe pas.

Le bréviaire des Bénédictins de Flavigny nous a déjà dit : « Pendant que les reliques de Sainte Reine reposaient dans le susdit monastère (d'Alise) les miracles devinrent si nombreux à son tombeau qu'il est tout à fait impossible de les rapporter. (1) »

L'auteur des leçons de l'ancien bréviaire de

____

1. Office de Ste Reine, dans le Manuel des Pèlerins d'Ansart. Off. de la Révélation.

Flavigny, qui écrivait de 865 à 870, nous dit de son côté : Nous raconterons brièvement afin d'éviter l'ennui et la fatigue des lecteurs et pour exciter leur zèle pour la gloire de Dieu et les bienfaits de ses Saints, les choses qui se sont passées presque de notre temps et que nous avons connues par la relation solennelle d'un grand nombre de personnes. Dans les siècles passés les miracles s'opéraient nombreux et continuels au tombeau de Sainte Reine, mais quoique très éclatants, ils n'étaient pas écrits et se transmettaient seulement par le récit des vieillards aux jeunes gens, tous pensant que cette tradition ne se perdrait jamais et que le meilleur soin de l'avenir, qu'ils pouvaient prendre, était d'en attendre de nouveaux et de plus récents. Ils ne s'occupaient pas de les écrire, pour empêcher de les oublier : Comme il arrive ordinairement, ce que nous avons en abondance perd de son prix. Une longue sécurité enfanta l'insouciance de l'oubli dans lequel pouvaient tomber les bienfaits de Dieu obtenus surnaturellement par les mérites de la bienheureuse Vierge, et naturellement on les oubliait. Mais par la persévérance de sa bonté, qui surpasse la méchanceté et la paresse des mortels, le Seigneur ne cessa de publier à sa louange la victoire d'une si grande martyre et de démontrer que cette victoire n'avait pas besoin d'être ressuscitée, puisqu'elle se manifestait continuellement depuis de longs siècles. (1) »

L'auteur raconte donc qu'un jeune Milanais (2),

1. Office de Sainte Reine, 2ᵐᵉ leç. du Dim. dans l'oct. — Apologie de D. Viole.

2. Milan en Italie ou Malain en Bourgogne.

après avoir passé la nuit dans la chapelle de Sainte
Reine, se trouva le matin délivré d'une fièvre
maligne. Un bourgeois de Rheims était étique,
Dieu lui inspira le dessein de se transporter à
Alise et il obtint sa guérison par l'attouchement
du premier cercueil en bois de la Sainte. — Un
jeune homme de Tossi, en Auxerrois, étant
aveugle, passa la nuit en prières sur le tombeau
de Sainte Reine, et fut guéri d'un œil. — Ainsi,
l'Italie peut-être, la Champagne et l'Auxerrois envoyaient leurs malades au tombeau de
Sainte Reine dès le VIIIe et IXe siècles et c'est
le livre de prières des Bénédictins, livre liturgique dans lequel on ne pouvait rien insérer sans
la permission de l'autorité ecclésiastique, qui
nous rapporte ces miracles.

Le tombeau de Sainte Reine, à cette époque,
était en telle vénération en France, qu'on venait s'y disculper par serment des crimes dont
on était accusé : Ce qui ne se faisait qu'aux sé-
pulcres des plus insignes martyrs. Si quelqu'un
présumait de jurer à faux par l'invocation de
Sainte Reine, ou bien, s'il était assez téméraire
pour violer la franchise de son église, qui servait d'asile à tous ceux du voisinage contre les
incursions des gens de guerre, il était puni sur
l'heure même par quelque châtiment visible du
ciel. Le zèle de l'illustre martyre à punir les
parjures lui acquit le surnom de *Juste* : c'est
ainsi qu'elle est appelée dans un titre de l'empereur Lothaire, donné à Lucenay en Bourgogne
le 2 décembre 840 (1).

1. Lothaire confirme aux Bénédictins de Flavigny les
biens de leur abbaye, parmi lesquels : forum venalium re-
rum quod est in Alesia et in ecclesia *Sanctæ Justæ* tam
anniversarium quamque hebdomadarium et duas partes

Voici les preuves, tirées de l'ancien bréviaire de Flavigny : « Au temps d'Apollinaire, abbé de Flavigny (803-816), Semenon, curé de Saint Euphrône, cita en jugement un nommé Vulgario « habitant d'Alise autrefois cité, maintenant village (1) » pour lui faire payer deux pièces de vin. L'accusé nia la dette ; on le condamna à lever la main devant le sépulcre de Sainte Reine. Prêtant donc serment devant ce vénérable tombeau, il prononça cette imprécation : « Je prie Sainte Reine de me rendre aveugle, s'il est vrai que je doive à Semenon ce qu'il me demande. » Et sur-le-champ il perdit la vue en punition de son parjure.

En 828, Pépin, roi d'Aquitaine, se révolta contre son père Louis le Débonnaire et se saisit d'Alise où il logea tout près de la basilique de Sainte Reine. Un domestique de ce prince vola l'épée, le manteau et quelques autres vêtements à un nommé Conrad, vassal de l'abbaye de Flavigny et les confia à un de ses camarades, qui les cacha. Le lendemain le voleur accompagna son maître à la cour où le serviteur de Flavigny l'accusa de vol. Ce débat se faisait sous le portail de l'église de Sainte Reine, laquelle le criminel prit effrontément à témoin de son innocence, mais aussitôt il tomba à la renverse avec son bouclier et sa lance. Il avoua alors son larcin et restitua, mais il mourut le lendemain des suites de sa chute.

« Durant ces mêmes guerres, les troupes de cavalerie des conjurés occupèrent tous les en-

decimarum quæ sunt de Alesia. (D. ¦Viole. Apologie....., preuves. — Ansart p. 42.)

1. Leçon 3, Dom. intra Oct.

virons d'Alise, ce qui obligea les pauvres villageois à se retirer dans la basilique de Sainte Reine, comme dans un lieu d'asile et de sûreté, avec ce qu'ils avaient de plus cher et ce qui était nécessaire pour leur subsistance. Etant suivis de près par une troupe de cavaliers, le clergé et le peuple d'Alise se mit en prière. Une bonne vieille, nommée Gonze, se mit à frapper avec ses mains le tombeau de Sainte Reine, comme pour la réveiller. Le diacre Leufroy, qui avait charge de ce sanctuaire, comme trésorier ou sacristain, dans son épouvante, jetait des pierres sur ce même tombeau avec la même intention. Cependant la porte de l'église fut enfoncée, mais le premier soldat qui entra fut frappé de mort. Les autres enlevèrent les vivres des paysans, sans respect pour Dieu et sa Vierge, mais quand ils voulurent les emporter, les cordes des sacs se rompirent, les sacs crevèrent et les chevaux eux-mêmes ou tombèrent expirants, ou épouvantés se sauvèrent. Ainsi les voleurs n'emportèrent que la honte. »

Dans ce dernier récit, je ferai remarquer que les Bénédictins n'étaient plus gardiens de la basilique de Sainte Reine, puisqu'on désigne le diacre Leufroy, trésorier ou sacristain de ladite église. Elle avait tout un clergé nouveau, car dans la leçon 1ᵉʳᵉ des jours dans l'octave, il est dit : « Repertum presbyterum cum clericis suis ante januam dictis minacibus terruere. » A quelle époque les Bénédictins de Sainte Reine se réunirent-ils à l'abbaye de Flavigny? L'histoire dit seulement que l'abbaye d'Alise fut unie et incorporée à l'abbaye de Flavigny, en sorte que quiconque était abbé de celle-ci l'était aussi de celle d'Alise, sous le seul titre d'abbé de Flavigny, « comme on le voit dans quelques anciens titres du lieu. » (Ansart) On peut conjecturer que Vidrade procura cette annexion quand il se rendit religieux à l'abbaye de Flavigny. (Ansart p. 19.) Une fois privée de son chef, l'abbaye de Sainte Reine se trouva vis-à-vis de l'abbaye de Flavigny dans un état d'infériorité telle, qu'elle dut se procurer difficilement des sujets pour remplacer ses religieux que la mort enlevait ; et on peut supposer qu'elle se vit bientôt dans la nécessité d'abandonner Sainte Reine et de transporter ses derniers religieux à Flavigny.

En se retirant à Flavigny, les Bénédictins de Sainte Reine mirent à leur place quelques prêtres séculiers pour desservir la basilique, mais ils se considéraient toujours comme propriétaires des reliques de Sainte Reine parce qu'ils en avaient été les gardiens et parce qu'ils étaient seigneurs décimateurs d'Alise. Cependant le pèlerinage prospérait et ils eurent bientôt la pensée de le déplacer à leur profit. Ils sollicitèrent donc de l'évêque d'Autun et du roi Charles le Chauve l'autorisation de transporter à Flavigny les reliques de Sainte Reine, et ils l'obtinrent. Telle est, à mon sens, la vraie cause de la translation du corps de Sainte Reine à Flavigny, accomplie le 22 mars 864 par l'abbé Egil, accompagné de ses religieux et d'une grande foule de fidèles.

La crainte des Normands n'est qu'un prétexte trouvé par les historiens bénédictins modernes. Flavigny ne pouvait pas plus résister aux Normands qu'Alise ; et la preuve, c'est que l'abbaye de Flavigny fut occupée quelques années après la translation, en 877, pendant onze jours par

une bande de ces barbares, qui tuèrent cinq religieux et quatre domestiques (1).

Avant ces historiens, le bréviaire de Flavigny
avait trouvé un autre prétexte. Voici en effet ce
que nous lisons à l'office de la Translation, leçons 1ᵉʳᵉ et 2ᵉ : « Je conserverai volontiers le
souvenir de la translation de Sainte Reine,
vierge et martyre, parce que nous ne doutons
pas qu'elle se soit accomplie par la permission
de Dieu. En effet, les recteurs de la basilique,
tantôt séculiers, tantôt religieux, engagés dans
une multitude de préoccupations, souffrirent que
la vénération due à une si illustre vierge s'obs-
curcisse, quand ils auraient dû employer tous
les moyens de la rendre très célèbre pour la
gloire de Dieu. Il faut encore y ajouter la négligence des gardiens, qui, par impéritie ou incurie, laissèrent ignorer les signes, qui avaient
brillé pour faire reconnaître et recommander
les mérites de la martyre et qui sont à peine
connus par une relation insuffisante. Les véné-
rables moines du couvent de Flavigny, seigneurs ou voisins du lieu où la bienheureuse
martyre avait souffert et reposait, supportaient
cela avec peine; ils demandaient souvent et avec
instance cette translation à leurs supérieurs :
quelques-uns la promettaient en paroles, aucun
ne l'effectuait, lorsque par la volonté divine un
homme très vénérable, nommé Egil, nous
arriva. (2) »

Quoiqu'il en soit, les reliques de Sainte Reine

1. Ansart, Hist. de S. Reine et de l'abbaye de Flav.,
p. 285.

2. Tiré de l'Apologie de D. Viole 1653. — L'auteur de
la vie de S. Egil reproduit ce même texte. Mabillon
IVᵉ s. 2ᵉ part., p. 238.

s'en allèrent en 864 à Flavigny (1). Après la révolution de 1793, elles entrèrent à l'église paroissiale où elles sont encore.

Une autre église se vante également de posséder le corps de Sainte Reine. On sait que Charlemagne voulant convertir les Saxons, après les avoir vaincus, leur envoya des missionnaires et fit construire des églises qu'il enrichit de reliques. Or, d'après une tradition, il aurait fait transporter des reliques de Sainte Reine, de Saint Crépin et de Saint Crépinien dans la cathédrale d'Osnabruck, qu'il venait de faire construire en 788. Cette tradition est ancienne et consignée dans les plus anciens livres liturgiques de cette église. En 1648, les Cordeliers d'Alise obtinrent de cette église d'Osnabruck, par l'entremise du duc de Longueville, un radius de Sainte Reine et dans l'authentique délivré par François Guillaume, évêque d'Osnabruck et par le chapitre de cette cathédrale, on déclara que cette relique était tirée *du Corps de Sainte Reine d'Alise*, transféré par Charlemagne depuis plus de neuf siècles dans l'église d'Osnabruck (2).

1. Anno DCCCLXIV translatum est corpus Sanctæ Reginæ virginis et martyris de Alesia civitate apud Flaviniacum castrum ceu cœnobium præsidente loco eidem, cujus juris erat civitas præfata, Ægilo Abbate, postmodum Senonum Archiepisc., regnante Carolo Calvo. (Chron. de Flav. p. 121 — Edition Labbe, in-fol.)

2. Pars in qua du texte : Nos Franciscus Guilielmus, Dei et Apostolicæ sedis gratia Ecclesiarum Osnabrugensis, etc.. Episcopus... Notum esse volumus, quod : cum celsissimus princeps Henricus d'Orléans, dux de Longavilla... instantissime requisierit, ut sibi de prædictæ (Sanctissima Virgo Regina Augustodunensis) Sanctæ virginis et martyris *Corpore,* quod ante novem quasi sæcula per S. Ca-

A cette nouvelle, les Bénédictins de Flavigny, prenant à la lettre la prétention de la cathédrale d'Osnabruck de posséder *le corps de Sainte Reine*, prouvèrent victorieusement que Saint Egil, leur abbé, en présence d'une foule de témoins et après la mort de Charlemagne, avait trouvé le corps de Sainte Reine, accompagné de sa chaîne et de la tête séparée du tronc, dans le tombeau de la basilique de Sainte Reine à Alise. Ils en concluaient que les prétentions de l'église d'Osnabruck étaient fausses et que la translation, faite par Charlemagne, était un mensonge.

En même temps D. Mabillon essayait de surprendre l'erreur de la tradition allemande; il écrivait à des savants d'Osnabruck, mais il n'en obtenait que cette réponse du P. Boudet, Jésuite :

« Je réponds 1° que l'on ne trouve des témoignages de la possession du corps de Sainte Reine que dans les anciens bréviaires, légendes et

rolum magnum Imperatorem ac Regem Galliæ cum dictam nostram Ecclesiam Osnabrugensem primam in Saxonià liberaliter fundaret. unà cum aliis sacris reliquiis eo solemniter ex Gallia translatum pièque collocatum fuit, et singulari Dei providentia in hanc usque diem magna cum veneratione asservatum.. partem aliquam elargiri dignaremur... (22 janvier 1648.) Franciscus Guillelmus.

Et nos.. præpositus... decanus... senior, totum que capitulum supradictæ Ecclesiæ Osnabrugensis, appensione nostri sigilli majoris. testamur ab illustrissima sua Celsitudine, Episcopo ac principe, ac Domino nostro Clementissimo, cum nostro præscitu de Ecclesiæ sacrarum reliquiarum Thesauro, præfatam partem *de Corpore*, S. V. ac M. Reginæ sumptam semper per tot sæcula, a nobis aliisque Christi fidelibus, magnà devotione, uti veras reliquias veneratum fuisse. Actum... (29 janvier 1648.) (Archives fabriciennes d'Alise Ste Reine.)

missels, lesquels s'accordent à dire ce qui suit :
Dans ce lieu repose le corps de la bienheureuse
Reine vierge, qui fut fille d'un roi payen, nommé
Clément, et souffrit le 7 des ides de septembre,
au temps de l'Empereur Maximien, sous le pré-
fet Olibrius dans la ville d'Alise....

Je réponds 2° il suit de là que tout le corps,
ou au moins des parties notables comme la tête,
les côtes etc.. sont conservées dans l'église
d'Osnabruck.

Je réponds 3° que l'on ne trouve pas d'autre
vie que celle racontée plus haut.

Je réponds 4° on croit que le corps de ladite
Sainte fut transporté ici par Charlemagne, principal fondateur de cette première église. L'année
de la translation n'a pas été écrite ou est perdue.
On fait mémoire de cette translation le 7 septembre.

Je réponds 5° ce n'est pas la tête, mais une
partie du bras qui a été donnée au duc de Longueville. On pense qu'elle est de Sainte Reine,
mais on n'en est pas sûr. — Malgré toutes mes
recherches, je n'ai rien trouvé de plus.

Osnabruck, 17 décembre 1674. Signé : Jean
Boudet de la société de Jésus (1).

Un cas semblable existait pour Saint Bénigne : « Voici, en effet, ce qu'on lit dans la vie
de S. Annon, archevêque de Cologne : « Le
bienheureux Hariolphe vint à Dijon chercher
des reliques et, en s'en retournant, il emporta
dans son pays le corps de S. Bénigne, *Corpus
Deo dilectissimi martyris Benigni*, celui des
Saints Jumeaux de Langres et celui de Saint

---

1. L'original en latin est aux Arch. de la fabrique
d'Alise Sainte Reine.

Mammès et les plaça au monastère d'Elwan-
gen, en Souabe. »

« De cette expression, quelques auteurs ont
voulu conclure que le corps de S. Bénigne avait
été transporté tout entier en Souabe ; mais c'est
une erreur si grossière qu'on ne s'explique pas
qu'elle ait pu trouver quelque crédit. On sait,
en effet, que dès les IVe et Ve siècles, il suffisait qu'une église possédât quelques parcelles
des ossements d'un Saint pour qu'elle se glori-
fiât d'en avoir le corps. « Quoique les corps des
martyrs ne soient pas toujours entiers dans
leurs châsses, dit Théodoret, et quoique celles-
ci ne contiennent souvent que des reliques d'une
faible dimension, cependant nous appelons ces
reliques *les corps* des martyrs. (1) » Cette simple observation, qui aurait épargné bien des
déclamations à certains auteurs, explique pourquoi l'historien, en racontant que le bienheureux
Hariolphe avait emporté des reliques de S. Bénigne, dit qu'il emporta le corps du martyr.
C'était la locution vulgaire alors, ou plutôt
c'était l'expression liturgique. (2) »

Pour appliquer cette réponse à Sainte Reine,
il n'y a qu'à changer les noms : le temps (VIIIe
siècle), le lieu (Allemagne), les circonstances
(conversion des Saxons) sont semblables. Cette
réponse aurait pu éviter bien des discussions
entre les Bénédictins et les Cordeliers.

Pour prouver que la tradition d'Osnabruck
était fausse, il eût fallu montrer la nomenclature des ossements trouvés par l'abbé Egil.
Or, Egil ne détaille rien et en 1650 la preuve

1. Epist. cxxx ad Timotheum. Op. tom. IV, p. 1218.

2. Bougaud, Etudes hist. et crit. sur S. Bénigne,
l. III. ch. 3, p. 252.

n'était plus possible, il manquaît un grand nombre d'ossements. Aujourd'hui, il n'y a plus rien du corps proprement dit : les vertèbres et les côtes sont absentes. Mais il y a de la poussière d'os, et les habitants de Flavigny, comme les Bénédictins du XVIIe siècle, disent aujourd'hui que les ossements absents sont dans cette poussière. La preuve n'est pas suffisante.

La tradition ancienne d'Osnabruck, au contraire, n'a rien que de naturel. En 788, non-seulement Sainte Reine était célèbre par ses miracles, mais elle pouvait être connue de Charlemagne. En effet, Vidrade était fils de Corbon, qui occupait une place considérable à la cour de Charles Martel. Gayroïnus, abbé de Flavigny, reçut de Pépin le Bref la pêcherie de Glanon pour son abbaye et mourut dans un voyage qu'il fit pour ce prince : « in expeditione imperatoris, » dit l'abbé Hugues dans sa chronique. Son successeur Manassès fut très estimé du même Pépin, et Charlemagne lui continua les mêmes sentiments. Ce grand prince lui écrivit deux lettres, datées de Thionville, la huitième année de son règne (776), et l'abbé fit plusieurs voyages à la cour (1). — Après cela, il n'est pas téméraire de supposer que Charlemagne entendit parler de Sainte Reine et qu'il en demanda des reliques.

Tombeau de Sainte Reine. — Que devint le tombeau de Sainte Reine? — Le tombeau de Sainte Reine resta sur le Mont-Auxois, mais enseveli sous les ruines; comme la maison de Clément, la prison et la basilique de Sainte Reine, il fut oublié...

1. Ansart, Art. Manassès. — Courtépée, Art. Flavigny.

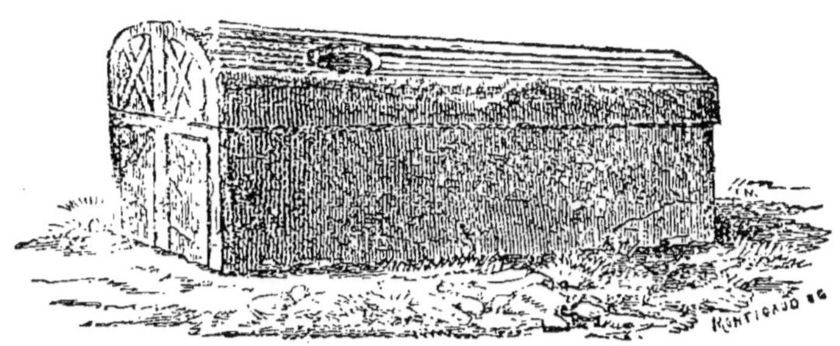

TOMBEAU
découvert en 1879 au cimetière Saints Pères.

Dans le courant de l'hiver 1878-1879, le cantonnier Dumanet, dirigeant des réparations au chemin du Mont-Auxois, vint me prévenir que la pioche avait mis à découvert un tombeau. Quand j'arrivai le sarcophage était entièrement dégagé, mais toujours en place : sur le côté méridional du chemin, — en face le cimetière Saints Pères, — la tête à l'ouest, les pieds à l'est.

Tout d'abord ce qui me frappa ce fut la masse de cet immense cercueil : il mesurait plus de deux mètres de longueur, un mètre de hauteur et soixante centimètres de largeur. La pierre inférieure était à angles vifs, la supérieure à angles arrondis. Le couvercle était creusé à coups de pointe comme le cercueil et sa cavité présentait trente centimètres de profondeur. Les deux pierres en calcaire blanc étaient soudées par un mortier à la chaux encore existant. Chose singulière! le couvercle était percé au sommet, un peu sur le côté méridional, d'un trou grossièrement rond d'environ 25 cent. de diamètre. Le milieu de ce couvercle portait une large bande polie sur la longueur, et de chaque côté de cette bande des raies longitudinales. Sur la face occidentale, on remarquait une grande croix et au-dessus de chaque bras de la croix une espèce de croix de S. André. — Je fis lever le couvercle, qui se partagea, malgré nos précautions, à la hauteur de l'ouverture circulaire. — Dans le cercueil nous trouvâmes un squelette en place, rendu incomplet par l'usure du temps, et occupant presque toute la longueur. D'après mes souvenirs, il pouvait mesurer 1^m 80 de longueur, au minimum 1^m 75. Au reste, ni collier, ni bracelets, ni agrafes, ni armes, ni aucune chose qui pût indiquer la profession du défunt et l'époque de sa sépulture.

Je ne vis là tout d'abord qu'un cercueil chrétien d'énormes dimensions. Je fis déposer sur le cimetière Saints Pères cette curiosité gigantesque et je recommandai de faire un creux dans ledit cimetière pour y placer les ossements, mais, après mon départ, les pionniers trouvèrent plus commode de rejeter les ossements dans l'excavation produite par l'extraction du cercueil, avant de la remplir.

En avril 1880, M. le docteur Frédéric Lépine, dont l'obligeance est admirable, vint de Dijon à Alise prendre les croquis des desseins qui ornent cet ouvrage et je lui fis voir ce tombeau. Je dois dire qu'il fut tout d'abord frappé de la forme, des ornements et des dimensions de ce sarcophage et qu'immédiatement la pensée lui vint que nous étions en présence du tombeau de Sainte Reine. Cette pensée se corroborant de plus en plus dans son esprit, se transformant en conviction profonde, le 1er mai il lut à la Commission des Antiquités de Dijon, dont il était membre, une note sur la *Découverte du tombeau de Sainte Reine* (1) et pendant l'été suivant le sarcophage reçut de nombreuses visites de savants.

La question est-elle terminée? l'avenir le dira, mais mon devoir est de rendre compte ici de la thèse soutenue par M. le docteur Lépine.

Données de l'histoire. — Recherchant d'abord les données de l'histoire sur le tombeau de Sainte Reine, M. le docteur les trouve consignées dans deux monuments antiques : l'an-

---

1. Brochure in-12, E. Jobard, 1880. Dijon.

cien bréviaire des Bénédictins de Flavigny et la
vie de l'abbé Egil. Je rappelle ici qu'Egil,
abbé de Prume en Allemagne, fut nommé en
860 abbé de Flavigny, en 865 archevêque de
Sens et qu'il mourut en 870. Or, les leçons de
ce bréviaire pour la fête de Sainte Reine furent
rédigées de 865 à 870, car on y trouve cette
phrase : « Egilus.. nunc metropolitanæ Senonum Episcopus » ; par conséquent le rédacteur
est un contemporain, un témoin oculaire.

Voyons ce qu'il dit du tombeau de Sainte
Reine : « Ipse (Egilus) ligone sumto, *terram
quâ tegebatur sepulcrum, moliebatur dimo-
vere. Hoc miræ magnitudinis* repertum, su-
perjecto pallio exornavit... Mane reducto, Abbas
sacris indutus et Saloco... sepulchrum adiere et
*saxeum tegmen tantæ magnitudinis, ut vix
annisu multorum boum adduci posset,* summa facilitate permoverunt, cunctis hoc favore
Dei exhilaratis et *præ magnitudine illius* a
lacrymis temperare non valentibus. » — On prit
le corps de Sainte Reine et on le plaça dans
une châsse en bois : « dùm corpus sacratissimæ
virginis in *feretro* reconderetur... Summa cum
hilaritate fratribus ferentibus *feretrum* cum
divinis laudibus... » (Office de la Translation.)
La vie de S. Egil, écrite par un anonyme, dit
Mabillon, par le moine Candide, dit Rorhbacher,
répète le même récit avec les mêmes expressions (1). — D'après ces témoignages, le
cercueil de Sainte Reine dans sa basilique
d'Alise *n'était pas apparent, — il était en*

---

1. Le bréviaire moderne dit aussi à la fête de la Révélation, que le corps fut porté à la basilique et placé dans
« un cercueil en pierre : in lapideo sepulcro collocarunt. »
Leçon VI.

*pierre, — d'une grandeur extraordinaire et
il resta sur le Mont-Auxois ; — son couvercle surtout était de telles dimensions et si
lourd qu'il n'aurait pu être emmené qu'avec
peine par plusieurs paires de bœufs.*

1° Il n'était pas apparent : c'est peut-être
pourquoi il est si *peu* orné que le rédacteur du
bréviaire n'en parle pas ; ce qui le frappe
surtout ce sont les dimensions. M. Lépine
ajoute : « l'absence d'inscription ou de signes
est la précaution ordinairement prise pour
préserver des profanations les reliques vénérées
des martyrs ou des saints personnages » dans
le nord de la Gaule, et « il faut reconnaître
aussi que les arts, aux IVe et Ve siècles, étaient
beaucoup moins cultivés dans les Gaules du
Nord et du centre qu'en Italie. » Cette dernière
remarque me semble la vraie explication de la
simplicité du tombeau. Car s'il n'était pas
apparent en 864, je crois qu'il l'était en 828 et
l'ouverture dans le couvercle ne s'expliquerait
pas avec un sépulcre couvert de terre. En 864,
il était enfoui, peut-être par crainte des Normands. — 2° Il était en pierre. « Le tombeau
est en pierre blanche calcaire à entroques, »
dit le savant docteur. — 3° Il était de grandes
dimensions. Le sarcophage du Mont-Auxois
mesure plus de deux mètres de longueur,
soixante centimètres de largeur à la tête et
quatre-vingts de profondeur intérieure ou un
mètre d'épaisseur (1). — 4° Le couvercle était
énorme. Cette particularité, qui a été notée par

---

1. On trouve sur le Mont-Auxois, au cimetière Saints
Pères, d'autres cercueils en pierre aussi longs, mais ne
dépassant pas 30 ou 40 cent. de profondeur. (Maill. de
Chambure, 1er vol., C. des ant. de Dijon. 1841.)

le narrateur du IXe siècle, est encore aujour-
d'hui ce qu'il y a de plus remarquable. Au lieu
d'être plat ou légèrement bombé, il est évidé
en dedans sur une profondeur de 30 centimètres, on croirait un second cercueil renversé
sur le premier. L'énorme masse du couvercle
du sarcophage du Mont-Auxois est si extraordinaire, elle explique si complétement le *saxeum
tegmen tantæ magnitudinis ut vix annisu
multorum boum adduci posset*, qu'elle me
semble fournir la preuve la plus forte de l'iden-
tité de ce sarcophage avec le tombeau de Sainte
Reine. — 5° Les Bénédictins de Flavigny
placèrent les reliques de Sainte Reine dans un
cercueil en bois, *feretrum*, qu'ils emportèrent
en chantant les louanges de Dieu. Donc le
tombeau en pierre resta. — Ainsi l'histoire
trouve sa confirmation dans le sarcophage du
Mont-Auxois.

La forme et les ornements. — « Sa forme,
dit le docteur, est celle des tombeaux antiques
des Gaules du IIIe et du IVe siècles. Il a servi
à une sépulture chrétienne, comme le prouve
le signe de la croix.

« Sur le couvercle sont représentées avec
netteté les stries longitudinales dont les premiers
chrétiens décoraient les tombeaux des martyrs
en souvenir des flots de sang qu'ils avaient
versés : ces stries rappellent encore spécialement ici les lacérations faites sur le corps de la
jeune Reine avec les deux grands peignes en
fer et les verges.

« Les chevalets gravés au-dessus des bras de
la croix rappellent l'instrument principal du
martyre de Sainte Reine qui fut torturée sur
un chevalet.

« L'ouverture, pratiquée dans le couvercle pour la présentation et l'attouchement des pallioli, ne peut se rencontrer que sur les tombes des martyrs et des Saints.

« L'emplacement, dans lequel vient d'être découvert ce sarcophage, est celui qu'occupait la primitive basilique, élevée sur la confession de la martyre Sainte Reine. »

Mais pourquoi le cercueil était-il séparé du cimetière par le chemin ? — Il n'était pas séparé du cimetière. Le chemin actuel a été créé pour les besoins du village. L'ancienne voie romaine et gauloise, qui venait des Ormeaux, suivait la rue du Rochon et arrivée devant la maison Jouard, au lieu de tourner à droite, montait directement à Alise, décrivait une courbe indiquée par la dépression du terrain et venait passer au nord du cimetière Saints Pères (1). Elle rejoignait le chemin actuel à quelques centaines de mètres plus loin.

Pour plus de certitude, je fis ouvrir des tranchées dans le cimetière (sept. 1880) de chaque côté du chemin, et je trouvai en raccord des murs de cinquante centimètres d'épaisseur, de grand appareil et très soignés. Le mur ouest se prolongeait au midi sur une longueur de 11^m de l'autre côté du chemin ; là il était coupé à angle droit par un mur au midi de 12^m de

1. Ce tracé est mis hors de doute par les fouilles des propriétaires. A 50 mètres environ à l'ouest du cimetière, j'ai vu moi-même en 1880 les trois rangs superposés de pierre en hérisson presqu'à fleur de terre. D'après M. Pernet-Renard, cette voie est jalonnée par des fûts de colonnes placés de quatre mètres en quatre mètres. D'après Maillard de Chambure (fouilles de 1829), elle était bordée de canaux en pierre conduisant l'eau des pluies dans les citernes.

longueur ; le mur est se raccordant avec ce
dernier a pu être suivi dans sa direction au
nord bien au-delà du chemin, sur une longueur
totale de plus de 30 mètres, mais il n'était plus
parallèle au mur ouest : à sa naissance au
midi, il était à 12^m. du mur ouest ; sur le
bord nord du chemin il en était distant de plus
de 15 mètres.

Le sarcophage a été trouvé dans cette enceinte à 4^m du mur est et une seule tranchée
dirigée dans cet intérieur mit à découvert deux
squelettes d'enfants et un squelette de grande
personne, en place, c'est-à-dire les pieds à l'est,
à quelques mètres du sarcophage. Ces murs
n'étaient pas des murs de cimetière, car dans
celui qui regarde l'ouest on trouva un soupirail
de sous-sol très soigné, ayant 1^m. 30 de largeur, et sur la face interne du mur des plâtres
avec peintures noires.

Etait-ce la basilique ? Je n'oserais l'affirmer.
Au lieu d'un abside, je trouvai derrière le
mur méridional une chambre pavée en béton
et des plâtres colorés en jaune, vert et rouge.
De plus mes fouilles ont été trop incomplètes : il
eût fallu vider l'intérieur et chercher le raccord des murs au nord. Je fus arrêté par la
murée du cimetière et par une masse de pierres
enfouies, d'une part, et je ne pouvais oublier
d'autre part que le bourg d'Alise, la ville et
l'église de Flavigny (1) ont été construits avec
les débris de la ville d'Alise et que la basilique
transformée en cimetière a dû particulièrement
être ravagée et déblayée. Cependant une

____

1. Montfaucon, 4ᵉ vol. du supplément de l'Ant. expliquée,
cité par Rossignol : Etude sur une camp. de Jules César.

grande quantité de débris de tuiles à rebord long de 43 centimètres trouvés au pied de ces murs, quelques débris de fûts de colonne de différentes formes et dimensions, quelques modillons avec moulures et dessins, des pavés minces et polis en pierre blanche d'Etalente, des pierres de taille entières ou en débris, des dalles, des morceaux de beau tuf indiquent l'emplacement d'un édifice. Une particularité à remarquer, c'est que le plâtre intérieur du mur ouest portait des bandes noires avec un semis de taches noires.

Ossements trouvés dans le tombeau. — M. le docteur Lépine pense que ce squelette pourrait être celui de Salocon, moine de Flavigny, évêque de Dol en Bretagne, (chassé de son siège par le tyran Néoménie) co-évêque d'Autun, qui accompagnait Egil le jour de la translation. « Par dévotion, Salocon aurait désiré, comme châsse la plus enviable pour son corps, reposer dans le cercueil vide où les reliques de la sainte martyre avaient séjourné pendant quatre siècles. » Le docteur rappelle que de pieux et puissants personnages avaient tenu à honneur d'obtenir de pareilles faveurs. Mais ce qui donne plus de probabilité à cette hypothèse, c'est que, d'après la chronique de l'abbé Hugues, Salocon mourut dans l'année qui suivit la translation des reliques de Sainte Reine à Flavigny (1).

La thèse de M. le docteur Lépine me paraît établir une probabilité équivalant à une certitude morale que nous possédons le tombeau de

---

1. Anno translationis Sanctæ Reginæ primo obiit Saloco Dolensis Episcopus, Flaviniacensis monacus cujus corpus post ducentos annos incorruptum repertum est. (Chron. de Verdun, dite de Flav.)

Sainte Reine. — En septembre 1880, j'ai fait descendre ce tombeau dans le jardin attenant à l'église paroissiale d'Alise pour le soustraire aux dégradations.

CHAPITRE II.

Fontaine Sainte Reine.

Les Normands vinrent ravager Alise et Flavigny en 877. La basilique de Sainte Reine fut sans doute ruinée par eux, treize ans après son veuvage. Cependant les pèlerins ne cessèrent pas de venir à Alise, visiter les lieux sanctifiés par Sainte Reine et les miracles continuèrent. Mais l'action de la sainte martyre se fit alors sentir dans le lieu qui fut témoin de sa mort. Les eaux de la fontaine multiplièrent les guérisons extraordinaires et cette fontaine devint le centre du pèlerinage.

Il y avait à cette époque deux fêtes de Sainte Reine à Alise : la fête de la révélation de ses reliques, que l'on célébrait le 13 juillet, et la fête de sa mort que l'on célébrait le 7 septembre. Les Bénédictins pour solenniser la translation du corps de Sainte Reine à Flavigny, en 864, avaient institué une troisième fête qu'ils célébraient le 22 mars, et ce jour-là ils apportaient en procession les reliques de Sainte Reine à Alise. Mais comme les pèlerins étaient absents et que « souvent on ne pouvait faire cette procession à cause du mauvais temps et de la semaine sainte, on la remit aux fêtes de la Pentecôte, ensuite au jour de la Trinité. » (*Ansart, Hist. de Sainte Reine,* ch. IV.) Elle se confondit bientôt avec la fête de la Révélation des reliques de Sainte Reine. Ansart continue : « Le peuple y assistait en grande affluence. Tous les curés dépendants de l'abbaye et autres du voisinage étaient obligés de se trouver à cette procession, selon l'ordonnance que Gaultier, évêque d'Autun, donna en 1215 aux archiprêtres de Semur, de Touillon, de Frolois; ce qui a été confirmé par les bulles des Papes Innocent III en 1211, Grégoire IX, et Alexandre IV en 1257. Les échevins de la ville étaient chargés de veiller à la garde et à la sûreté des reliques. » Ces derniers mots nous font connaître que dès le XIII° siècle, il y avait animosité entre les habitants du village d'Alise et ceux de Flavigny au sujet de la possession des reliques de Sainte Reine. Tous les hommes valides de Flavigny se mettaient sous les armes : il y avait trois compagnies armées en tête de la procession : la compagnie des enfants, la compagnie des jeunes gens et la compagnie des hommes.

On portait à cette procession les instruments de la passion du Sauveur et du martyre de Sainte Reine ; les douze apôtres et les trois Maries venaient ensuite ; enfin les reliques de Sainte Reine et une jeune fille qui représentait la sainte martyre. Un petit garçon portait un parasol derrière cette Reine, mais les hommes n'en n'avaient pas. Ils arrivaient à Alise fatigués par la chaleur, mourants de soif. Ne sachant pas se modérer, ils se grisaient et donnaient occasion aux habitants d'Alise de faire des plaisanteries, de se moquer de leur procession titubante. Le syndic, les échevins multipliaient leurs pressantes recommandations sur la sobrié-

FONTAINE DE SAINTE REINE AU XIX° SIÈCLE.

té, mais inutilement. Les choses en vinrent à un tel point que les Bénédictins et les échevins en 1659, en 1670, l'Evêque d'Autun, en 1704, voulurent supprimer cette procession et la remplacer par une autre qui se fit autour des remparts de la ville. Mais le peuple de Flavigny réclama toujours et obligea toujours ses chefs et les Bénédictins à reprendre le chemin d'Alise.

Cette procession, qui se continua jusqu'en 1793, venait à Alise par le Mont-Auxois, faisait une station aux trois croix (trois ormeaux) et remontait à la fontaine Sainte-Reine où elle se reposait entre les offices. Il n'est plus question de la basilique ! La procession s'en retournait par le Mont-Druaux.

L'affluence des pèlerins avait lieu pour les fêtes de Sainte Reine, c'est-à-dire le jour de la Trinité et le 7 septembre ; la fontaine était devenue le lieu par excellence qu'ils visitaient, non-seulement à cause de son origine légendaire, non-seulement à cause de la sainteté du lieu, mais surtout à cause des miracles de guérison que Sainte Reine y multipliait par la permission de Dieu.

Aujourd'hui il y a une fausse science qui nie le miracle, qui se moque du miracle, qui ôte à Dieu toute faculté d'intervenir dans les événements autrement que comme cause première. Elle se trompe. Si Dieu, après avoir créé le monde, a encore pu créer l'Eglise : ses deux manifestations permanentes, *ita ut sint inexcusabiles* (Ep. aux Rom. 2. 2.), l'ordre naturel et l'ordre surnaturel n'enlèvent pas à l'ordre miraculeux sa raison d'être. Le miracle, « c'est le coup d'autorité qui affermit des convictions ébranlées ; c'est le trait de lumière qui déchire en un clin d'œil des ténèbres devenues de plus en plus épaisses ; c'est le branle donné d'en haut à des volontés inertes ; c'est la secousse divine imprimée à tout un peuple ou à toute une époque ; c'est le rappel des âmes dans les voies de la justice et de la sainteté. » Il est une glorification de la puissance divine, en montrant qu'elle n'est pas enchaînée aux lois une fois établies. Il est une glorification de la sagesse divine : « Quelque frappantes qu'elles soient par elles-mêmes, les manifestations permanentes de la divinité nous émeuvent d'autant moins que nous y sommes plus habitués. Mais voici que soudain le miracle éclate, comme l'éclair sillonne la nue ; à ce rayon parti des profondeurs de l'éternité tout le plan divin s'illumine ; les âmes tressaillent sous l'action de cette force mystérieuse ; la foi se réveille ; le sens du divin et du surnaturel se ranime ; et l'intervention extraordinaire de Dieu saisit, remue, subjugue ceux que le cours ordinaire de ses opérations laissait indifférents ou distraits. » Il est une glorification de la bonté divine, comme les miracles de l'Evangile qui sont des prodiges de tendresse et de miséricorde. Et Dieu est si bon que nous devons être moins surpris de la réalité de ces manifestations que de leur rareté relative. Dieu est si bon, qu'il a besoin, pour ainsi parler, de faire violence à son amour pour se cacher derrière le rideau des créatures qui le dérobent à nos yeux, pour ne pas se montrer à découvert et nous faire éprouver plus souvent les effets manifestes de sa présence au milieu de nous (1).

1. Abrégé d'un discours de Mgr Freppel à Pontmain, 1877.

La fausse science, devant des effets dont la cause lui échappe, cherche à les expliquer en multipliant les hypothèses, en entassant les sophismes. Les pèlerins, eux, ne doutaient nullement de l'action surnaturelle des eaux de la fontaine de Sainte Reine, ils ne songeaient guère à attribuer leur guérison aux propriétés minérales dont pouvait jouir cette source. Mais l'historien doit se poser cette question :

La fontaine Sainte Reine est-elle une source d'eaux minérales ou une source miraculeuse.

Je pense que les eaux de cette fontaine ne sont pas minérales (1) et que leur efficacité est surnaturelle.

1. Jean Barbuot, docteur médecin à Flavigny, est l'auteur d'un manuscrit latin traitant des vertus et propriétés des eaux de Sainte Reine. (Terminé en 1661.) Il énumère différentes maladies qu'il a vu guérir et comme elles demandent des remèdes opposés : « il faut, dit-il, que cette eau soit à la fois rafraîchissante et réchauffante, c'est pourquoi il entre dans sa composition du nitre, du bitume et du plomb. » Il proclame donc l'eau de la fontaine Sainte Reine salutaire pour une foule de maladies à cause de ses propriétés minérales. Son ch. X est intitulé : « Virtute metallorum aquas nostras ingredientium morbos sanari. »

Mais en 1781, le docteur de Fourcroy, de Paris, analysa dix kilogrammes d'eau de la Fontaine Sainte Reine et voici son résidu :

5   à   6 grains de sel marin.
4   à   5 grains de sel marin calcaire.
2   ou 3 grains de sel marin à base de magnésie.
2   ou 4 grains de sélénite.
24 à 26 grains de terre calcaire.
Une petite portion de substance extractive.

Conclusion : « Eau très pure et très bonne à boire. »

Cette conclusion ressemble fort à ce que dit Courtépée de cette eau, quoiqu'il s'appuie sur des motifs contradictoires : « L'eau de la fontaine des Cordeliers est renommée par sa légèreté, son froid et sa limpidité. La feue reine n'en buvait pas d'autre, ainsi que Stanislas, roi de

En faveur de mon opinion, voici d'abord le témoignage de plusieurs savants et historiens, rapporté au 3me vol. de septembre par les Bollandistes.

André Chène, dans ses : *Antiquités de la Gaule* (liv. VI, ch. 6), dit que cette fontaine guérit miraculeusement différentes maladies : « Extat in eo pago Alesiensi ecclesia dicata S. Reginæ, ibidem olim coronatæ, in quâ visitur

Pologne, le duc de Randan, le cardinal de Tencin ; le maréchal de Saxe en faisait usage en Flandre et à Chambord. On venait de loin autrefois pour en boire sur les lieux. Casimir, roi de Pologne, y passa un mois en 1672... Cette eau ne contient *ni terre, ni sélénite*, par l'analyse faite sous mes yeux en septembre dernier (1779) par D. Gentil, prieur de Fontenet, et c'est à la privation de ces matières qu'elle doit sa légèreté et en quoi elle le dispute à l'eau distillée. (Descript. du Duché de Bourg. t. III, art. Alise Ste Reine.)

Comme on le voit, les analyses ne donnaient pas absolument le même résidu : témoin encore le Dr Maret, de Dijon, qui trouva en 1781 dans une pinte (1 kilog.) de cette eau.

Muriate calcaire 3/22e de grain.
Muriate de magnésie 3/44e de grain.
Muriate de soude plus d'un tiers de grain.
Vitriol calcaire 5/12e de grain.
Calce 1/6e de grain.
Fer 5/12e de grain.
Alumine 7/12e de grain.
Quartz 3/20e de grain.

mais la conclusion est toujours la même : ce n'est pas une eau minérale, c'est une eau très pure, et « si elle a des principes curatifs, ils échappent à l'analyse. » — De Fourcroy, Maret, Barbuot : Arch. de l'hôp.) — Maillard de Chambure (1er vol. Commission des Ant. de Dijon, 1841) indique encore les analyses de Guyot de la Suramberie en 1693 — Guérin en 1702, — Doucet en 1768, — de Morveau, Alibert, etc... sans donner leur résultat. Plusieurs n'ont analysé que les eaux de l'hôpital.

fons ex monte Alesio (Gallice est Mont-Auxois) ortus qui varios morbos *miraculose* sanat. »

Claude Robert, dans son : *Gallia christiana*, (p. 579) se contente d'appeler cette fontaine : admirable, merveilleuse : « Diva mirum habet fontem Alesiæ, varios quotidie sanantem morbos. » Mais sa pensée se traduit dans ces expressions : Diva mirum habet fontem. Cette fontaine n'appartient pas aux principes minéraux, elle appartient à la Sainte, c'est elle qui lui donne le pouvoir de guérir chaque jour les maladies.

Les Bénédictins du Gallia christiana (tome 4 de l'ouvrage augmenté) parlant de Flavigny, écrivent : « Illic beatæ Reginæ coluntur reliquiæ, celebris ex fonte in vico Alesiæ, qui variis quotidie medetur morbis. » Cette source ne pourrait donner de la célébrité à une sainte par ses propriétés minérales.

Le célèbre P. Papebrock des Bollandistes vint à Alise en 1662 et il écrit : la multitude des ex-voto fait connaître le grand nombre des miracles et des pèlerins : « Miraculorum et accurrentium frequentiam multitudo anathematum declarat, carumque officinarum, in quibus imagines, rosaria, numismata, aliaque hujusmodi venduntur. »

Et Méat, dans sa : *Fille héroïque ou Sainte Reine martyre* (Paris, 1644), combat les médecins qui attribuaient les guérisons aux eaux minérales de la fontaine. Il leur répond que les sources minérales guérissent quelques maladies tandis que celle-ci les guérit toutes. Il ajoute que de savants médecins, ayant habité longtemps Alise Sainte Reine, ont déclaré que cette source avait quelque chose d'extraordinaire dépassant les forces de la nature. Du reste voici son texte, que le P. De Backer, bollandiste, m'envoya de Bruxelles au mois de Juin 1880 : « Quelques-uns disent qu'à l'endroit où tomba sa tête sortit cette admirable fontaine qui se voit aujourd'hui dans la chapelle dédiée à cette sainte et laquelle opère continuellement des miracles. Je n'ignore pas qu'il y en a qui ont osé soutenir que cette eau étant minérale il fallait attribuer à quelque qualité occulte toutes les merveilles qu'elle fait et non pas recourir à une vertu particulière et surnaturelle que la Sainte Reine lui ait imprimée. Je sais bien aussi que les savants médecins du siècle qui ont demeuré beaucoup de temps dans ce lieu sont d'un autre sentiment car ils avouent qu'il y a quelque chose d'extraordinaire et qui surpasse l'effort de la nature. C'est pourquoi il faut croire certainement que les guérisons qu'elle opère sont tout à fait miraculeuses. Que s'il m'est permis de me servir de la raison pour la preuve de ceci, n'est-il pas vrai que bien que les causes universelles ou équivoques, comme Dieu et le soleil, produisent des effets différents en espèce, que les causes particulières ou univoques sont limitées à la production d'une chose, par exemple le feu engendre toujours la chaleur, la lumière ne manque jamais d'éclairer, de manière que tous les agents sont déterminés à de certaines actions sans qu'ils puissent étendre leur pouvoir à d'autres effets qu'à ceux qu'ils contiennent noblement dans leur essence. Or est-il qu'il n'en est pas de même de cette eau parce qu'elle produit un nombre infini de divers effets puisqu'elle a une antipathie pour tous les maux et qu'elle guérit toute sorte de maladies. Ceux

qui bruslent d'une fièbvre violente y trouvent du
rafraîchissement au milieu des ardeurs qui consument leurs entrailles. Ceux qui sont tourmen-
tés de la gravelle ou de la pierre expérimentent
qu'elle a la force de chasser le sable des reins
et de fendre la dureté des cailloux. Aux uns
elle est un contre-poison qui ruine le venin, qui
mine les corps, témoins ceux qui ont la mauvaise gale. Aux autres elle est une huile salutaire qui amollit et qui estend leurs nerfs afin de
les redresser s'ils sont boiteux ou de remettre
leurs bras en leur première consistance s'ils
sont estropiés. Et partant, qui peut nier que
cette eau ne soit miraculeuse dans tous ces pro-
digieux effets? A-t-on jamais remarqué tant de
différentes merveilles dans les autres fontaines?
N'est-il pas certain qu'il y a des maux qu'elles
combattent avec opiniâtreté et qu'il y en a
d'autres pour qui elles n'ont point d'aversion.
Ce que j'admire davantage c'est qu'elle est un
remède souverain contre les fâcheuses maladies
que cause l'impureté. La philosophie nous dit
que deux contraires ne se sauraient souffrir
dans un même sujet et qu'ils sont tellement
opposés qu'ils se persécutent continuellement et
ne cessent jamais leur combat qu'après que
l'un d'eux a obtenu la victoire sur son ennemi.
C'est pourquoi je cesse mon étonnement quand
je considère l'opposition qu'il y a entre la chas-
teté et ce vilain vice. S. Reine, qui avait eu un
très grand soin de conserver la pureté pendant
sa vie, n'a point voulu après sa mort que les impurs s'approchassent de sa fontaine sans être
nettoyés de leurs ordures. De là vient que, quand
ils boivent de cette eau avec confiance, ils s'en
retournent avec joie de ce qu'ils sont délivrés

de ces maux étranges qui, sans ce divin remède, dureraient aussi longtemps que leur vie. Or, puisque cette eau a de si merveilleuses propriétés et qu'elle guérit tant de maladies différentes qui ne peuvent être chassées que par des dispositions bien dissemblables, ne serait-ce pas une hardiesse extrême d'assurer que la Sainte n'y contribue point par son favorable secours. Certainement c'est elle qui rend la santé aux languissants qui accourent de tous les endroits de la terre pour trouver auprès d'elle un soulagement à leurs infirmités. L'expérience des miracles qui se font tous les jours est un solide argument pour convaincre les opiniâtres, et j'inviterais volontiers ces esprits forts, qui ne croyent rien parce qu'ils ne croyent pas assez, d'aller visiter ce lieu de sainteté et de dévotion afin de se détromper de l'erreur où ils ont vécu jusqu'ici. J'estime que cette tapisserie de potences et ces autres marques qui entourent l'enceinte de la chapelle de Sainte Reine leur ferait révoquer le mauvais jugement qu'ils ont conçu de la vérité des merveilles qui s'y font par la vertu de cette fontaine à l'eau de laquelle il semble que Sainte Reine a particulièrement attaché son pouvoir et son crédit. » (page 134 et suiv.)

A ces témoins nous pouvons ajouter les historiens bénédictins de Sainte Reine. — D. Georges Viole dit : « Et quant aux miracles qui arrivent journellement à Alise par les mérites et intercessions de Sainte Reine et devant que ses saintes reliques fussent transportées dans l'abbaye de Flavigny, ils furent fréquents et ordinaires et on négligea de les inscrire par un malheur qui n'a été que trop commun aux

autres églises et sanctuaires de dévotion, que
le grand Saint Chrysostôme a souvent regretté
et que la plupart de nos historiens ecclésiastiques pleurent encore. » D. Viole mêlant dans la
même phrase les miracles anciens avec les
miracles de son temps, il semble que la négligence à écrire les miracles doit s'appliquer à
tous les temps; cependant il aurait pu connaître
un livre intitulé : *Les miracles de Sainte Reine*,
imprimé à Autun par la permission de révéren-
dissime évêque Claude de la Magdelaine,
1640, — dont il nous donne le titre seulement
dans son Apologie de 1653.

Ansart de son côté dit que « les miracles de
Sainte Reine furent fréquents en tout temps. »
(Hist. de S. Reine, p. 41.) Et encore : « Au
lieu où la tête tomba il en rejaillit une fontaine
miraculeuse, qui est encore aujourd'hui la source
féconde d'une infinité de guérisons. » (Manuel
des pèlerins, p. 12.)

Voici maintenant le témoignage des évêques
d'Autun, témoignage officiel de l'autorité
compétente.

Louis Doni d'Atichy, évêque d'Autun, dans
une demande de secours pour la construction
de l'hôpital de Sainte Reine, en 1660, atteste que
« dix à douze mille pauvres pèlerins malades
abordent à Alise, au jour de fête de Sainte
Reine, de la France, voire des nations étrangè-
res, à cause des secours et guérisons miraculeuses que Dieu opère journellement en eux tant
au corps qu'en l'âme par les prières et intercess-
sions de la glorieuse Vierge et Martyre Sainte
Reine, qui est particulièrement honorée en sa
chapelle scize audit bourg, d'où comme du lieu
de son martyre et de sa sépulture, elle jette des

rayons de ses miracles et embaume tout le diocèse des parfums précieux de sa sainteté. »

En 1663, le même évêque assure que « plus de vingt mille pauvres viennent chaque année à Sainte Reine où ils reçoivent quantité de secours extraordinaires et guérisons miraculeuses tant au corps qu'en l'âme, que Dieu opère journellement par l'intercession de Sainte Reine et l'usage salutaire des eaux de sa fontaine. » Parmi les maladies guéries, Mgr d'Atichy mentionne : les hydropisies, dartres, teignes, ulcères, gravelles, gales invétérées, surdités et autres.

Son successeur, Gabriel de Roquette, dans un pareil mandement en faveur de l'hôpital, affirme, en 1670, que soixante mille pauvres viennent annuellement à Sainte Reine « dont beaucoup s'en retournent guéris par l'intercession de cette Sainte, vierge et martyre, et par la bénédiction que Dieu donne aux eaux merveilleuses qui se trouvent dans la chapelle bâtie en son honneur. »

Pour compléter la démonstration, il faudrait citer des faits. Il nous faudrait ce livre intitulé : *Miracles de Sainte Reine*, imprimé à Autun en 1640 avec permission de l'évêque. — Il nous faudrait ces registres que D. Guyard a *vus* et *lus* en 1757, « où les récits des miracles sont consignés par procès-verbaux ou lettres, » — ce qui faisait dire à Ansart, en 1783 : « Nous serions infinis si nous voulions ramasser tous les miracles, compulser les registres, les procès-verbaux que nous avons lus et les différentes lettres qui sont tombées sous nos mains : chacun s'explique à sa façon dans toutes ces pièces ; mais toutes rendent avec une candeur admirable gloire à Dieu et à Sainte Reine des

bienfaits qu'ils ont reçus par son intercession. »
Je n'ai pu retrouver ces documents.

Voici cependant un exemple tiré du tome II
des Mémoires du congrès d'Autun (1876). C'est
une note communiquée au congrès le 5 septembre par M. Charles Bigarne, de Beaune.

« Au mois d'août 1647, Philibert Leblanc,
avocat au Parlement de Bourgogne et Françoise Rousseau, sa femme, conduisirent à Sainte
Reine leur fille Catherine Leblanc, âgée de
onze ans. Cette enfant, atteinte d'une maladie
fort singulière, y retourna en 1648 et finit par
être complétement guérie, bien que les médecins l'eussent abandonnée depuis longtemps (1).
Les attestations et les témoignages furent nombreux. On y voit le grand-père de l'enfant,
Pierre Leblanc, avocat et antique maïeur ; Catherine Arbaleste, sa femme ; Françoise Rousseau, mère de la petite malade, nièce du fondateur de la Charité et l'avocat Pierre Navesier.

« Les médecins de Beaune n'hésitèrent pas à
reconnaître le miracle et à signer le procès-verbal. Ils étaient quatre : MM. de Salins, Brunet,
Regnier et Boussard. On y voit figurer deux
chirurgiens beaunois, MM. Monjardet et Goudier, ainsi que l'apothicaire Bardin. — Ces faits
sont consignés dans une brochure, rare, imprimée à Dijon, chez Paillot, en 1649, sous le titre
de : *Récit véritable des miracles faits à Sainte*

---

1. « Le sieur Guyot, médecin à Dijon, trouvait cette
maladie bien étrange mais naturelle. Ceux de Beaune
l'attribuent à « une fluxion du cerveau sur l'épine du dos,
attendu qu'elle ne se mouchait, ni ne crachait depuis plus de
trois mois. » Les docteurs de Paris paraissent croire au
surnaturel : « *in hoc inutiles servi facti sumus.* »

Reine. Un exemplaire de cette brochure existe à la bibliothèque de Beaune. (1) » ·

Si l'authenticité de la guérison miraculeuse paraît dans ce récit entourée d'un grand luxe d'attestation, la prudence avec laquelle on recevait les déclarations se manifeste dans le suivant :

« Au nom de Dieu, amen. Ce 4 décembre 1667 a comparu par devant nous Pierre Bosse, natif de Reims en Champagne, âgé environ de vingt-deux ans, lequel, pour l'augmentation de la gloire temporelle de Sainte Reine, sa bienfaitrice, a déclaré avoir été soulagé par les mérites et intercessions de cette grande thaumaturge Vierge et Martyre, d'une paralysie de la moitié de son corps, de laquelle il fut surpris le vingt-huitième de mai de la même année, mais n'ayant autre preuve du fait que sa déclaration, nous n'avons pu rien faire davantage pour le présent, attendant la promesse qu'il nous a faite de nous en rendre certains au plus tôt, comme il est obligé, et ce par des personnes authentiques et dignes de foi. Fait ce même jour et an que dessus. »

Cette pierre d'attente d'un procès-verbal, sans signature, trouvée aux Archives départementales de la Côte-d'Or, 3e liasse Cordeliers de Sainte Reine, 924, nous fait supposer que les Cordeliers avaient leurs registres de miracles. On se demande s'ils ont emporté avec eux ces registres en 1793, ou bien si les révolutionnaires les ont détruits.

Je terminerai ce chapitre par un raisonnement. D'après Marchet, maître fontainier, grand découvreur de sources à l'aide de sa baguette

____

1. Je dois cette communication à la bienveillance de M. Harold de Fontenay, président de la Société Eduenne.

divinatoire, il y aurait un réservoir sous la pointe ouest du Mont-Auxois à quatre-vingts pieds de profondeur et de ce réservoir sortirait la fontaine S.-Bernard, du clos des Cordeliers, ainsi que la fontaine Sainte-Reine ; lesquelles sortent de terre à cinquante mètres l'une de l'autre et à deux cents mètres au plus de leur réservoir commun. Or la fontaine S.-Bernard n'a jamais guéri de malades. De toutes les sources du Mont-Auxois, la fontaine des bains de l'hôpital, autrement dite : fontaine de Gresigny ou des dartreux, est la seule qui passe pour avoir des propriétés curatives, mais seulement pour les maladies de la peau. Comment se fait-il que la fontaine Sainte-Reine ait seule opéré des prodiges ? A-t-elle pris ses propriétés minérales dans le trajet du réservoir à la fontaine ? Cela n'est guère probable. La fontaine des bains et la fontaine S.-Bernard sont à sa gauche et à sa droite, elles devraient se sentir des mêmes propriétés minérales. De plus, si la fontaine Sainte-Reine a de tout temps opéré des prodiges par ses propriétés minérales, comment se fait-il qu'elle soit abandonnée ? ses propriétés minérales sont-elles épuisées ? — Mais on retournera peut-être l'objection et on me dira : si elle était miraculeuse autrefois, pourquoi ne l'est-elle plus ? — Et je répondrai que la fontaine Sainte-Reine est toujours miraculeuse. Ce n'est pas la fontaine qui a changé, ce sont les hommes. La foi s'est affaiblie dans les âmes par l'invasion du naturalisme et du matérialisme, c'est pourquoi nous ne voyons plus les foules d'autrefois accourir à cette fontaine. Mais le petit nombre de vrais pèlerins que rien n'arrête voit encore aujourd'hui sa foi récompensée. —

On ne peut apporter cette excuse pour une source minérale, car plus que jamais la mode est au traitement des maladies par les eaux minérales. Si la source de Sainte-Reine était une source minérale guérissant toutes les maladies, nous verrions accourir les multitudes. — Donc la fontaine Sainte-Reine est une source miraculeuse.

CHAPITRE III.

Chapelle de Sainte Reine.

La route romaine, qui descendait d'Alise à l'ouest et se partageait en trois branches à la hauteur des trois Ormeaux, ne suivait pas la rue actuelle de la chapelle et de l'hôpital, elle passait à une centaine de mètres au-dessous de la fontaine, entre la Braux et cette rue de l'hôpital. De la route romaine à la fontaine, il y avait sans doute une pelouse, une friche, qui servait de chemin pour y aborder, car plus tard les habitants d'Alise affirmeront que la fontaine Sainte-Reine était située dans leurs communaux. De leur côté, les évêques d'Autun diront que cette fontaine existait dans les vignes de leur évêché. Ces deux prétentions ne sont pas vraiment contradictoires : elles nous apprennent seulement qu'en 1500, les vignes bordaient le chemin de la fontaine et touchaient cette fontaine.

Les premiers renseignements, que l'on possède sur ce lieu du martyre et de la sépulture de Sainte Reine, datent du XVe siècle. Ansart dit (p. 20) qu' «il paraît par un titre de l'an 1448 qu'il y avait alors un autel très ancien, situé dans les vignes de l'évêché d'Autun et dédié à

CHAPELLE SAINTE REINE, BATIE EN 1500.

Sainte Reine. » En 1498, Antoine de Chalons, évêque d'Autun, l'appelait de même : « *Altare ab antiquo erectum.* (1) »

Dans une feuille de notes pour les Cordeliers contre le curé d'Alise, au XVIIe siècle, on lit ce qui suit : « Dans sa naissance, la chapelle Sainte Reine fut seulement un petit autel dressé au pied d'une croix de fer, sur lequel on faisait un petit couvert de rameaux d'arbres aux principaux jours de l'année. Les habitants d'Alise l'avaient fait ériger auprès de la fontaine, qui était dans leurs communaux. On ne sait pas bien positivement le temps de son érection, ni par qui il fut élevé, mais il est bien probable que ce fut lorsque Dieu découvrit par des prodiges et des miracles la sépulture de Sainte Reine et que les fidèles en relevèrent les saintes reliques pour les porter en la paroisse. »

En 1498, Julien Clerget, prêtre, natif de Grignon, archidiacre de l'évêque d'Autun, demanda et obtint l'autorisation de bâtir une chapelle dans une pièce de terre que l'évêque possédait proche la fontaine de Sainte-Reine. Antoine de Chalons lui accorda cette permission en ces termes : « Julianus Clerget capellanus debebit unam capellam in honorem Dei et Virginis Mariæ ac beatæ Reginæ in loco eidem per nos concesso suis sumptibus et expensis erigere infra quod erit dictum altare. » Dans ces termes, cette autorisation soulevait deux difficultés : En donnant le titre de chapelain à Julien Clerget, l'évêque d'Autun instituait en bénéfice cette chapelle ; et en la faisant construire à côté de

1. Permission de bâtir une chapelle sur la fontaine, donnée par Ant. de Chalons. Archives de l'évêché d'Autun.

l'autel du pèlerinage dans un champ de l'évêché, il en faisait un bénéfice séparé.

Michel Gueneaul, curé d'Alise, réclama et l'évêque autorisa Julien Clerget à construire sur l'autel, mais à condition que les oblations faites à l'autel seraient partagées entre le curé et le chapelain. Julien Clerget fit donc bâtir cette chapelle sur l'antique autel et y enferma également la fontaine Sainte-Reine. « Cette chapelle fut fermée en devant d'un petit treillis de fer tout auprès de la fontaine. »

« Cette construction augmenta la dévotion des peuples, en sorte que, pour recevoir les charités des pèlerins, le sieur Clerget mit un tronc proche la fontaine, duquel il disposait à sa volonté. Mais comme la fontaine était dans les communaux des habitants d'Alise, il y eut difficulté entre eux et ledit Sr Clerget : ce différend fut terminé par une transaction, par laquelle il fut dit que les aumônes qu'on ferait dans le tronc pendant neuf années appartiendraient audit sieur Clerget pour le dédommager des frais de la construction de la chapelle et que, les neuf années écoulées, lesdites aumônes se partageraient entre ledit Sr Clerget, comme chapelain, et les habitants, comme marguilliers, pour être employées à la décoration de la chapelle. (1) » Après la mort de Julien Clerget, Antoine de Chalons voyant les difficultés qui naissaient successivement au sujet de la chapelle, craignant d'ailleurs que le

1. Tout ce récit est tiré de notes pour les Cordeliers : Autun, archives de l'évêché, Carton liasse : Union et désunion de la cure d'Alise et de la chap. S. Reine d'avec le couvent des Cordeliers. — Dijon. Arch. départ. liasse : Débats avec l'Evêque et le Curé. — Cordeliers. (1668-1683.)

curé ne lui demandât une portion congrue, unit la chapelle à la cure d'Alise le 12 oct. 1498 (1). Ansart donne une autre version : « En 1501 Jean Rolin, cardinal, évêque d'Autun, déposa le chapelain et unit la chapelle à la paroisse d'Alise. » (Hist. de S. Reine, p. 20.)

Cette chapelle primitive, et très simple, avec bains au-dessous et cimetière derrière, fut agrandie, en 1590, de vingt pas dans sa longueur et autant de largeur ; « ce qui se voit, dit un mémoire pour les Cordeliers (2), par plusieurs comptes rendus des procureurs, des habitants et par la différence des anciens murs ; » de plus elle reçut son clocher. Enfin, en 1613, elle fut encore augmentée de sept toises en longueur et reçut sur ses côtés deux chapelles de douze pieds en carré dans œuvre. La délivrance de ces derniers travaux fut faite le 1er septembre 1613 à Gougelet, entrepreneur maçon, pour la somme de 129 liv. (3).

D'après les renseignements qui précèdent, l'emplacement toujours existant et la peinture représentant la vue extérieure de cette chapelle, dans le tableau qui orne la salle des délibérations de la commission administrative de l'hôpital hospice d'Alise Sainte Reine, et qui date de 1690, j'ai cru pouvoir donner le plan par terre ci-dessous de la chapelle Sainte Reine, proprement dite.

L'inventaire Arviset, fait pour les Cordeliers en 1645, nous donne quelques détails sur la dis-

1. Autun, archives de l'évêché, Carton liasse : Union et désunion de la cure d'Alise et de la chap. S. Reine d'avec le couvent des Cordeliers.

2. et 3. Dijon, Arch. dép. liasse : Débats avec l'Evêque et le Curé. — Cordeliers. (1668-1683)

tribution intérieure de cette chapelle et son ornementation (1). « On y voit un petit tabernacle de bois peint et doré sur lequel est posé une petite châsse couverte en pavillon de taffetas rouge et dans icelle un image de Notre Dame en bois peint et doré au dessus un pavillon de damas blanc garny de passement de faux or de la largeur d'environ une demye aulne et encore d'un voile de taffetas incarnat usé. Aux deux côtés dudit autel et sur iceluy deux images de Sainte Reine en bois peint, un image de Notre Dame et un autre image de S. Préject aussy en bois peint. Un grand tableau représentant S. Reine, S. Marguerite et S. Louis (ce tableau était placé au-dessus et derrière l'autel principal).

« Du côté de l'Evangile, un tableau de Sainte Reine sans cadre.

« Au côté de l'Epitre, l'image en pierre de Sainte Reine, couverte d'une robe de damas garnie par dessous et par devant d'un passement de faux or et dessous icelle d'une autre vieille robbe de thoile d'argent toute rompue, dessus la tête dudict image un voyle de thoile garny de dentelles, un autre de gaze d'argent garny de franges vertes et un autre de taffetas couleur de feu garny d'une petite dentelle d'argent aux deux bouts, une couronne de fleurs contrefaites (artificielles) le tout fort usé, et au dessus un petit siel de taffetas rouge.

« Dans la petite chapelle au côté droit de l'autel... au dessus de l'autel de la petite chapelle un tableau représentant la décollation de Sainte Reine, garny de son cadre. Idem sur un vieux

1. Dijon Arch. départ. Cordeliers, liasse : Débats avec l'Evêque et le Curé.

ANCIENNE CHAPELLE DE SAINTE REINE

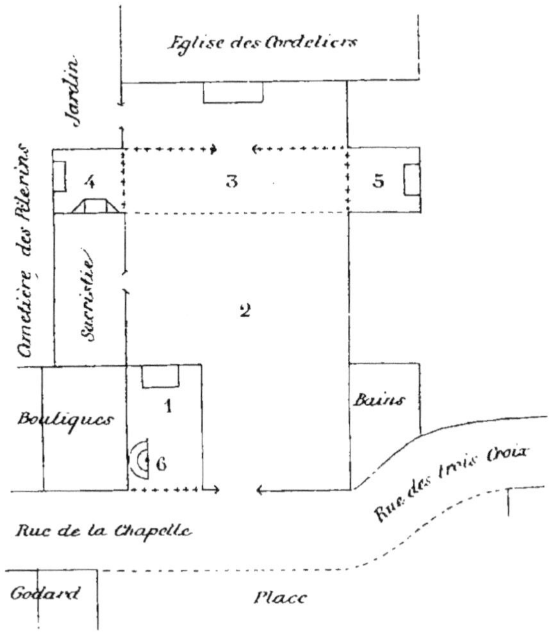

1. Chapelle primitive
2.   id   agrandie en 1590
3.   id   agrandie en 1613
4. Chapelle Notre-Dame
5. Chapelle Sainte Reine
6. Fontaine Sainte Reine

banc un tableau en détrempe représentant une Véronique. Ladite chapelle est fermée d'un balustre en bois.

« Dans la chapelle à gauche sur l'autel, un tableau du Rosaire. Deux autres petits tableaux sur carton représentant l'un Notre-Seigneur, l'autre la Vierge. Proche le balustre de ladite chapelle, d'un côté un viel tableau de Sainte Reyne et de l'autre un viel tableau en détrempe de Sainte Catherine de Sienne. » Là était le confessionnal et un tronc attaché après ledit.

Cette chapelle avait une seconde porte donnant sur le jardin de la chapelle.

A la même époque, la chapelle Sainte Reine était abondamment pourvue de chasubles en satin, en taffetas et en camelot, mais la sacristie ne possédait qu' « un coffre » pour serrer ces ornements. Le ciboire, l'ostensoir et les burettes étaient en argent, mais il n'y avait qu'un calice en étain. Les autels avaient des parements de soie. Le maître autel recevait quatre chandeliers en marbre et les chapelles avaient deux chandeliers d'étain et deux chandeliers argentés. La lampe du Saint-Sacrement était tout en argent. Et douze vases, tant gros que petits, étaient garnis de fleurs aux jours de fête (1). — Plus tard, la chapelle Sainte Reine, encore plus riche en ornements, pouvait fournir cinq calices d'argent et montrer sept lampes d'argent (2).

1. Mémoire et état des ornements et dons faits à la chapelle Sainte Reine depuis l'avénement de M. Jean-Bapt. Cadiou. Arch. départ. L. Cordeliers, 921. — Voyez pièces justificatives, n° 3.

2. Visite pastorale 1668, Arch. de l'év. d'Autun. Registre. Voyez pièces justific. n° 4.

Ces richesses provenaient de la générosité et des dons faits par les dévots à Sainte Reine. Mais si les uns donnaient, d'autres prenaient. Vers 1640, un voleur brisa une vitre, pénétra dans la chapelle et s'empara d'un beau ciboire en argent, estimé 55 liv.

Après la réunion de la nouvelle chapelle à la cure d'Alise, les habitants conservèrent leurs droits sur les aumônes faites à cette chapelle. En 1611, Lefébure et Mestanier, chapelains et vicaires desservant la cure d'Alise, amodient 200 liv. par an la part des habitants ; et en 1627, Lefébure et Dessertaine, vicaires d'Alise, donnent 150 liv. par an, payables à la S.-Jean-Baptiste, pour la part des habitants dans les oblations de la chapelle (1).

Les Bénédictins de Flavigny, en 1620, cédèrent aux Jésuites du collège d'Autun le prieuré de Couches, à condition que la cure et la chapelle d'Alise seraient réunies à leur abbaye ou que les Jésuites leur payeraient 1800 liv. L'Evêque d'Autun ne voulut pas céder la cure et la chapelle d'Alise, et les Jésuites payèrent les 1800 liv. (Ansart, ch. IV, p. 205.)

Le 22 Juillet 1629, Jean-Baptiste Cadiou, docteur en théologie, fut nommé curé d'Alise. C'était un lutteur. En 1632, il attaqua les droits de ses paroissiens sur la chapelle Sainte Reine, et fut débouté de ses prétentions, disent les Cordeliers ; cependant il prit possession complète de la chapelle et de ses revenus, car, en 1636, les habitants lui réclament une clef des bains et lui demandent de rétablir le cimetière des pèlerins, dont il avait fait son jardin.

1. Arch. dép. Cordeliers, Liasses 921 et 924.

Dès lors, il était question d'établir à Alise un chapitre de chanoines afin de donner des soins spirituels aux étrangers, le curé ne pouvant suffire à sa tâche (1). En 1643, les religieux franciscains de la province de Bourgogne se présentèrent pour construire un couvent à Alise. Les habitants accueillirent favorablement ce projet et offrirent à ces religieux de leur céder leurs droits compromis sur la chapelle de Sainte Reine, à condition qu'ils seraient déchargés de l'entretien de ladite chapelle. Ils appuyèrent en outre la demande d'établissement de ces religieux, en disant que le curé d'Alise et ses vicaires laissaient la chapelle dans l'abandon et ne pouvaient suffire aux besoins religieux des pèlerins.

Forts du consentement des habitants d'Alise, les Franciscains ou Cordeliers firent appuyer leur demande par le duc d'Enghien, gouverneur de Bourgogne, et par le duc de Longueville, cette demande parvint ainsi jusqu'à la Reine Anne d'Autriche, qui écrivit le 9 septembre 1643 la lettre suivante à l'évêque d'Autun :
« Monsieur l'évêque d'Autun. — N'ayant encore appris le succès de la lettre que je vous écrivis le 3 du mois passé en faveur des religieux observantins de S.-François de la province de Bourgogne pour vous dire que je désire et serai bien ayse que vous leur accordiez un consentement pour s'établir et avoir un couvent dans le bourg de Sainte Reine de votre diocèse où l'on m'asseure qu'ils sont désiré par les assistances que les habitants du lieu en espèrent. Je vous renouvelle par celle-ci la prière que vous avez désia de moy sur ce sujet

1. Pignot : Un Evêque réformateur, ch. V, p. 388.

vous asseurant que vous ferez chose qui me sera
très agréable de gratiffier lesdits religieux de
l'effect de mon entremise laquelle ne doutant
point que vous ne considériez autant que je le
puis attendre de vous. Je prie Dieu aussy vous
avoir, M^r l'évêque d'Autun, en sa s^{te} garde.
Escrit à Paris ce 9 septembre 1643. » Signé :
ANNE, et plus bas : LEGROS.

Ainsi mis en demeure, l'évêque d'Autun,
Claude de la Madeleine de Ragny, dont le zèle
était mêlé de beaucoup de prudence et de douceur,
par premières lettres patentes du 17 août 1644
seulement, accorda aux Cordeliers l'autorisation
de bâtir un couvent et une église à Sainte
Reine.

De nouvelles lettres du 5 octobre 1644 au R.
P. Molins renouvellent « pour faire plaisir au
Roi, à la Reine Mère et au Duc de Longueville,
la permission de bâtir un couvent près la chapelle Sainte Reine (in loco sacelli Sanctæ Reginæ consecrati), de munir le bourg d'Alise et sa
chapelle de Pères réformés doctes et honnêtes,
(elargimus tibi facultatem muniendi præfatum
oppidum d'Alise et sacellum doctis ac probis
patribus reformatis) avec pouvoir de confesser
les paroissiens et les étrangers, de chanter les
offices et de prêcher dans la chapelle Sainte
Reine, réservant les droits du Curé et de l'E-
vêque. (Arch. Ev. d'Autun.)

Dans les lettres patentes du Roi pour l'établissement des Cordeliers, du même mois d'août
1644, accordées « sur l'advis de la Reyne
régente notre très honorée dame et mère, dont
la piété et le désir se témoigne journellement en
de semblables dévots establissements et qui
particulièrement prend un grand soing en celui-

ci comme protectrice et fondatrice, » il est fait mention de la cession des droits des habitants sur la chapelle Sainte Reine et des dons faits aux religieux, — d'un journal de terre près la chapelle Sainte Reine par Nicolas Brochot, Sr de la Grange, « avocat en nos conseils d'état et privé, » — de deux journaux près la chapelle Sainte Reine par Philibert de Badier, greffier de Flavigny, et de quatre journaux, toujours près la chapelle Sainte Reine, par Humbert Boyer, dudit Alise, le tout à la charge de célébrer des messes, services et prières.

Dans l'art. 8 du concordat des religieux avec les habitants, en date du 4 juillet 1644, « lesdits habitants remettent aussi auxdits religieux tous les communaux qu'ils ont à l'entour de la chapelle Sainte Reine, moyennant dix livres de cire que les religieux fourniront à la paroisse chaque année. »

La même année 1644, l'Evêque d'Autun accorde aux Cordeliers la permission de transférer le cimetière des pèlerins en un autre lieu non moins commode. C'est ce même cimetière, situé derrière et au-dessus de la chapelle Sainte Reine, qu'au dire des habitants, J.-B. Cadiou avait transformé en jardin. Les Cordeliers bâtirent leur couvent en partie sur l'emplacement de ce cimetière, qui fut transféré plus bas, donnant sur la rue qui descend aux trois croix, aujourd'hui rue de l'Hôpital. Ce nouveau cimetière, où furent enterrées Mme Desnoyers et M^{elles} des Mayeux, premières servantes des malades à l'hôpital, fut interdit en 1672, mais le cimetière des pèlerins ne fut pas rétabli.

J.-B. Cadiou, docteur en théologie, curé d'Alise et chapelain de la chapelle Sainte Reine, n'était pas d'humeur à se laisser ainsi déposséder. Jean-B^{te} Cadiou, dans ses démêlés avec ses paroissiens, s'était fait mettre en possession de la chapelle par la Cour de Rome et le Parlement de Dijon, comme annexée et dépendante de sa cure ; il s'était fait adjuger fruits, profits, revenus et émoluments ; il avait été condamné par l'arrêt du Parlement à payer vingt sous de patronage à l'Evêque d'Autun pour cette chapelle, conformément aux titres de 1498 et 1501 et d'autre part les habitants avaient été condamnés le 20 juillet 1640 à rendre compte par devant le commissaire de la cour des deniers touchés par eux, des oblations et aumônes depuis 1601. Il était donc préparé pour un nouveau procès.

Dès le 15 octobre 1644, il fit opposition à l'établissement des Cordeliers à Sainte Reine et à l'union de la chapelle Ste Reine à leur couvent. L'affaire alla au Parlement de Dijon, de là au conseil privé, fut ensuite renvoyée au Parlement de Grenoble, lequel rendit, le 3 août 1649, (alias 1647) un arrêt définitif confirmant tous les droits du Curé et détruisant les autorisations pour les Cordeliers de construire leur couvent et leur église. Le roi ordonna de surseoir à l'exécution de cet arrêt.

Les Pères Cordeliers ne s'attendaient pas sans doute à un pareil échec, car l'année précédente ils avaient posé la première pierre de leur couvent : « Anno Domini millesimo sexcentesimo quadragesimo octavo, sedente Innocentio decimo summo Pontifice, regnante Ludovico decimo quarto, Anna Austriaca regina, Claudius de Magdalena de Ragny Augustodunensis episcopus ad benedicendum primum lapidem ædificii

sanctæ Reginæ elegit Dominum Jacobum Debadier flaviniensem officialem, qui lapis positus fuit
a Domino de Bouchu in supremo senatu
Burgundiæ primo præside deputato a dicta
Regina fundatrice hujus conventus. »

En pareille extrémité, ils ne trouvèrent rien
de mieux que de soulever les paroissiens contre
leur curé. Les habitants lui reprochaient sa dureté et l'avarice de sa famille, ainsi que son opposition aux Cordeliers. « Attaqué la nuit dans
sa maison par une foule armée qui proférait des
menaces de mort, il sauta par une fenêtre et
tomba tout meurtri dans un jardin. Là on se
saisit de lui, on le plaça sur un cheval, et au
milieu des huées on le conduisit aux prisons de
Dijon. Quelque temps après il fut élargi. (1) » Mais
les Cordeliers lui firent aussitôt intenter un procès criminel devant l'officialité diocésaine. « Ils
l'accusèrent d'un inceste spirituel commis dans
l'église avec une particulière du lieu, laquelle,
avant sa mort précédée d'une longue maladie, a
plusieurs fois déclaré, en présence de plusieurs
personnes, qu'elle avait été sollicitée de déposer
dudit crime contre vérité. Cadiou fut condamné à mort, et exécuté en effigie. Depuis, s'étant
représenté et justifié dudit crime, ayant prouvé
son innocence, il fut rétabli en ses bonnes
fames et réputations. Mais fatigué de cette
lutte sans paix ni trève, par un traité en faveur
des Cordeliers, il s'est départi de la chapelle
Sainte Reine et, en récompense, a été pourvu
par eux et à leurs frais d'un canonicat d'Autun;
ils lui donnèrent outre plus quelque somme
assez notable. (2) »

1. Pignot : Un Evêque réformateur.

2. Mémoires de l'évêché d'Autun contre les Cordeliers.

« Les Cordeliers, non contents de posséder cette chapelle, contraignirent encore Cadiou à se démettre de la cure en faveur d'un ami et confident de ces religieux, lesquels, sous le nom dudit ami, ont joui de la cure et de la chapelle. Ils firent passer ce bénéfice en diverses mains (1) de personnes affectionnées qui les ont aussi laissés jouir et après divers changements l'ont fait tomber à Jacques Debadier, frère de leur père temporel, qui en fut pourvu en 1653. Mais comme ledit Debadier avait une autre cure (Flavigny), il ne put la garder longtemps et la remit en cour de Rome en faveur d'Etienne Debadier, son frère, qui en obtint le visa au mois de mars 1656 (2). Etienne Debadier, qui n'était pas prêtre, ne put exercer ses fonctions de Curé d'Alise et résigna son titre ». Le titre, étant vacant, fut bientôt regardé comme éteint, et comme les Cordeliers, par leur vœu de pauvreté, ne pouvaient pas posséder de bénéfices, Louis Doni d'Atichy, évêque d'Autun, transmit à Rome leur demande, en l'appuyant sur cette raison que la chapelle Sainte Reine appartenant aux religieux, le Curé d'Alise n'aurait pas de quoi vivre et lui demanderait la portion congrue.

1. Marlin, dernier possesseur de la cure, dit M. Debadier, en 1651, avec les habitants, supplie l'évêque d'unir la cure et la chapelle au couvent des Cordeliers. — De Bouton, curé d'Alise en Juillet 1651.

2. Le 24 Juillet 1651, J.-B. Cadiou, étant chanoine d'Autun, avait révoqué sa résignation, au Sʳ de Bouton, de la cure d'Alise, disant qu'il l'avait faite par force, violence, etc., mais ses vicaires ne purent entrer à la cure. Le 3 août même année, on les avait chassés.

Le 4 des nones de Juillet 1659, le Pape Alexandre VII (1) déclara le titre de curé d'Alise éteint et prononça l'union de la cure et de l'église paroissiale au couvent des Cordeliers : ces derniers devaient payer trois cents livres de pension annuelle à Etienne Debadier, faire desservir l'église S. Léger par un religieux nommé à ces fonctions pour trois ans et entretenir cette église.

En possession de la cure d'Alise et de la chapelle Sainte Reine, les Cordeliers continuèrent la construction de leur couvent. Ils y dépensèrent plus de 20,000 écus, dit un curé d'Alise. Ils posèrent la première pierre de leur église en 1666 : « Anno Domini 1666 die 16 Julii R^{mo} adm. patre Bonaventura Brun ministro Pro^{ali}, Patre Fr. Marmès guardiano, præsentibus omnibus fratribus, lapis iste primarius ecclesiæ Sanctæ Reginæ a Domino Philiberto Debadier consiliario, secretario ordinario Reginæ, Ballivio (Bailli) Tullionis, Procuratore fiscali flaviniensis et hujusce conventus fratrum minorum de observantia pro^{æ} Sancti Bonaventuræ syndico apostolico positus fuit. »

La Bulle d'Alexandre autorisait les Cordeliers à faire sculpter au-dessus de la porte de cette église les armes d'Anne d'Autriche, fondatrice, celles de l'Evêque d'Autun et celles du duc de Longueville, principal bienfaiteur de leur couvent.

Louis ii Doni d'Atichy, natif de Toscane, religieux minime, puis évêque d'Autun (1652-1664), homme d'un grand zèle, avait donné son consentement à la renonciation faite en faveur

1. La traduction de cette bulle est aux Arch. fabriciennes d'Alise. Cart. Histoire.

10

des Cordeliers par le simple clerc Etienne Debadier ; il avait favorisé l'union de la cure et de la chapelle Sainte Reine avec leur couvent (à la condition qu'ils desserviraient l'une et l'autre et que l'un d'eux résiderait dans la maison curiale) ; il avait mis ces religieux en possession de la chapelle Sainte Reine et des boutiques qui en dépendaient, ainsi que des bains et de la fontaine miraculeuse ; il leur avait cédé son quart des dîmes d'Alise et quelques autres droits seigneuriaux sur certaines maisons et terres pour le prix de 4,600 liv. « dont il avait besoin pour réparations à une des terres de l'évêché, ravagée par l'inondation. (1) »

Saulnier, vicaire général capitulaire pendant la vacance du siège, avait institué fr. Godefrin, curé d'Alise.

Comme on le voit, la fortune des Cordeliers de Sainte Reine, dont l'existence même avait été condamnée à Grenoble en 1647, avait bien changé en quelques années ; ils étaient devenus les vrais seigneurs d'Alise, lorsque Gabriel de Roquette fut nommé évêque d'Autun, en 1666.

Gabriel de Roquette était jaloux de son autorité et n'aimait pas les exemptions. Du reste, l'union de la cure d'Alise à un couvent pouvait être critiquée en elle-même et dans les moyens dont on s'était servi pour l'obtenir. Aussi le nouvel Evêque se montra-t-il dès le commencement hostile à l'œuvre accomplie à Alise par son prédécesseur.

En 1668 il commença à Alise la visite de son diocèse. Le procès-verbal de cette visite (2) est

____

1. Pignot : Un Evêque réformateur au XVIIe siècle, ch. V.

2. Voir aux pièces justificatives, n° 4.

sévère. Joseph Godefrin est traité de prétendu commis aux fonctions curiales. Les autels et les linges sont malpropres, le tabernacle est plein d'araignées et n'est doublé d'aucune étoffe. Il parut dans le ciboire une hostie consacrée noircie et salie. Les reliques exposées sont sans authentiques. L'église est sans ornement et n'a ni procureurs ni fabriciens. Le seul office de la paroisse est la grand'messe du dimanche avec le prône. La cure est entièrement ruinée et le cimetière n'est fermé d'aucune muraille ni palissade.

Si l'on veut se rendre compte de pareilles négligences de la part des religieux, il faut bien comprendre qu'ils voulaient remplacer la cure, l'église et la chapelle Sainte Reine par leur couvent et leur église. Ils avaient laissé la cure tomber en ruines, nous les verrons plus tard laisser démolir la chapelle Sainte Reine, faute de réparations.

« L'Evêque se retira fort mécontent, refusa de reconnaître la validité des titres en vertu desquels ils jouissaient de la cure et de la chapelle, leur défendit de vendre à l'avenir les eaux de la fontaine miraculeuse et de toucher au bâtiment de la chapelle jusqu'à ce qu'il en eût autrement ordonné. »

« A partir de ce moment, Gabriel de Roquette s'occupa d'expulser ces religieux de la cure et de la chapelle. Il attaqua devant le conseil privé l'acte d'annexion consenti par ses prédécesseurs. (1) » Maître Jean Gévalgé, promoteur de l'officialité d'Autun, semble spécialement chargé de poursuivre cette affaire. De leur côté, les Cordeliers se défendirent : on multiplia de part

1. Pignot : Gabriel de Roquette, ch. V.

et d'autre les consultations, plaidoiries et mémoires imprimés, jusqu'à ce que le conseil eût rendu son arrêt du 26 avril 1673, qui condamna la possession des Cordeliers et déclara nuls et abusifs les titres par lesquels ils prétendaient la justifier.

« Mais l'embarras était grand de remplacer par un meilleur état de choses celui que cet arrêt venait de supprimer. La cure de Sainte Reine présentait plus de difficultés qu'aucune autre. Soixante mille pèlerins s'y rendaient chaque année, la plupart misérables, couverts d'ulcères, affligés de maladies honteuses et repoussantes. La nature se soulevait à l'approche de ces malheureux que le curé et ses vicaires devaient consoler et entendre en confession. Leur âme était souvent dans un état plus pitoyable que leur corps. Un modique revenu de trois cents livres était attaché à ces fonctions qui exigeaient un dévouement presque surhumain. Pendant quelque temps, Roquette fit desservir la cure par des ecclésiastiques payés de ses deniers. » (Pignot) Un nommé Berthoix, aumônier de l'hôpital, ne paraît curé de Sainte Reine que pour céder sa paroisse à D'Arlay de Potillon, licencié en droit, prieur de Brassy, ailleurs prieur bénédictin commandataire de S. Symphorien de Romilly (1673). D'Arlay de Potillon avait une mauvaise santé et outre ses vicaires, on lui avait envoyé deux Pères de la doctrine chrétienne pour l'aider ; ils devaient suffire parce que les fidèles n'avaient pas fini leurs travaux de la campagne. D'Arlay termina le procès contre les Cordeliers et se retira presqu'aussitôt après, laissant la place au dévouement de Charles-Antoine Duperron de Tupin,

écuyer, seigneur de Courcelles-sous-Grignon,
qui dans sa jeunesse avait été page à la Cour.

La première besogne de Duperron fut de se
remettre en possession de tout ce qui restait de
la cure d'Alise. En 1661 elle possédait vingt-
huit journaux de terre, recevait la dîme de
onze gerbes l'une sur une partie du territoire,
une pinte de vin par pièce de vigne petite ou
grande et les aumônes de la chapelle. Les Cordeliers avaient laissé tomber en ruines le bâtiment de la cure et fait disparaître ses traces en
établissant un jardin sur son emplacement.
M. Duperron fut obligé de louer un logement
à prix d'argent, il le choisit à l'hôpital. D'autre
part, les Cordeliers avaient retenu les ornements
de la chapelle et de l'église de Sainte Reine,
Duperron les força à restituer en présence de
l'Evêque (15 oct. 1673) et des habitants. Parmi
les objets rappelés de mémoire par les habitants,
nous indiquerons : « un crucifix de cuivre sur
croix de bois ; le tabernacle en vieux bois doré
en fort mauvais état. A droite du tabernacle,
la Ste Vierge tenant le Sauveur du monde
entre ses bras, en bois doré. A gauche une
image de Ste Reine, en pierre, avec robe de
brocard de soie, un petit galon d'argent et un
voile de taffetas rouge avec dentelle. Au-dessus
de l'autel, un tableau représentant un crucifix et
autour dudit autel treize petits tableaux votifs.
Au-devant une lampe en cuivre et un balustre
de bois fort usé. Deux grands chandeliers de
cuivre de six pieds de hauteur qui sont fixés.
Autour du sanctuaire plusieurs figures de cire
qui ont été données par les pèlerins et quantité
de potences (béquilles) attachées à la muraille
de la chapelle. L'autel de la chapelle à droite

est dédié à Sainte Reine ; au-dessus de cet autel est un vieux tableau de Sainte Reine, sans cadre. Au-dessus de l'autel de la chapelle à gauche (qui n'a point de pierre consacrée) est un tableau représentant un vœu fait par un particulier qui s'y est fait peindre. »

Les Cordeliers soutenaient qu'ils avaient acheté les ornements de la chapelle ou qu'ils leur avaient été donnés. Sur la réplique du curé qu'ils avaient été donnés à la chapelle par dévotion pour la Sainte et en reconnaissance des guérisons opérées par elle, Gabriel de Roquette ordonna provisoirement aux religieux d'en faire la remise au Curé.

« Décidé à arrêter les empiétements des Cordeliers, l'Evêque alla visiter la chapelle Sainte Reine et le couvent qu'ils faisaient construire tout auprès. Ils la couvaient comme une proie sur laquelle ils étendaient chaque jour plus avant la main. Malgré les défenses portées par des arrêts du conseil, ils en avaient approché leurs bâtiments au point qu'ils n'en étaient distants que de deux pieds. Ils continuaient de dire la messe dans la chapelle Sainte Reine bien qu'on leur eût ordonné d'en établir une autre dans l'intérieur de leur couvent. Ils en construisaient une effectivement, mais à l'extérieur, derrière le chœur de celle de Sainte Reine, de manière à empêcher la réédification de cette dernière qui tombait de vétusté et n'était plus assez vaste pour contenir les pèlerins qui se présentaient souvent par milliers. Ces constructions empiétant sur des terrains appartenant à cette chapelle, il leur intima l'ordre de désigner immédiatement un autre endroit de leur couvent, où ils devaient, en conformité des arrêts, établir leur propre chapelle, sans nuire à celle de la Sainte. Ils s'y refusèrent et reçurent défense de dire la messe dans l'église paroissiale et dans la chapelle Sainte Reine. Il leur permit de la dire seulement dans celle de l'hôpital et pour le temps qu'il lui plairait.

« Il ne fut pas en son pouvoir de maintenir ces changements. Au bout de deux ans, le curé Duperron et les ecclésiastiques qui l'assistaient, aidés souvent par des prêtres du voisinage, se trouvèrent dans l'impossibilité de suffire aux besoins spirituels des nombreux étrangers. Duperron supplia donc l'Evêque, dans l'intérêt de la gloire de Dieu et pour la consolation des peuples, de désunir la chapelle d'avec la cure et de l'annexer, comme par le passé, au couvent des Cordeliers qui était contigu et qui possédait un nombre de religieux suffisants pour donner aux étrangers les soins nécessaires. L'Evêque prescrivit une enquête, (1) » qui révéla une nouvelle compétition. L'administration de l'hôpital craignant l'accaparement complet des eaux de la fontaine miraculeuse, se posa comme demanderesse. Elle eut contre elle Duperron, qui écrivit à l'Evêque (1676) : « La dévotion qui est en ce lieu ne peut subsister, s il n'y a en été huit ou dix prêtres pour confesser et en hyver quatre ou cinq, et si l'on ne fait pas l'office du moins les festes et dimanches dans la chapelle Sainte Reyne. » (Pignot) Cependant la même année, le 14 Juin 1676, le même Duperron écrivait encore à l'Evêque, que le Curé de *Toisy*, accompagné de vingt prêtres, avait béni la veille l'église des Cordeliers, sans invitation au Curé

1. Pignot : Un Evêque réformateur.

de Sainte Reine. Il se plaignait de ce mépris de son autorité.

De leur côté, les habitants d'Alise exprimèrent un avis favorable à la réunion de la chapelle au couvent des Cordeliers : « La présence d'une communauté nombreuse était, disaient-ils, indispensable pour donner satisfaction aux pèlerins. L'établissement des Cordeliers avait dans le principe augmenté notablement leur concours, il avait au contraire diminué depuis qu'on leur avait enlevé la desserte de la chapelle. Cette dernière étant en ruines, très étroite et devant être remplacée par une autre plus spacieuse, personne n'était mieux en état de la construire que ces religieux, qui, à l'aide de leurs quêtes et des charités qu'ils recevaient, avaient déjà construit pour leur communauté un vaste édifice et donné par là aux habitants l'occasion de bâtir eux-mêmes des maisons nouvelles. » L'Evêque fut donc obligé de consentir à une transaction, qui unissait de nouveau, à perpétuité, la chapelle Sainte Reine au couvent des Cordeliers. Ceux-ci s'engagèrent à desservir au Curé une rente de 900 liv. et à lui laisser prendre 150 bouteilles d'eau par an. L'Evêque, en qualité de seigneur spirituel et temporel d'Alise, stipula en faveur de son évêché une rente de 100 liv., 1000 bouteilles d'eau par an et un service annuel pour ses prédécesseurs et pour lui-même. (1) » D'après une autre version et la déclaration de revenus faite par les Cordeliers à l'Assemblée des Evêques de 1730, on voit que, par cette transaction du 23 mars 1677, les Cordeliers s'obligent à payer au Curé 900 liv. de rentes, rachetables de 18,000 liv. en principal;

1. Pignot : Un Evêque réformateur. Ch. V.

40 liv. à l'Evêque, rachetables à 800 liv. pour droit de patronage, qu'il faut ajouter aux 100 liv. qu'ils lui devaient pour ses droits seigneuriaux; 10 liv. à l'archidiacre de Flavigny, rachetables à 200 liv. pour droits de visite; et 40 liv. à la fabrique de l'église d'Alise pour l'entretien des ornements et pour le luminaire de la paroisse; transaction qui fut ratifiée à Lyon par le chapitre provincial, le 21 mars 1685 (1).

Pendant que cette union de la chapelle et de la fontaine au couvent des Cordeliers se débattait avec l'Evêque d'Autun et le Curé de Sainte Reine, l'hôpital essaya d'entrer dans cette transaction pour la possession de la fontaine. Les Cordeliers mirent des conditions si lourdes à cette cession, que les Administrateurs, rassurés du reste par les réserves que l'évêque avait stipulées en faveur des pauvres, se retirèrent.

Aussitôt après la conclusion de cette affaire, le curé Duperron s'occupa de l'acquisition d'une maison curiale. Le 30 novembre 1677, les habitants d'Alise achètent pour 700 liv. une maison, grange, cour, avec un petit jardin de Renault Pernet des Celliers, et le même jour une autre maison d'Edme Lapipe, pour 430 liv. Le même jour encore, les habitants revendent ces maisons pour le même prix à M. Duperron, qui les accepte pour maison presbytérale. C'est la cure actuelle et ce qui la touche.

Un pèlerinage n'est qu'un revenu éventuel soumis à de grandes variations. Les Cordeliers ne tardèrent pas à trouver lourdes les conditions de leur transaction. En 1692, Duperron

1. Déclaration des revenus. (Arch. départ. de la Côte-d'Or.) — Copie de la transaction. (Arch. de l'évêché d'Autun, liasse : Union et désunion de la cure.

leur remet 100 liv. sur sa pension de 900 liv. à cause des guerres ruineuses de Louis XIV. M. Duperron, curé d'Alise Sainte Reine, est aussi appelé archiprêtre de Flavigny. Pour comprendre ce titre, il faut savoir qu'au temps de Gabriel de Roquette, le diocèse d'Autun était divisé en quatre archidiaconés : Autun, Avallon, Flavigny, Beaune (Pignot, ch. 2, p. 70, — ch. 4, p. 249.) Le curé de Flavigny étaint archidiacre, l'évêque disposait de son titre d'archiprêtre donné à tous les curés des chefs-lieux de canton. Les archiprêtres réunissaient leurs curés tous les ans, visitaient leurs églises et envoyaient un rapport à l'évêque tous les trois mois. L'archidiacre de Flavigny conservait les fonctions de l'archiprêtre, le titre seul fut donné à Duperron.

Joliard, curé de Sainte Reine, qui lui succéda en 1694, reçut de même le titre d'archiprêtre de Flavigny. Les guerres continuant et le pèlerinage en ressentant le contre-coup, les Cordeliers ne tardèrent pas à faire des difficultés pour le paiement des 900 liv.. Etienne Joliard fut obligé de plaider, et les Cordeliers, condamnés au tribunal de Semur, obtinrent néanmoins du Curé une transaction (15 mars 1696) qui abaissa à 550 liv. par an la pension primitive de 900 liv. Elle demeura à ce nouveau chiffre de 550 liv. jusqu'à la révolution de 1793.

Cependant il y eut encore des contestations. En 1728, Laforest, curé de Sainte Reine, successeur d'Etienne Joliard, pour ramener la pension à 900 liv., ayant avancé que la vente des eaux rapportait aux Cordeliers 1,500 liv. par an, les messes 4,000 liv., les quêtes de vin et de laine 400 liv. et les soixante ouvrées de vigne de leur enclos 60 pièces de vin, sans compter le produit des boutiques dépendant de la chapelle et la maison qu'ils avaient achetée 7 à 800 liv. sur le chemin des trois croix, les Cordeliers contestent ces chiffres et répondent que les quêtes à Flavigny, Darcey, Sainte Reine et Grésigny sont mauvaises, qu'au lieu de 60 pièces de vin, il faut dire 30 pièces et 400 liv. de dépenses pour la façon des vignes. Ils ripostent ensuite et disent que le curé Laforest possède deux soitures de pré au bas de Sainte Reine, 4 journaux de terre sur le Mont-Auxois, 2 ouvrées de vigne, 60 boisseaux de blé et autant d'avoine à Mussy et plus de 100 écus de casuel.

En 1697, les Pères Cordeliers prétendent que les grandes eaux ont ébranlé les murs de la chapelle et la voûte : ils le signifient à l'Evêque, au Curé et aux habitants. Les habitants soutiennent que c'est la démolition d'un mur par les Cordeliers qui a ébranlé la chapelle. Néanmoins l'Evêque, la même année, fait marché avec Jean Oudet, entrepreneur maçon de Sainte Reine, pour « reconstruire la maçonnerie au bout de chaque *goutherot* du côté de la chapelle des Cordeliers afin d'empêcher l'écartement de la voûte qui avait pris coup » : suivant le devis de Roullié, ingénieur de la province. Ces réparations, faites pour la somme de 40 liv., n'empêchèrent pas la voûte de tomber en partie en 1709.

Il est certain que les Cordeliers se gardaient bien d'entretenir cette chapelle, car leur projet était de la réunir à leur église, dont elle ne serait plus que le vestibule. En 1673, ils avaient poussé la construction de leur église jusque contre le chœur de la chapelle. C'est peut-être la démolition du mur du chœur qui séparait la chapelle de leur église, qui produisit l'écartement de 1697. En tout cas le mur de séparation est abattu en 1733, « en sorte que, dit Guillaume Languet Robelin, ch^{er}, comte de Rochefort, baron de Saffres, Con^{er} d'honneur au Parlement de Bourgogne, père temporel des Cordeliers de Sainte Reine, en sorte que la chapelle Sainte Reine n'a plus ni autel, ni figure de chapelle, mais de nef de l'église Sainte Reine qui est celle desdits religieux. » Cependant les deux chapelles latérales et la sacristie, « située à main gauche, » existaient encore.

Cette vieille chapelle ainsi attaquée, abandonnée, ne tarda pas à menacer ruine. En 1740, le juge de Montbard vint à Sainte Reine, fit dresser procès-verbal par des experts et, sur la réquisition du procureur d'office, la démolition de la chapelle Sainte Reine fut ordonnée et aussitôt exécutée.

Les Cordeliers craignirent d'être obligés de la relever. Ils consultèrent leurs avocats. Ceux-ci répondirent que les Cordeliers n'étaient pour rien dans cette démolition, qu'ils n'avaient pas été consultés et qu'ils avaient fait toutes les réparations nécessaires pendant qu'ils la possédaient ; que, cependant, si l'Evêque tenait à ce qu'elle fût reconstruite, on pourrait la lui céder telle qu'elle est, à la condition d'être déchargés des pensions à l'Evêque et au Curé. (4 avril 1740.) — D'après cet avis, les Cordeliers adressèrent leurs significations à l'Evêque et à Andoche Foisset, qui venait de succéder à Laforest, comme curé d'Alise Sainte Reine. Le piège était grossier. Andoche Foisset répondit que, s'ils voulaient rompre la transaction de 1677, ils devaient rendre le tout en l'état de 1677 et la chapelle séparée de la leur. Les Cordeliers ne le voulant pas, la chose en resta là.

C'était peut-être le désir des Cordeliers, car la chapelle Sainte Reine n'offusquant plus leur église, celle-ci devenait l'église du pèlerinage, la nouvelle église Sainte Reine.

BIENS ET REVENUS DE LA CHAPELLE SAINTE REINE.

En 1730 les fondations de messes produisaient un revenu de 253 liv., plus 16 ouvrées de vigne situées dans l'enclos des Cordeliers et données par Thomas Debadier, bailly de Flavigny. Les fondateurs étaient M. de Trouhaut, veuf de Jeanne Debadier, Pavas Hallard, Claude Coiffotte, marchand, et sa femme Huberte Munier, Lelièvre, Jacques Tiersot, Philibert Meugnot, laboureur à Massigny, et Damien demeurant à Paris.

Le 24 novembre 1660, Agathe Cornillat donne, en tasses et cuillères d'argent, la valeur de 90 liv., pour acheter une croix d'argent à la chapelle, à la condition d'y être enterrée, parce que quatre de ses enfants y sont déjà inhumés.

La chapelle Sainte Reine possédait également trois journaux de terre.

Autour de la chapelle, huit boutiques en dépendaient et s'amodiaient de 18 à 45 liv. chacune. Leur position n'est pas toujours indiquée; il y en avait deux à droite et à gauche de la chapelle, amodiées 90 liv. à Jean Simonnot; une autre au-dessus de la chapelle était amodiée 18 liv. à Reine Pernotte. Une quatrième, avec chambre dessus, joignait la grande porte du dessus du couvent, amodiée 20 liv. à Louis Martin, marchand boucher à Sainte Reine.

Les bains étaient amodiés, en 1728, avec deux boutiques, à André Durand, moyennant 40 liv. par an.

« Un jardin, appelé le vieux cimetière » s'amodiait 30 sols, en 1730.

De plus, pour droits de constructions sur les terres de la chapelle et droits de vente, les PP. Cordeliers, en 1730, percevaient, comme revenu de la chapelle, dix-neuf livres de cire, trois chapons et 4 liv. 10ˢ sur six boutiques situées au-dessus de la chapelle.

CHAPITRE IV.

Pèlerinage.

(Cordeliers. — Hopital.)

Après le dépouillement de la basilique de Sainte Reine par la translation de ses reliques à l'abbaye des Bénédictins de Flavigny, la Vierge de l'Auxois continua d'opérer des prodiges en faveur de ceux qui allèrent vénérer ses restes précieux, mais elle réserva ses plus nombreuses et ses plus remarquables faveurs au sol qu'elle avait illustré par son martyre.

Les historiens de Sainte Reine sont tous d'accord pour affirmer que le culte de cette Sainte ne fut jamais interrompu, et si les preuves en sont rares dans les monuments historiques du moyen-âge, les splendeurs du pèlerinage au IXe siècle et au XVIe siècle ne permettent pas d'intercaler six siècles d'oubli, surtout quand on sait que ces six siècles étaient des siècles de foi par excellence. Il semble que l'on doit ici accuser plutôt la négligence des gardiens des lieux sanctifiés ; les Bénédictins de Flavigny se servirent de ce prétexte pour transporter les reliques de Sainte Reine en leur abbaye. On se rappelle qu'ils reprochaient aux recteurs de la basilique, engagés dans une multitude de préoccupations, d'avoir laissé s'obscurcir la vénération due à une si illustre vierge, quand ils auraient dû employer tous les moyens de la rendre très célèbre pour la gloire de Dieu; d'avoir laissé, par impéritie ou par incurie, ignorer les miracles qui devaient faire reconnaître et recommander les mérites de la martyre (1). On se rappelle encore la 2e leçon du Dim. dans l'octave de la fête de Sainte Reine, dans l'ancien bréviaire de Flavigny (2), où l'on trouve l'explication suivante de cette négligence : « Dans les siècles passés, les miracles s'opéraient nombreux et continuels au tombeau de Sainte Reine, mais quoique très éclatants, ils n'étaient pas écrits et se transmettaient seulement par le récit des vieillards aux jeunes gens, tous pensant que cette tradition ne se perdrait jamais, et que le meilleur soin qu'ils pouvaient prendre de l'avenir, était d'attendre de nouveaux miracles ... Une longue sécurité enfanta l'insouciance de l'oubli dans lequel pouvaient tomber les bienfaits de Dieu, obtenus surnaturellement par les mérites de sa bienheureuse Vierge, et naturellememt on les oublia. »

Ces réflexions peuvent servir d'explication au silence du moyen-âge : un grand événement isolé trouve facilement son historien, mais des faits se renouvelant chaque année et chaque jour de l'année familiarisent les esprits même avec le miracle et l'on ne se donne pas la peine d'en écrire la relation pour les siècles futurs. De plus, il faut avouer que le curé d'Alise et ses deux vicaires, absorbés par la direction de cette dévotion et par l'administration des sacrements, ne pouvaient guère s'occuper des renseigne-

1. Off. de la translation, cité par D. G. Viole, dans son Apologie.

2. Apologie de D. G. Viole, preuves entières, in fine.

ments précis et détaillés, qu'il leur aurait fallu, pour écrire l'histoire du pèlerinage ou les procès-verbaux des miracles.

Le silence de l'histoire, après l'année 864, ne prouverait-il pas que toute la dévotion à Sainte Reine et tout le mouvement du pèlerinage avaient suivi à Flavigny les reliques de la Sainte ? Impossible de tirer cette conclusion, car l'abbaye de Flavigny, qui avait un nombreux personnel, qui avait ses historiens (1) conserve le même silence pendant cette même période. D. Georges Viole le rompra le premier en 1549, c'est-à-dire, cinquante ans après la paroisse d'Alise.

Cependant ce silence n'est pas absolu. Un fait considérable vient éclairer le pèlerinage de Sainte Reine au XIIIe siècle : Je veux parler de la procession annuelle des reliques de Sainte Reine à Alise. Non-seulement elle existait en 1205 (2), alors que Gauthier, évêque d'Autun, prescrivit aux curés voisins de Flavigny d'y assister, mais les historiens bénédictins (3) nous laissent entendre qu'elle était ancienne à cette époque, puisqu'elle avait déjà modifié ses deux premières formes. Ansart, en effet, nous apprend qu'elle fut d'abord fixée au 22 mars, jour anniversaire de la translation des reliques à Flavigny, mais qu'elle était souvent empêchée par le mauvais temps ou la semaine sainte et qu'elle fut remise à la Pentecôte. Il ne dit pas pourquoi elle fut encore remise de la Pentecôte à la

1. Chronique de l'abbé Hugues.

2. Voir page 144 ci-dessus.

3. Ansart : Hist. de Ste. Reine d'Alise, ch. IV et ch. VI. — D. Guyard, Hist. du culte de Ste. Reine, p. 119 et suivantes.

fête de la Trinité, mais sa discrétion est transparente. Les pèlerins qui se trouvaient à Alise le jour de la Trinité pour honorer la révélation des reliques de Sainte Reine et le 7 septembre pour honorer le jour de son martyre, étaient absents le jour de la Pentecôte, de sorte que la procession de Flavigny, malgré toutes ses pompes, restait isolée. — Ces évolutions de la grande procession de Flavigny me semblent donc prouver non-seulement l'existence du pèlerinage de Sainte Reine pendant le moyen-âge, mais encore son existence persévérante à Alise.

Le centre du pèlerinage au moyen-âge était la fontaine Sainte-Reine. J'en trouve la preuve dans cette expression d'Antoine de Chalons : *altare ab antiquo erectum*, que j'ai déjà signalée dans l'autorisation donnée à Julien Clerget de construire une chapelle à la place de cet autel. Un autel, datant de cent ou deux cents ans, pourrait s'appeler un autel ancien, *altare antiquum*, mais non : *altare ab antiquo erectum*. Cette expression *ab antiquo* veut dire qui se perd dans la nuit des temps ou qui remonte à l'origine de la dévotion : c'est-à-dire à l'année 864 ou à l'invention des reliques de Sainte Reine (1).

Du reste, nous savons que les pèlerinages furent en honneur au moyen-âge, les jubilés de Rome nous montrent à cette époque les routes couvertes de pèlerins, et ce sont les pèlerins de Jérusalem qui décidèrent les croisades. « On exigeait autrefois des pèlerins des certificats prouvant qu'avant leur départ ils s'étaient exercés longtemps à diverses sortes de bonnes œu-

1. Ainsi l'ont compris les avocats plaidant pour les Cordeliers en 1650.

vres, comme le jeûne, l'aumône, la prière, etc...
Munis de ces témoignages, ils étaient reçus
partout avec de grandes démonstrations de
charité ; jusque-là que les palais des princes
s'en trouvaient souvent remplis : c'est ce que
nous apprend l'auteur de la vie de Charlemagne. »

Julien Clerget compta sur les aumônes des
pèlerins pour payer la construction de la chapelle qu'il fit élever à la place de l'ancien
autel, ce fait prouve non-seulement qu'il y avait
des pèlerins à la fin du XV⁰ siècle, mais qu'ils
étaient nombreux. Et en effet, de tout ce qui
précède on peut conclure, sans témérité, qu'il
venait chaque année, à la fontaine miraculeuse,
des milliers de pèlerins pendant tout le moyen-
âge. « Les miracles de Sainte Reine furent
fréquents en tout temps » nous a déjà dit Ansart, et cette fréquence des miracles prouve que
les pèlerins fréquentaient en tout temps les
lieux du pèlerinage.

Cependant la construction de la chapelle
Sainte Reine donna un grand élan au pèlerinage. Des boutiques commencèrent à s'établir
autour de la chapelle ; elle-même devint insuffisante, il fallut à deux reprises l'agrandir ; le
curé et les deux vicaires d'Alise ne pouvant satisfaire la dévotion de la multitude aux jours de
fête de la Trinité et de la Sainte Reine, appelèrent à leur aide les curés du voisinage.

Les pèlerins accouraient de toutes parts.
Paris, la Bretagne, l'Auvergne, la Bresse, la
Normandie, la Champagne, en France, — l'Italie, l'Allemagne, l'Angleterre, en Europe, envoyaient leurs malades demander leur guérison à
la Vierge Martyre de l'Auxois, et, pour récom-

penser leur foi, Sainte Reine multiplia tellement
ses prodiges qu'on lui donnait volontiers le
glorieux surnom de Thaumaturge. De petits
livres populaires racontaient sa vie, des itiné-
raires indiquaient les chemins à suivre pour
aborder Sainte Reine (1). Les routes de France,
à l'approche de la fête de Sainte Reine, se couvraient de malheureux s'efforçant d'arriver jusqu'à la source miraculeuse, jusqu'au lieu de
bénédiction. « En aucun lieu de la chrétienté
n'affluait un nombre aussi considérable de malades, la plupart pauvres et gens de village.
C'étaient des hydropiques, des paralytiques, des
épileptiques, des phthisiques, des hémorroïdai-
res, des teigneux, des gens couverts de dartres
et d'ulcères, atteints de gravelle et de surdi-
té (2). » La nature se soulevait à la vue de ces
malheureux affligés de maladies honteuses et
repoussantes, de ces « pauvres accablés de maladies horribles et infectes, de maux étranges
qui les rendaient comme des personnes expiran-
tes, des squelettes décharnés (3). » « Attirés par
la renommée des guérisons miraculeuses qu'opé-
rait l'intercession de la Sainte et par l'usage salutaire des eaux de sa fontaine, un grand nombre
trouvaient leur guérison ou du soulagement,
mais ils étaient laissés dans le dernier abandon
et n'avaient d'autre abri qu'une grange dans laquelle ils couchaient pêle-mêle sur la paille.
D'autres, ayant épuisé leurs forces à la suite d'un

1. Voyez Tridon. Le pèlerin de Sainte Reine, ch. VII,
p. 86.

2. Pignot. Un Évêque réformateur sous Louis XIV,
ch. V.

3. Gabriel de Roquette. (Mandement du 25 nov. 1667.)

long voyage, mouraient au bord des chemins,
sous les buissons, sans que personne vînt en
aide à leur détresse et leur administrât les derniers sacrements. Plus de trois cents de ces
malheureux succombèrent de fatigue, de faim,
de froid et de maladie. Plusieurs furent dévorés
vivants par des bandes de loups contre lesquels
ils n'avaient pas la force de se défendre (1). »

Il y avait là deux grandes misères : misère de
l'âme, misère du corps. La misère spirituelle
fut d'abord secourue.

Les frères mineurs de l'étroite observance de
Saint-François, de la province de Saint-Bonaventure, vinrent de Dijon à Alise en 1644. En
attendant la construction de leur couvent, ils
louèrent une maison qui semble avoir été située
au-dessus de la fontaine Sainte-Reine. Cette
maison, mise en vente par décret en 1658, à la
demande de Philibert Debadier, fiscal à Flavigny, bailly de la baronnie de Touillon, père
temporel des Franciscains ou Cordeliers, fut adjugée avec son jardin et sa vigne à Debadier
lui-même, qui en resta propriétaire en attendant
le remboursement. Ce remboursement se fit
attendre car d'autres dépenses sollicitaient les
religieux.

En 1648, ils posèrent la première pierre de
leur couvent; en 1666, la première pierre de
leur église. N'ayant d'autres ressources, après
les générosités du duc de Longueville, que les
quêtes dans les paroisses et les aumônes du
pèlerinage, ces constructions marchèrent len-
tement. Le 21 novembre 1675 seulement,
Antoine Rech, prêtre, demeurant à Sainte Reine,
Nicolas Bodeuin, vicaire de la cure d'Alise et

1. Pignot. Un Évêque réformateur sous Louis XIV, ch. V.

Etienne Lasnier, chapelain de la chapelle Sainte Reine, commissionnés par l'évêque d'Autun, reconnurent l'honnêteté du lieu destiné pour la chapelle des religieux, et Jacques Doyen, curé de Courcelles, rendit compte à l'évêque de cette construction (1). L'année suivante (30 mai 1676), Claude Nicolle, archiprêtre de Saulieu, bénit la chapelle publique, allant jusqu'à trois pas de la chapelle Sainte Reine : P. Bazin, étant gardien, et le P. Bazier prédicateur vicaire.

Le Père François Marmesse fut le premier gardien du couvent de Sainte Reine, le P. Bazin lui succéda. En moyenne, il y eut une quinzaine de Pères et de Frères à Alise (2). Ils chantaient Matines et Laudes à minuit, les autres heures du bréviaire à 5 heures du matin, la grand'messe à 9 heures, vêpres à 3 heures, les complies à 5 heures et à 7 heures le salut.

1. Voyez pièces justificatives, nº 5.

2. Voici les noms et qualités des Pères de Sainte Reine assemblés capitulairement le 1ᵉʳ février 1686 : Chamereau, Père Gardien, docteur en théologie, ex-définiteur de la province de Saint-Bonaventure ; J.-B. Pion, définiteur; J-B. Béliard, lecteur; f. L. Huguot; P. f. Rigolot; f. Saulnier; f. P. Navier; f. B. Odin; f. M. Lamberlot; P. Bazin; f. Charles; f. Belin, de Sainte Reine; f. Lamotte; f. J. Lebeau; f. Labosse, et f. Rondelet. En tout : seize Pères.
En 1712, il y a au Couvent de Sainte Reine, dix Pères, quatre frères et deux domestiques. Noms des Pères : R. P. Bonaventure Laguille, gardien, âgé de 42 ans; T. R. P. Mitoud, ancien définiteur et ex-gardien, âgé de 48 ans ; R. P. Jacques Tissier, vicaire, âgé de 74 ans ; R. P. François Deflin, confesseur et infirme, âgé de 55 ans ; R. P. Bissieux, entièrement en enfance, âgé de 41 ans ; R. P. Jean Febvre, 31 ans ; R. P. Joseph de Lage, 31 ans ; R. P. Guillaume Guenebault, 28 ans; R. P. Hugues Machet, 49 ans ; R. P. Guillaume Kangall, 43 ans. — Noms des frères : Pierre Rougier, quêteur, 49 ans ; Humble

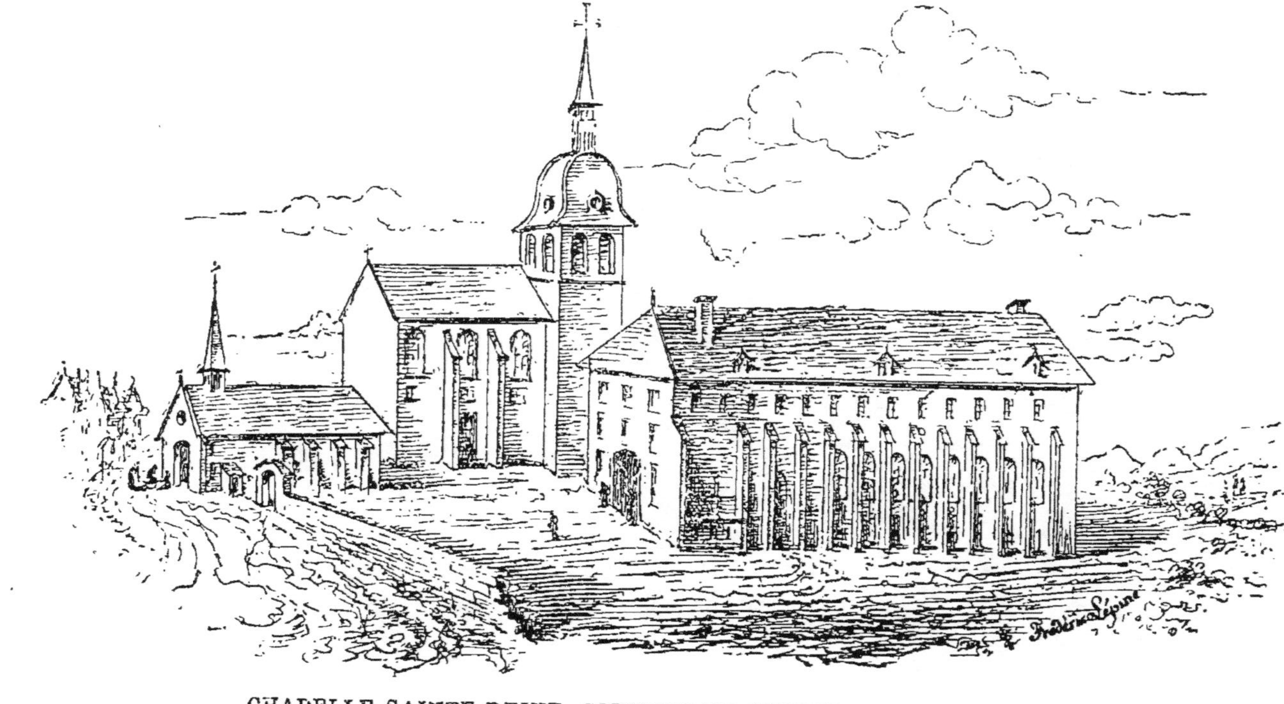

CHAPELLE SAINTE REINE, COUVENT ET CHAPELLE DES CORDELIERS

D'aprés une peinture de 1690 conservée à la salle du Bureau de l'hôpital d'Alise Sainte Reine.

En 1730, les PP. Cordeliers possédaient à Sainte Reine, un vaste enclos, renfermant toutes les terres comprises entre la Braux, la rue du Miroir et la rue de l'Hôpital (moins les maisons et jardins des habitants,) soit en tout : soixante ouvrées de vignes, dont seize à la chapelle Sainte Reine.

Plus : une maison et dépendances, appelée le vieux couvent, amodiée à Louis Martin 110 liv. et chargée d'une cense de 4 liv. et un chapon gras au profit de la seigneurie de Mussy-la-fosse. —Une boutique au-dessus du vieux couvent, amodiée 15 liv. à Jacqueline Martin. — Une autre boutique joignant les Bazin, amodiée 25 liv. à François Rocco. Une écurie et un fenil dessus, amodiés 25 liv. à Maurice Albrié. — Une maison et dépendances située au bas de la chapelle, contre la porte d'entrée de la cour du couvent, amodiée 60 liv. à André Durand. — Une maison, située au-dessous de la précédente, amodiée

Flety, 41 ans ; Paschal Roland, 41 ans ; Joachin Brenot, 26 ans. — Domestiques : l'un pour la sacristie, l'autre pour la cuisine.

En 1730 il y avait quinze religieux, un jardinier, un cuisinier et un garçon d'écurie.

Le fr. François de Villemonté, par testament, légua plusieurs sommes à l'hôpital de Sainte Reine et à son couvent pour les pauvres. En 1700, par transaction, les dames de Machaut et de Brichanteau, ses héritières, promettent 4000 liv. c-à-d. 200 liv. de rente pour donner du pain et de la soupe deux fois par semaine aux pauvres de Sainte Reine. Mais les 2 000 liv. qu'il avait léguées pour faire apprendre un métier aux orphelins d'Alise, se trouvent réduites à 1000 liv. placées sur l'hôtel de ville de Paris et ne produisant que 35 liv. de rente. En 1716, on désigna un certain nombre de filles et garçons à mettre en apprentissage, à raison de 40 liv. par enfant, dont 20 en entrant et 20 en sortant.

60 liv. Et une maison située au bas de Sainte Reine, proche les trois croix (1).

Cette petite armée de quinze religieux était suffisante pour satisfaire aux besoins religieux des foules de pèlerins qui arrivaient à Sainte Reine le jour de la Trinité et le jour de la fête de Sainte Reine. Les messes, les confessions, les communions, la distribution de l'eau et des bains ne demeurèrent plus en souffrance.

Mais les secours corporels manquaient encore.

Autour de la chapelle Sainte Reine, on avait construit des magasins d'objets pieux pour les pèlerins : images, chapelets, médailles, petits livres, Saintes Reines en cire, enfermées dans de petites châsses, bouquets artificiels bénits, etc... Les constructions se multiplièrent avec l'établissement des Cordeliers : tout un quartier nouveau surgit de terre. L'ancienne route des Romains disparut alors dans les jardins et les vignes, une nouvelle rue s'ouvrit la plus raide, la plus incommode qu'il soit au monde et, malgré cela, elle fut bientôt bordée de maisons, portant chacune son enseigne : la *Maison de la Pantoufle*, la *Maison du Sabot*, la *Maison du Chapelet* (2), la *Maison du Soleil*, l'*Hôtel du Lion d'or*, l'*Hôtel du Croissant*, l'*Hôtel du Raisin*, etc... Ce nouveau village, presque aussi grand et aussi peuplé que l'ancien Alise, prit le nom de *Bourg de Sainte Reine*, nom qui a prévalu depuis sur celui d'Alise. Encore aujourd'hui, la commune

1. Voir Pièces justificatives, n° 6.

1. On peut voir encore aujourd'hui dans une maison du bas de la rue de l'Hôpital une chambre toute pavée d'os par un fabricant de chapelets.

HOPITAL D'ALISE SAINTE REINE.

Partie construite par Jean Desnoyers et S. Vincent de Paul.

porte officiellement le nom d'Alise Sainte Reine, mais pour les populations, c'est et ce sera la commune et la paroisse de Sainte Reine.

Le bourg de Sainte Reine était composé en entier de marchands et d'hôteliers, qui vivaient du pèlerinage. Mais les hôtels étaient pour les pèlerins qui pouvaient payer. Une infinité de pauvres n'avaient que le morceau de pain de la charité pour vivre et la paille d'une grange publique pour reposer et essuyer leurs plaies.

Ce triste spectacle avait déjà suggéré à M. de Renty et à un pauvre jardinier de Paris, nommé Barthélemy Pelus, la pensée de créer un hôpital à Sainte Reine pour les pèlerins malades. Cette pensée fut réalisée par Jean Desnoyers, ancien cuisinier du maréchal de la Meilleraie et Pierre Blondel, ancien cordonnier, demeurant tous deux à Paris. Ils s'associèrent l'abbé d'Alençon, Elisée de Grignon, seigneur des Renardières, et Arnoulet : ces cinq hommes dévoués vinrent à Sainte Reine en 1659 commencer cette grande entreprise, avec un premier fond de 10,000 liv. et mettre leurs personnes au service des pauvres. Leur projet était approuvé de Saint Vincent de Paul, qui se chargea de leur envoyer des secours.

« En 1666, les deux salles principales de la maison étaient terminées ; celle des hommes contenait quatorze lits et celle des femmes huit; les malades, qui se trouvaient en plus grand nombre, couchaient sur des paillasses déposées sur le plancher. On les recevait sans distinction de pays, de nation et quelle que fut leur maladie, à l'exception de ceux qui étaient atteints de la

peste. Ils étaient logés et nourris à l'hôpital jusqu'à parfaite guérison. On renvoyait, au bout
d'un mois, ceux qui étaient reconnus incura-
bles. Ceux qui n'étaient que fatigués par le
voyage pouvaient y coucher pendant neuf
jours, s'il y avait place vacante. Un autre vaste
bâtiment était destiné à abriter les pèlerins valides. On leur distribuait tous les soirs, après le
catéchisme que leur enseignait un chapelain,
une écuellée de bon potage. Ceux qui commet-
taient quelqu'insolence pouvaient être châtiés ou
expulsés. » Ce résumé, emprunté à M. Pignot,
(Un Evêque réformateur sous Louis XIV.)
oublie de dire que les fondateurs soignaient
les hommes et que Mme Desnoyers soignait
les femmes, avec quelques bonnes filles qu'elle
avait recrutées. En 1666, la chapelle était
livrée au culte et les sœurs de la charité
remplacèrent les servantes des pauvres, déso-
rientées par la mort de Mme Desnoyers et des
D^{elles} des Mayeux.

Des milliers de pauvres pèlerins furent se-
courus chaque année par l'hôpital qui se bâtis-
sait toujours et les donateurs, de Paris
surtout, se succédaient d'une manière providen-
tielle. Cependant Gabriel de Roquette, évêque
d'Autun, pouvait encore se plaindre que, par
suite de l'insuffisance des salles de l'hôpital,
un nombre considérable de pauvres étaient
exposés à périr, comme par le passé, le long
des chemins et des buissons, et à devenir la
pâture du temps, des chiens et des bêtes.
(Mandement du 25 nov. 1667.)

Louis Doni d'Atichy avait publié plusieurs
mandements en faveur de l'hôpital naissant,
Gabriel de Roquette l'imita. Il l'avait déjà

recommandé en 1667 aux évêques et archevêques de France comme rendant service à
tous leurs diocèses. « A l'Assemblée générale
du Clergé de 1670, il annonça l'intention de
faire de cette maison une des principales de
son diocèse. Dans un nouveau mandement à
tous les fidèles chrétiens, il exposa l'importance
du pèlerinage... implora pour cette maison
chancelante les œuvres de miséricorde. Il
suppliait les évêques et archevêques de France
d'accorder des mandements et la permission de
faire des quêtes dans leurs diocèses. L'archevêque de Paris répondit à son appel ; des dames
charitables, s'occupant de toutes les bonnes
œuvres, consentirent à recevoir les aumônes
en faveur de l'œuvre de Sainte Reine, qui
devint bientôt à la mode parmi les gens de
cour et dans la haute bourgeoisie. Melle de
Lamoignon se distinguait par son zèle à Paris
pour l'œuvre de Sainte Reine ; la princesse de
Conti fit davantage, elle vint servir elle-même
les pauvres à l'hôpital, ainsi que nous l'apprend
Gabriel de Roquette dans son oraison funèbre
de Mme Anne-Marie Martinozzi, princesse de
Conti : « Que ce souvenir est cher à la piété
de ceux qui l'ont vue dans ces saints exercices,
mais qu'il est douloureux à un évêque qui a
dans son diocèse le fameux hôpital de Sainte
Reine, où elle les a tant de fois pratiqués et
qui se voit maintenant privé des secours qu'il
trouvait dans ses libéralités pour la subsistance
de cette foule de pauvres malades qui y abon-
dent de toutes parts jusqu'à plus de 60,000 par
an ! Où sera désormais le recours de ces pauvres affligés ? » Et il souhaitait que Dieu
attendrît le cœur des riches et les rendît les

imitateurs de la charité de Marie Martinozzi (1).

Quand les Cordeliers prirent la direction du
pèlerinage, il n'y avait encore que quelques
milliers de pèlerins annuels. En 1659, Louis
Doni d'Atichy ne portait leur nombre qu'à
12,000 ; moins de vingt ans après Gabriel de
Roquette en compte 60,000 et en 1675 il dira
70,000. L'établissement des Cordeliers et la
construction de l'hôpital ne furent pas étrangers
à ce rapide accroissement.

Louis Doni d'Atichy, en 1658, avait déclaré
Sainte Reine patronne de l'Auxois et avait
rendu sa fête obligatoire dans cette partie de
son diocèse. L'année suivante, il avait approuvé
son petit office. Les Pères Cordeliers de Sainte
Reine complétèrent la pensée de l'évêque en
donnant aux fêtes de la Sainte tout l'éclat et
toute la solennité possible. Leur magnifique son-
nerie les annonçait à tous les échos d'alentour,
et pendant toute l'octave réveillait la joie et l'enthousiasme des pèlerins par ses fréquents et
joyeux carillons. A l'exemple des Bénédictins
de Flavigny, ils établirent la grande procession
d'Alise, avec ses Saintes Reines enfant, martyre
et triomphante, avec les proconsuls et bourreaux
romains, avec les chaînes et les autres instruments du martyre, avec les reliques des Saints
portées sur douze brancards richement ornés,
avec tambours, flûtes et hautbois et tous les habitants sous les armes. Les Bénédictins de Flavigny essayèrent d'empêcher, mais inutilement,
cette nouvelle procession. Les prédicateurs se
firent entendre à la messe tous les jours de l'octave. La confrérie de Sainte Reine, approuvée

1. Pignot. Un Evêque réform. Tom. II, p. 202.

et enrichie d'indulgences en 1614 par le Pape Paul V, devint la grande confrérie de Sainte Reine. En un mot, ils n'épargnèrent rien pour rendre Sainte Reine célèbre et de son côté Sainte Reine multipliait les guérisons par sa fontaine.

Anne d'Autriche, protectrice des Cordeliers et bienfaitrice de l'hôpital, avait demandé de l'eau de Sainte Reine pendant sa maladie, ce fut le commencement d'une nouvelle glorification pour la fontaine miraculeuse et d'un nouveau profit pour les Cordeliers. A l'exemple de la Reine mère, d'autres grands personnages de Paris demandèrent de cette eau. « Stanislas, roi de Pologne, le duc de Randan, le cardinal de Tencin, le maréchal de Saxe n'en buvaient pas d'autre (1). Le comte Roger de Bussy-Rabutin en envoya aux Pères Jésuites Rapin et Bouhours, à Mme de la Basinière et à Mme de Scudéry (2). — Il s'en fit un commerce considérable.

1. Courtépée : Art. Ste Reine.

2. Le comte de Bussy envoie trente bouteilles d'eau de Sainte Reine au P. Bouhours. (Lettre du 16 juin 1675.) Le P. Rapin lui écrit (10 août 1679) : « J'ai pris les eaux de Sainte Reine, mais je n'en ai pas assez pris ; car je crois qu'elles ne font du bien qu'à la longue. » Mme de de Scudéry buvait cette eau pour ses maux de tête et ses fièvres (26 sept. 1678). Mme de la Basinière répond au Comte (juin 1677) : « Vous m'en faites des libéralités comme si c'était de l'eau de la rivière de Seine. » — Le marquis de Trichateau écrit de Semur à Bussy (11 juin 1681) : « Je suis un peu malade ; je bois de l'eau de Sainte Reine depuis deux jours. Je ne sais si elle me rendra le pouvoir de dormir, que j'ai perdu il y a déjà quelque temps. Les médecins m'ont tant menacé d'une fièvre lente, qu'ils m'ont fait peur. »

On allait aussi la boire sur place. Après la princesse de Conti, Casimir V, roi de Pologne, vint passer une saison de trois semaines à Sainte Reine en 1672, et deux ans plus tard il était bruit du projet de la Reine d'y venir faire ses dévotions (1). Il n'en fallait pas davantage pour établir la mode de prendre les eaux de Sainte Reine.

Ce fut un pèlerinage d'un genre nouveau où la dévotion entrait pour fort peu. Le comte de Bussy, exilé de la cour et habitant son château de Chaseu, près d'Autun, pendant l'hiver, revenait habiter pendant l'été son château de Bussy-Rabutin pour se mettre en relation avec tout ce monde. Il s'en félicite et il en plaisante à sa manière dans ses lettres : « Le voisinage de Sainte Reine nous attire mille gens qui ne sont pas des malades incommodes. Autrefois le commerce des pèlerins était dangereux, aujourd'hui beaucoup de dames y viennent seulement pour se rafraîchir. » (Bussy à la comtesse de la Roche, 7 sept. 1670.) Il écrit encore à Mme de Sévigné : « J'ai le voisinage de Sainte Reine, qui me donne la connaissance de beaucoup d'honnêtes gens, et ce ne sont pas des gens in-

1. La Reine étant à Dijon pendant que Louis XIV faisait le siège de Besançon, le comte de Bussy écrit à Melle de Montpensier (28 mai 1674) : « Le bruit est en ce pays-ci que la Reine viendra faire ses dévotions à Sainte Reine. Si Sa Majesté prend cette pensée, je voudrais bien lui pouvoir offrir ma maison et j'en sortirais pour ne me pas présenter devant elle en l'état où je suis à la cour. Elle serait mieux logée que dans le village de Sainte Reine, et n'en serait qu'à une demie lieue. En tous cas, Mademoiselle, si la Reine ne me faisait pas cet honneur, je l'espérerais de Votre Altesse Royale. » — Mademoiselle répond de Dijon le 31 mai : « La Reine ne songe pas à aller à Sainte Reine. »

commodés par leurs maladies, car ils ne viennent là que pour trop de santé. » (Lettre du 2 septembre 1678.) — Il nous fait connaître les noms de Melle Dupré et Melle Catherine Descartes, nièce du philosophe, qui prirent les eaux à Sainte Reine. Une beauté de la cour y vint aussi (lettre du 9 nov. 1671.), il la désigne, mais n'écrit pas son nom. Corbinelli, la M^ise de la Rongère, Mme de Scudéry s'annoncent avec le projet de venir prendre les eaux de Sainte Reine. Le comte de Bussy écrit à l'évêque de Verdun (30 nov. 1674) : « J'espérais toujours que vous viendriez cet été prendre ici les eaux de Sainte Reine, comme vous me l'aviez mandé ; je crois qu'elles vous auraient plus servi que les remèdes des médecins. » — Mais Roger de Bussy-Rabutin se montre surtout fier d'avoir dîné avec Casimir V et d'avoir reçu quatre fois sa visite à son château de Bussy (1).

1. Le comte de Bussy écrivait le 25 août 1672 à Melle Perrault : « Le roi de Pologne est à Sainte Reine depuis quinze jours, il a été ici deux fois ; tout cela n'a pu me faire vous oublier et ne croyez pas que ce soit à cause qu'il n'a plus de couronne ; car je vous assure que s'il était encore sur le trône, je vous aimerais toujours plus que lui. » Melle Perrault répond (Dijon, 26 août) : « Quand vous m'aimeriez mieux que le roi de Pologne, je ne m'en croirais pas plus aimable ; de la manière dont on m'a dit qu'il était fait, la préférence ne me fait pas grand honneur. » — Voici l'histoire et le portrait du prince esquissés par le comte de Bussy à l'abbé de Brosses (1er sept. 1672) : « Vous me mandez, Monsieur, que vous aimeriez mieux me voir que le roi de Pologne ; vous me faites trop d'honneur. Je pourrais bien croire devoir attirer plus de curiosité que quelques souverains sans mérite, mais pour ceux qui méprisent des couronnes, ce sont des personnes si rares qu'on doit souhaiter de les voir préférablement à tout le monde. J'ai eu l'honneur de voir souvent celui-ci et d'avoir de longues conversations avec lui.

Les baigneurs venaient de Paris si nombreux,
ainsi que les demandes d'eau, qu'il y avait une
poste de Sainte Reine à Paris et que le comte
de Bussy faisait venir ses lettres et paquets par
« M. Godar, maître de la poste de Sainte Reine. »
(Lettre du 7 oct. 1682.) — Déjà le 17 sept.

Il est homme de sens et a du savoir. Ç'a été une vie fort
mêlée que la sienne ; il a été jésuite, cardinal et roi ; il
a été prisonnier d'Etat en France vingt-deux mois. Après
la mort du roi son frère, il épousa sa veuve ; en montant
sur le trône, et devant et après. il a fait des actions hé-
roïques à la guerre : il a encore un cheval sur lequel il s'est
trouvé à vingt-deux batailles et enfin mêlant quelqu'égard
pour son salut à l'amour de son repos, il est devenu particulier ecclésiastique. Peu de gens approuveront son abdi-
cation. car on trouve l'ambition si honorable qu'on n'a
garde de ne pas mépriser ceux qui la méprisent. Pour moi
qui ne me serais peut-être pas détrôné, si j'avais été à sa
place, je ne laisse pas de trouver fort beau ce qu'il a fait.
sachant que ce n'a pas été par faiblesse. » — Il ajoute au
duc de Saint-Aignan (24 août 1672) : « Le roi de Pologne
me fait souvent l'honneur de venir se promener ici et
trouve ma maison jolie. Il a d'honnêtes gens à sa petite
cour ; nous lui faisons la nôtre fort assidûment, cela nous
amuse. Il a un fond d'esprit et de savoir, qui. avec beaucoup de bonté, le rend fort aimable. » « Il nous donna à
dîner l'autre jour ; il a de la raison et de l'honnêteté. Il
me demandait hier (lettre du 31 août à Corbinelli.) pourquoi mon exil durait si longtemps, je lui répondis : « Votre
Majesté ne se souvient-elle plus comment elle faisait quand
elle était sur le trône ? Ces choses-là. qui sont bien impor-
tantes pour nous sont des bagatelles pour vous. » Il demeura d'accord avec moi de tout cela et me dit seulement
que tout le monde était ainsi. » — Enfin il écrit le 4 septembre au P. Rapin : « Le roi de Pologne qui a été trois
semaines à Sainte Reine et qui m'a fait l'honneur de venir quatre fois ici … » et à Mme de Scudéry. le 5 sept. :
« Je parlai avant-hier au roi de Pologne. » Ces dates nous
permettent de dire que Casimir V vint à Sainte Reine du
10 au 14 août et qu'il en partit le 4 septembre 1672.
(Corresp. de Roger de Bussy-Rabutin, édition Lalanne,
Paris, 1858.)

1677, Mme de Bussy lui écrivait de Paris : « Je vous envoie un livre par un messager de Sainte Reine. »

Le luxe des grands du monde produisait un douloureux contraste avec les haillons, la nudité des pauvres infirmes, qui venaient implorer la bonté et la puissance de Sainte Reine, et dut modifier singulièrement la physionomie du pèlerinage.

De tous temps les foules ont attiré les jeux, les bals, les saltimbanques et les filous. Déjà, à la fin du XVIe siècle, des brigandages et des meurtres avaient été commis et une bande de brigands s'était cantonnée sur le Mont-Auxois et dans les environs, rendant le village d'Alise inabordable. Les habitants du village, sous la conduite de leur énergique curé, J.-B. Cadiou, s'étaient vus réduits à la nécessité de les attaquer. Ils en avaient tué quatorze et les autres avaient été dispersés ou emmenés à la chaîne dans les prisons (1). Vers la même époque un ciboire d'argent, estimé 55 liv. « fut dérobé dans le tabernacle de la chapelle Sainte Reyne nuictamment, ayant rompu les vitres pour ce faire, suivant qu'il en appert par le procès verbal dressé par le juge de ce lieu (2). »

La présence des riches dut attirer un nombre plus considérable de mendiants, exciter une exhibition plus complète et plus hardie d'infirmités pitoyables, de plaies repoussantes. La vraie dévotion eut de la peine à se reconnaître au milieu de ce charlatanisme des fainéants, et les administrateurs de l'hôpital trouvèrent plus d'une fois les troncs extérieurs englués et vides.

1. Archives de l'évêché d'Autun.
2. Voir à l'Appendice, n° 3, des pièces justificatives.

Ce fut aussi à cette époque que nous voyons Mgr Gabriel de Roquette ranimer la vigilance et la fermeté des autorités de Sainte Reine pour éloigner, expulser les filles publiques, qui étaient dans le bourg et qui scandalisaient les pèlerins et jetaient la déconsidération sur le pèlerinage par leurs désordres honteux.

Cependant Sainte Reine continuait ses bienfaits par des guérisons merveilleuses et journalières et les foules ne diminuaient pas. Ce n'était pas seulement au 7 septembre et à la Trinité que l'on voyait des pèlerins à Alise. Rappelons-nous que Duperron, curé de la paroisse, écrivait en 1676 à son évêque : « La dévotion qui est en ce lieu ne peut subsister, s'il n'y a en été huit ou dix prêtres pour confesser, et *en hyver quatre ou cinq.* » De leur côté les historiens, D. Viole, en 1649, et Ansart, à la fin du XVIIIe siècle, ont pu dire : « Sans parler d'une infinité d'âmes, dont Dieu seul connaît le nombre et qui se vouent dans le secret de leurs familles au culte de Sainte Reine, *il n'est guère de jour*, outre l'affluence du monde qu'attirent les deux grandes solennités de l'année, que l'on ne voie des pèlerins de toute espèce visiter ces saints lieux (1). »

L'affluence des pèlerins continua pendant toute la seconde moitié du XVIIe siècle et la première moitié du XVIIIe.

Le gouvernement de la France lui porta les premiers coups par ses arrêts contre la mendicité. A la fin des guerres de Louis XIV, la misère en France était extrême, les crimes se multipliaient. L'intendant de Bourgogne (1719), voulant pourvoir à la sûreté publique,

1. Ansart. Hist. de Sainte Reine d'Alise, p. 67.

résolut de faire arrêter les vagabonds, gens sans aveu et mendiants, tant dans les villes que sur les grands chemins, d'envoyer aux colonies ceux qui pouvaient travailler, de loger les vieux, les infirmes aux hôpitaux et au besoin de « bâtir des quatre murs » c'est son expression, pour les mettre à l'abri.

Le mal n'eût pas été bien grand, si l'on n'avait éloigné que les vagabonds et gens sans aveu, mais comment distinguer le vrai pèlerin d'avec le vagabond? La sûreté des pèlerins se trouvait livrée à l'arbitraire des syndics et de la maréchaussée, qui pouvaient les jeter en prison et les envoyer aux colonies.

Au XVII⁰ siècle, on avait le respect du pè-lerin et du malade. Au XVIII⁰ siècle, l'impiété grandissait avec la philosophie de Voltaire, et un ministre d'Etat (1), qui voulait transformer l'hôpital de Sainte Reine en maison de force, crut pouvoir écrire en 1770 que « les pèlerins étant dégénérés en vagabonds proscrits par les lois de l'Etat, il importait au bien de la société de les éloigner plutôt que de les accueillir. » Le clergé lui-même subissait l'influence des idées nouvelles et l'évêque d'Autun en 1764 ne craignait pas de dire, dans un mémoire adressé à M. de Saint-Florentin, que les pèlerins n'étaient que des vagabonds et des mendiants. Il est vrai que le ministre et l'évêque écri-vaient dans des vues d'intérêts, l'un pour dé-barrasser l'Etat, l'autre pour faire attribuer à l'hôpital S. Gabriel d'Autun les 20,000 liv. de revenu de l'hôpital Sainte Reine. Mais si les chefs parlaient ainsi, on comprend facilement combien il était facile aux employés subalternes

1. Le duc de La Vrillère. Arch. de l'hôpital.

du gouvernement de molester, d'ennuyer, de rebuter les pèlerins par des tracasseries sans fin. Il n'est donc pas étonnant de voir le nombre des pèlerins diminuer au XVIIIᵉ siècle.

Le même évêque d'Autun, dans le mémoire cité plus haut, nous apprend qu'en 1764, il ne venait plus que six cents pèlerins à Sainte Reine pour la Trinité et douze à quinze cents pour le 7 septembre.

Cependant on ne put détruire complétement le pèlerinage. Sainte Reine conserva ses fidèles dévots, même pendant la révolution de 1793, et ils se retrouvèrent au XIXᵉ siècle.

CHAPITRE V.

Vicissitudes de la fontaine
Sainte-Reine.

L'existence de la fontaine miraculeuse de Sainte-Reine fut plusieurs fois compromise.

Quand le bourg se forma autour de la fontaine Sainte-Reine, des maisons furent bâties sur son cours souterrain, qui fut découvert en creusant les caves et mis à profit par les propriétaires. De là un premier réservoir dans la cave Godard, situé en face de la fontaine, de l'autre côté de la rue un peu en amont. Personne ne s'opposa alors à cette première prise d'eau, les Godard eux-mêmes purent croire qu'ils avaient trouvé une autre source que celle de la fontaine.

En effet, le nouvel hôpital, en quête d'eau (1667), et d'après le rapport de l'ingénieur Petitot affirmant que la source Godard était plus basse que la fontaine miraculeuse, voulut s'emparer de cette source. Mais alors, les Cordeliers étaient curés d'Alise, chapelains de la chapelle et propriétaires de la fontaine Sainte-Reine ; ils soupçonnèrent la vérité, soutinrent que la source Godard était la même que la source miraculeuse, et s'opposèrent aux desseins des administrateurs de l'hôpital. Ils se firent appuyer par les habitants dans leur réclamation ; et leur père temporel, Debadier, pour faire respecter cette propriété publique, offrit à l'hôpital de lui trouver une source équivalente. L'évêque d'Autun ordonna une expertise, qui prouva que la source Godard était la même que la source miraculeuse, et l'hôpital retira sa pétition, mais il obtint le droit de prendre six seaux d'eau par jour à la fontaine Sainte-Reine pour le besoin des malades.

Anne d'Autriche, dans la maladie dont elle mourut, avait demandé de l'eau de Sainte Reine. En 1681, un envoyé vint à l'hôpital de Sainte Reine « quérir de l'eau pour M. le Dauphin qui avait la gale. » Ces exemples furent suivis et l'eau de Sainte Reine devint à la mode à Paris. Les grands seigneurs ne voulaient boire que de l'eau de Sainte Reine, peut-être à cause de sa vertu merveilleuse, mais aussi pour le motif avoué de sa grande pureté, fraîcheur et légèreté.

Profitant de cette vogue, les Cordeliers en firent un commerce considérable et lucratif, vendant jusqu'à 20 sols la bouteille rendue à Paris. Les Godard, qui en avaient un réservoir dans leur cave et qui étaient maîtres de la poste de Sainte Reine à Paris, trafiquaient de même et souvent les pauvres ne pouvaient s'en procurer, car, dit M. Pignot, on tarissait la fontaine toutes les semaines.

Mgr de Roquette, en remettant le curé d'Alise en possession de la cure, de la chapelle et de la fontaine (1673), lui « recommanda de préposer à la distribution des eaux des ecclésiastiques ou des laïques de probité depuis le point du jour jusqu'au soleil couché. Ils devaient en donner gratuitement aux pauvres de l'hôpital, aux pèlerins, à tous les malades qui venaient chercher leur guérison. Ce qui était remis bénévolement au distributeur appartenait au curé; le surplus de son traitement et de celui de ses vicaires était prélevé sur le produit de la vente des eaux, en bouteilles cachetées, dont le prix sur place fut fixé à dix-huit deniers. Ce prix modique permettait de les débiter à Paris pour quatre sols. L'évêque consentait, du reste, à ce qu'on établît un contrôle supérieur afin de vérifier si ce règlement était, comme il le croyait, à l'avantage du public. Il le fit approuver deux mois plus tard par arrêt du Conseil. »

L'année suivante, il se concerta avec Daquin, premier médecin du Roi, inspecteur général des eaux minérales de France, afin de ne laisser vendre à Paris celles de Sainte Reine que par un agent spécial, dans des bouteilles portant son cachet et celui de ce célèbre docteur. Il fit confirmer cette mesure par un nouvel arrêt (1).

Quand les Cordeliers rentrèrent en possession de la fontaine Sainte-Reine, ils voulurent en avoir la propriété exclusive.

Déjà en 1673, Mgr de Roquette avait ordonné de murer la fontaine Godard. Au lieu d'obéir, Godard acquit en 1680 la maison d'Arras, contiguë à la sienne et située en amont, creusa dans le roc le plain-pied d'une nouvelle cave, abaissa le niveau de trois à quatre pieds et forma un vaste bassin, qui devait se remplir avant de tomber dans sa propre cave et ensuite dans la fontaine Sainte-Reine.

Ce fut le motif d'un procès qui dura vingt ans. Les Cordeliers demandaient que les fontaines Godard fussent murées. Godard répli-

1. Pignot. Un Évêque réformateur, ch. V, p. 414.

quait qu'il fabriquait des chapelets d'or, qu'il lo-
geait des personnes de qualité, qui « venaient
par dévotion aux eaux minérales de Sainte Reine », et demandait 3 000 liv. de dommages intérêts, si on lui enlevait sa fontaine. Le procès
traîna en longueur et Godard mourut avant la
fin de la procédure. Cependant en 1697 et 1698
deux arrêts de l'intendant de Bourgogne ordon-
nèrent de murer les sources Godard et portèrent
défense de les rouvrir sous peine de 1 000 liv.
d'amende. Ces arrêts furent exécutés le 13 mai
1698, par Forteau, conl^{er} du Roi, lieutenant général criminel au baillage et présidial de Semur
en Auxois (au nom de M. Ferrand, intendant
de justice en Bourgogne).

Mais les Godard étaient fertiles en expédients.
En 1690, ils avaient creusé une citerne dans
leur jardin pour y attirer les eaux de la fontaine. En 1700, la veuve Godard conduit ses
fontaines chez son gendre Tiersot. M. Chalopin,
bailly de Sainte Reine, rétablit le cours naturel
de la fontaine « par le moyen du conroy qu'il
fait poser dans la cave de la Vve Godard, et le
lendemain le bassin de la chapelle était plein et
regorgeait, tandis que la veille il n'y en avait pas
de deux doigts. » En 1701, la Vve Godard fut
déboutée de sa demande en dédommagements.

Ces travaux des Godard furent funestes à la
fontaine Sainte-Reine; les eaux des pluies, les
égoûts des latrines des maisons supérieures,
même le vin d'un fût qui se défonça tombèrent
dans le réservoir Godard et infectèrent la fontaine Sainte Reine. M. Henri et M. Chalopin
d'un côté, M. Dufeu, vicaire général d'Autun,
de l'autre, recherchèrent en 1681 les causes de
cette corruption et les découvrirent. Lejongleur,

fontenier du Roi, vint ensuite indiquer le remède au mal, mais ses conseils ne furent pas exécutés. Il voulait qu'on relevât par un aqueduc souterrain le cours de la fontaine jusqu'en dehors des maisons et qu'on emprisonnât ce cours dans des tuyaux en grès pour l'amener au bassin de la fontaine (1). Ce travail reste à faire encore aujourd'hui.

L'hôpital fit courir un autre danger à la fontaine Sainte Reine.

Antoine Marchet dit Lespérance, « maître fontainier, » demeurant à S.-Saphorin-le-château, à 6 lieues de Lyon, avait été conduit sur le Mont-Auxois le 10 octobre 1684, armé de sa baguette divinatoire en coudrier. Arrivé au haut du Mont-Auxois qui regarde le bourg, aux environs de la croix qui est au sommet, il trouva une source d'eau vive à quatre-vingts pieds de profondeur, qui se divisait dans la descente en plusieurs rameaux. L'un coulait dans l'enclos des Pères Cordeliers en traversant la grand'rue, (rue du Miroir); un autre, passant à travers les rochers des Perrières, la vigne de Mme Tiersot du gros raisin et le jardin et maison des Godard ainsi que les jardins et maisons adjacents, envoyait une partie de son eau dans la fontaine de la chapelle Sainte Reine et l'autre partie dans les terres, vignes et maisons situées au-dessus de l'hôpital. D'après son calcul, il n'entrait que le tiers de ce rameau dans la fontaine de la chapelle, et les deux autres tiers, formant au moins un pouce d'eau, se perdaient.

Les tuyaux de la fontaine de la Porte (amenée de l'extrémité orientale du Mont-Auxois à la cuisine) étaient endommagés par les gelées ; la

1. Arch. de l'hôpital. Carton Fontaines.

source de Grésigny (source des bains) était trop basse pour l'hôpital : on fit revenir Marchet sur la fin de l'année suivante et il se mit à la recherche des branches perdues de la fontaine Sainte Reine.

Il s'établit dans le champ du Rochon et les vignes de Jean-Marie Bertrand et d'Anne Godard (aujourd'hui le Chapelet, au-dessus de l'hôpital) avec des ouvriers des villages voisins, « lesquels ont fait une ouverture sous terre en forme de mine, qu'ils ont bouchée par devant avec une porte fermante à clef et travaillent continuellement jour et nuit en tirant du côté du sommet de la montagne appelée Mont-Auxois, laquelle ouverture a environ quatre pieds de largeur et cinq pieds en hauteur en forme de voûte, qui peut être de trente pieds de bas en terre, laquelle infailliblement coupera la source de la fontaine Sainte-Reine et lui changera son cours ordinaire, et, par ce moyen, ruinera ledit lieu de Sainte Reine, qui ne subsiste qu'à cause de la vertu de ladite eau et du soulagement qu'en reçoivent ceux qui en usent. » Tels sont les termes de la plainte portée devant le bailly de Sainte Reine, Chalopin, par les Pères Cordeliers et les habitants du village réunis à la croix du Rochon en février 1686.

Le bailly Chalopin ordonna la cessation immédiate des travaux. Les administrateurs de l'hôpital en appelèrent vainement du jugement du bailly, les travaux demeurèrent interdits et Marchet fut condamné à l'amende. L'affaire alla jusqu'à M. de Chateauneuf, secrétaire d'Etat.

En 1702, Jean Crescent Fagon, premier médecin du Roi, intendant des eaux minérales et médicinales de France, nomma le Sr Cheminais, médecin de Montbard, intendant des eaux de Sainte Reine, à cause des « effets merveilleux » de ces eaux : les Cordeliers firent opposition pour la fontaine Sainte-Reine.

En 1764, ils obtinrent du conseil privé du Roi une défense aux habitants de creuser des caves à moins de quarante pas en amont sur le cours de la fontaine Sainte-Reine. C'était trop tard!

CHAPITRE VI.

Reliques. — Processions.
Confréries.

1. RELIQUES DE SAINTE REINE.

Alise, dépossédé du corps de Sainte Reine en 864 par les Bénédictins de Flavigny, resta sans reliques de sa patronne jusqu'en 1665.

L'animosité, qui existait entre les habitants d'Alise et de Flavigny, à cause de cet enlèvement des reliques de Sainte Reine, peut expliquer cette injustice des Bénédictins à l'égard de la paroisse d'Alise. Mais ces religieux se montrèrent avares de leur trésor avec tout le monde. Ils avaient déjà refusé des reliques de Sainte Reine à la confrérie de cette Sainte à Saint-Eustache de Paris et ce refus avait valu à la chapelle de l'hôpital d'Alise les grandes peintures à l'huile qui la décorent (1).

Les confrères de Saint-Eustache et les administrateurs de l'hôpital d'Alise prirent alors

1. Les officiers de cette riche confrérie, après avoir fait reproduire en tapisserie ces tableaux représentant toute la vie de Sainte Reine, ornèrent les murs de leur chapelle avec ces tapisseries et offrirent les tableaux modèles aux Bénédictins de Flavigny en échange d'une relique de la Sainte. Les Bénédictins ne les ayant pas acceptés, les tableaux furent donnés à la chapelle de l'hôpital d'Alise.

une autre voie. Ils exprimèrent leur désir à la Reine mère, Anne d'Autriche, qui adressa la demande en son nom. Les Bénédictins, n'osant opposer un refus, lui envoyèrent : une vertèbre et un métacarpe de la Sainte Martyre : la Reine donna la vertèbre à la confrérie de Sainte Reine à S.-Eustache, et envoya le métacarpe à la chapelle de l'hôpital d'Alise en 1665.

Ce métacarpe, enfermé dans un magnifique buste d'argent, fut la seule relique authentique de Sainte Reine à Alise jusqu'au XIXᵉ siècle. Le reliquaire d'argent disparut pendant la révolution de 1793 et fut remplacé par un autre buste en bois peint et doré.

En 1648, l'évêque d'Osnabruck, en Westphalie, envoya un radius du bras de Sainte Reine aux Cordeliers d'Alise, accompagné d'un authentique de l'évêque, confirmé par le chapitre canonial d'Osnabruck. Cette relique fut contestée par les Bénédictins de Flavigny déjà en possession des deux radius de Sainte Reine. Confronté avec ceux de Flavigny, le radius d'Osnabruck se trouva plus gros et plus long. Néanmoins les Cordeliers le conservèrent et l'exposèrent à la vénération des fidèles, mais cette relique, tirée d'une caisse où se trouvaient des ossements de Sainte Reine, de Sainte Hélène et de quelques autres Saints, manqua toujours d'une authenticité incontestable. Elle est aujourd'hui à l'évêché de Dijon.

Processions. — A peine établis à Alise, les Cordeliers voulurent rivaliser avec la procession de Flavigny. La procession de Flavigny se faisant le jour de la Trinité, celle d'Alise eut lieu le 7 septembre. M. Tridon nous a conservé

13

le programme de cette procession pour l'année 1688. Il y avait six corps de procession.

Dans le premier, après les habitants sous les armes, venaient à cheval Clément et Olibre, accompagnés des aigles de l'empire et suivis de la musique.

Dans le second, on voyait d'abord une petite Sainte Reine, encore enfant, conduite à la main par sa nourrice, et le livre de la *Vie des Saints* porté en triomphe devant Sainte Reine, bergère, suivie de deux moutons. Puis venaient trois croix, surmontées de rameaux, représentant les ormeaux, et Sainte Reine captive, avec ses gardes; la représentation d'une tour du château de Grignon; le charitable Théophile, tenant un pain d'une main, une plume de l'autre, et une grande croix surmontée d'une colombe.

Au troisième corps, les instruments de la passion de Sainte Reine étaient portés par douze ou quinze personnes.

Au quatrième corps, on voyait la représenta-tion de sa fontaine, les chrétiens d'Alise portant un cercueil, avec des pioches et pelles pour in-humer le corps de la Sainte; puis Sainte Reine glorieuse, entourée de filles chrétiennes et d'une garde d'honneur; les idoles brisées, les idolâ-tres demandant le baptême et les flammes du château de Grignon.

Les saintes reliques, portées sur douze bran-cards par les filles d'Alise, formaient le cinquième corps, et le clergé le sixième.

Comme on le voit, la nouvelle procession était une imitation de l'ancienne procession des Bénédictins de Flavigny, mais avec de nom-breuses variantes. Ce programme de 1688 peut être donné comme type de la procession d'Alise

avant ou après ; on n'y ajouta rien, on y retran-
cha souvent, mais l'ensemble resta toujours.

Cette procession, entourée de milliers de
pèlerins, obtint un succès qui excita la jalousie
des Bénédictins. Ils essayèrent de se moquer
de l'ordonnance et des costumes, des soldats
et des jeunes Saintes Reines. Ils la dénoncèrent
à l'évêque d'Autun comme grotesque et jetant
le ridicule sur la religion. Les efforts de Flavigny ne purent aboutir et les Cordeliers firent
même signifier au curé d'Alise par Guillaume
Languet, comte de Rochefort, conseiller au
Parlement de Dijon, leur père temporel, qu'ils
pouvaient faire seuls leur procession de la
Trinité et l'évêque d'Autun confirma leur prétention.

En 1744, le jour de la fête de Sainte Reine,
un cavalier, qu'on ne nomme pas, avait assas-
siné un ouvrier aux Laumes et le gouverneur
de Bourgogne, mal renseigné peut-être, avait
interdit le port d'armes à la procession pour
l'année 1745. Foisset, curé d'Alise, Gaugla,
gardien des Cordeliers et les habitants demandèrent au comte de Tavannes, gouverneur de
Bourgogne, de les maintenir dans leur droit
séculaire (droit d'un siècle, dit la pétition,) de se
mettre sous les armes pour la procession de
Sainte Reine. Ils expliquent que la procession
n'était pour rien dans la dispute et l'assassinat de
cet ouvrier par un cavalier qui voulait le prendre à son service ; que la suppression de la
procession ne permettrait plus aux habitants de
payer l'impôt au roi et que sans cette police,
on verrait les femmes violées, les hommes
maltraités, sur le point d'être égorgés et in-
cendiés.

La procession continua.

Office et Confréries de Sainte Reine. — Louis Doni d'Atichy approuva le petit office de Sainte Reine, avec les litanies et oraisons dévotes de la même Sainte « le tout, dit-il, tiré des anciennes légendes ; » de plus, il déclara Sainte Reine patronne et protectrice du pays d'Auxois en 1658, ordonnant que sa fête fût chômée le 7 septembre dans l'Auxois et les archiprêtrés de Touillon et de Duesme. Enfin, il avait accordé quarante jours d'indulgences à ceux qui visiteraient l'église d'Alise le 7 septembre.

Mais la messe et l'office de Sainte Reine existaient depuis longtemps. Si Autun l'avait reléguée au commun des vierges et ne faisait que mémoire de cette Sainte Martyre, c'était à cause de l'octave de Saint Lazare. Beaune lui avait fait l'honneur d'une oraison au propre des Saints (1), et Flavigny avait son office propre au complet, avec Octave (2).

L'historien Ansart, dans son chapitre des confréries de Sainte Reine, ne cite que la confrérie de Flavigny (simple confrérie approuvée par l'ordinaire avec 40 jours d'indulgences) et celle de S.-Eustache de Paris. Cependant il ne pouvait ignorer que la plus ancienne, la plus renommée, la plus nombreuse, la plus solen-

---

1. Oremus. Omnipotens sempiterne Deus, qui nos beatæ Reginæ, virginis et martyris tuæ, confessione inclyta circumdas et protegis : præsta nobis ejus imitatione proficere et oratione muniri, ut ipsius semper adjuvemur meritis cujus beatitudinis irradiamur exemplis. Per.... (Brév. de Beaune, 1517. — Biblioth. du grand séminaire d'Autun.)

2. Voir office de Ste Reine aux pièces justificatives, n° 9 et l'apologie de D. Georges Viole.

nelle confrérie de Sainte Reine avait son siège
à la chapelle de la fontaine Sainte-Reine. En
cela, il n'est pas neuf, car il passe également
sous silence les miracles et les événements du
pèlerinage à Alise pour concentrer l'attention
du lecteur sur Flavigny.

La bulle d'érection pontificale de la confrérie de Sainte Reine à Alise est de 1614, mais
la confrérie existait déjà, comme nous l'apprend
la bulle elle-même. Ce sont donc les curés et
vicaires d'Alise qui l'ont instituée.

L'original de cette bulle est perdu, nous n'en
avons plus qu'une traduction (1) que je crois
devoir analyser.

Paul V accordait des indulgences plénières
aux conditions ordinaires 1° le jour de l'entrée
dans la confrérie; 2° à l'article de la mort;
3° chaque année le jour de la fête de Sainte Reine.
Paul V accordait sept ans et sept quarantaines
d'indulgences aux confrères de Sainte Reine,
qui, après s'être confessés et avoir communié,
visiteraient la chapelle les jours de la Purification, de la Pentecôte, de l'Annonciation, de la
Toussaint et de la Saint-Claude. Enfin, il accordait des indulgences de soixante jours aux confrères de Sainte Reine pour un grand nombre
d'œuvres de piété et de charité.

Le traducteur, après avoir averti que l'original de la bulle est au couvent des PP. Cordeliers de Sainte Reine, ajoute :

« Cette Bulle a été reçue et approuvée à
Autun le 8 août 1614 avec ordre exprès d'être
publiée dans chaque église de l'évêché, afin que

1. Arch. départ. de la Côte-d'Or. Liasse 923. Cordeliers de Sainte Reine. — Voir aux pièces justificatives,
n° 7, p. 206.

tous les fidèles de l'un et de l'autre sexe soient excités à gagner les indulgences. Signé : Nicolas Jeannin, vicaire g^{al}.

« Le 27 janvier 1616, l'érection de ladite confrairie fut ordonnée dans tout le diocèse d'Autun, selon la teneur de ladite Bulle.

« Le 24 nov. 1614, tant la Bulle que les susdites Indulgences furent pareillement reçues dans le diocèse de Chalon pour y être publiées avec ordre à tous les Curés d'y exhorter leurs peuples à les gagner. Signé : Guillaume Bernardon, vic. g^{al}.

« La même chose dans l'évêché de Lyon, le 20 Décembre 1614.

« Le 27 Octobre 1617 elle fut aussy reçue à Troyes en Champagne avec mêmes ordres aux curés.

« La même chose à Langres, 15 Octobre 1620.

« Toutes ces attestations sont jointes aux parchemins ou écrits sur l'original même de la Bulle d'indulgences qui se conserve dans ledit Couvent. »

Après cela, on comprend facilement combien l'on doit regretter la perte du registre d'inscriptions de ladite confrérie. Outre le grand nombre de dévots pèlerins, qui furent inscrits, nous aurions pu y trouver l'affiliation d'un grand nombre de paroisses des cinq diocèses cités plus haut et même l'affiliation de paroisses d'autres diocèses.

Le règlement de la confrérie a également disparu, je n'ai retrouvé qu'un projet de règle-

ment (1) non signé, dont je me sers pour dire
que :

Toute personne de bonne vie et mœurs pouvait faire partie de cette confrérie. On en excluait ceux qui allaient au cabaret, qui se livraient
au vin, au jeu, aux querelles, aux procès, aux
jurements fréquents, à quelque commerce scandaleux.

La confrérie était administrée, sous la présidence du P. Gardien des Cordeliers, par quatre
maîtres élus pour trois ans. Ils se réunissaient
deux fois par an : le dimanche après l'Ascension
et le dernier dimanche du mois d'août, afin de
prévoir ce qu'il pourrait y avoir à faire pour le
bien de la confrérie aux fêtes de la Trinité et de
Sainte Reine. La confrérie possédait un tronc
à l'église des Cordeliers et avait le droit d'y
faire des quêtes.

Parmi les quatre maîtres en exercice, au
moment de la confection de ce règlement, il
est dit que les sieurs Boyer et Leblond seront
perpétuels « à cause qu'ils sont les premiers
auteurs et bienfaiteurs de la confrérie. » Ces expressions sont impropres, car la confrérie datait
de 1614 au moins, et ce projet de règlement ne
peut être antérieur à 1644, époque de l'arrivée
des PP. Cordeliers à Alise. Il s'agit sans doute
d'une nouvelle organisation de la confrérie ; en
tout cas, s'il s'agit du premier établissement de
la confrérie de Sainte Reine, Boyer et Leblond
devaient être bien âgés à l'époque du projet de
règlement et ne durent pas conserver longtemps
leur titre honorable de « maîtres perpétuels de
la confrérie. »

1. Arch. départ. de la Côte-d'Or. Liasse 921. Cordeliers
de S. Reine. — Voir pièces justificatives, n° 8.

Une autre confrérie de Sainte Reine avait été établie à l'église Saint-Eustache de Paris, en 1608, par le même Pape Paul V. J'ai dit que la confrérie de la chapelle d'Alise était la plus ancienne, parce que la confrérie de S.-Eustache dut être inspirée par la confrérie d'Alise et commencée par un pèlerin de Sainte Reine. Cependant sa confirmation pontificale est antérieure à celle de la chapelle-d'Alise. Les Indulgences sont les mêmes. Le pape Innocent XII confirma de nouveau en 1695 cette confrérie de S.-Eustache, toujours avec les mêmes indulgences.

L'hôpital Sainte Reine, qui s'était d'abord affilié à la confrérie de Sainte Reine de S. Eustache, pour avoir part à ses revenus et qui avait un administrateur dans cette confrérie, obtint également en 1683 du Pape Innocent XI une bulle d'érection d'une confrérie de Sainte Reine. C'est tout ce que nous en savons : cette confrérie ne pouvait prospérer à côté de la confrérie de la chapelle Sainte Reine.

La grande confrérie de Sainte Reine tomba au départ des Cordeliers du bourg de Sainte Reine, elle devait se relever au XIXe siècle.

CHAPITRE VII.

Culte de Sainte Reine en France.

Après Alise Sainte Reine, Flavigny et Grignon tiennent sans contredit le premier rang parmi les lieux patronnés par la Vierge martyre de l'Auxois.

Flavigny est fier de posséder son corps, il lui a dédié une chapelle dans sa belle église. Depuis le départ des Bénédictins, les habitants de Flavigny n'apportent plus en procession le corps de Sainte Reine à Alise, mais ils ont conservé un reste de cet usage dans les processions qu'ils font chaque année autour de la ville. M. Vittenet, curé de Flavigny (1), remplaça en 1876 l'ancienne châsse en bois, par une nouvelle châsse en cuivre doré, dans laquelle Mgr Rivet, évêque de Dijon, rassembla tout ce qui reste du corps de Sainte Reine, à l'exception du cœur et des chaînes. C'est cette nouvelle châsse, ouvrage vraiment remarquable, que les jeunes gens de Flavigny portent avec respect aux processions de la Trinité et du dimanche après le 7 septembre.

Grignon est en possession de deux anciennes traditions : la 1re veut que le château ait appartenu à Clément, père de Sainte Reine ; la 2me nous apprend que Sainte Reine fut enfermée dans ce château pendant l'expédition d'Olibrius

1. Il fut nommé archiprêtre de Semur en 1878.

en Belgique. Aujourd'hui encore, on montre un réduit en ruines, qui porte le nom de prison de Sainte Reine. La chapelle du château de Grignon était placée sous le vocable de Sainte Reine. Les pèlerins sont toujours allés prier la Sainte Martyre à Grignon et ceux qui ne pouvaient se loger aux hôtels ou à l'hôpital de Sainte Reine ont souvent prétendu avoir vu dans la nuit du 6 au 7 septembre des flammes s'élever au-dessus du château de Grignon, s'approcher du Mont-Auxois et venir s'éteindre sur la chapelle Sainte Reine.

A côté de Flavigny, la paroisse de Jailly a choisi Sainte Reine pour patronne et son église est sous le vocable de la Sainte martyre. Jailly a aussi sa tradition : on y montre une grotte où Sainte Reine se serait cachée à la vue des soldats romains d'Olibrius.

Paris. — Paris envoya de nombreux pèlerins à Alise, mais il se montra reconnaissant des grâces obtenues. Il fut le vrai fondateur du couvent des Cordeliers et de l'hôpital Sainte Reine par ses dons, ses quêtes et la vente des eaux de la fontaine miraculeuse. Ses pèlerins lui portèrent la dévotion à Sainte Reine. Il avait une église sous le vocable de cette Sainte et une confrérie de Sainte Reine dans la paroisse de S.- Paul. (Baillet) Mais la plus célèbre confrérie de Sainte-Reine à Paris fut à S.-Eustache. Cette confrérie, instituée en 1604, pour satisfaire au souhait de plusieurs pèlerins miraculés et au désir de M. Goudier, prêtre de ladite paroisse et pèlerin témoin des grâces obtenues par de nombreux malades (Ansart), avait sa chapelle, ses statuts, ses pratiques, ses revenus à part. Avec 6,000 liv. de recette annuelle,

elle couvrit sa chapelle de riches tapisseries représentant toute la vie de Sainte Reine et se distingua par sa splendeur dans les solennités de S.-Eustache. Les hommes seuls remplissaient les offices de la confrérie et en étaient les dignitaires. Un de ces dignitaires était de droit administrateur de l'hôpital d'Alise. On voyait dans sa chapelle, dit Baillet, « une image remarquable de cette Sainte qu'un marchand avait rapportée d'Angleterre, où sa mémoire était en grande vénération. » On y invoquait Sainte Reine en diverses maladies, et à cet égard, son autel, qui attirait de nombreux pèlerins, était l'objet d'un culte suivi (Tridon). Sainte Reine opéra plusieurs miracles dans cette chapelle, ce qui la rendit populaire et célèbre non-seulement à Paris, mais dans toute la France. (Bollandistes) — L'office propre de Sainte Reine, suivi de la vie de cette Vierge martyre, imprimé en 1736, se conserve aux archives de S.-Eustache. (Tridon) — Anne d'Autriche affectionnait la confrérie de S.-Eustache, elle lui fit don d'une vertèbre du cou de Sainte Reine, qu'elle venait de recevoir en 1664 des Bénédictins de Flavigny. Cette relique fut mise dans une châsse d'un grand prix.

La paroisse de Sainte Reine en Bretagne, tire son origine d'une chapelle construite par un seigneur, en 1680, sur le finage de Pontchâteau (diocèse de Nantes), et placée sous le titre de Sainte Reine, d'après le conseil d'un ecclésiastique bourguignon. Cette chapelle, qui était en 1715 annexe de Pontchâteau et desservie par un vicaire à demeure, fut érigée en église paroissiale en 1801. La dévotion à Sainte Reine est pleine de vie dans la nouvelle paroisse. Une relique de la sainte patronne donnée en 1853 par Mgr. de Dijon, — une indulgence plénière pour le jour de la fête de Sainte Reine, accordée à perpétuité par Pie IX, en 1847, ont encore ravivé le pèlerinage. Le beau cantique : « *Voici le jour de l'allégresse,* » que l'on chante avec tant d'entrain à Alise Sainte Reine, vient de Sainte Reine de Bretagne.

La paroisse de Beignon, diocèse de Vannes, vient aussi de recevoir (1878) de l'évêché de Dijon une relique de Sainte Reine pour sa chapelle de Sainte Reine au hameau de Laffaoux. Le registre paroissial raconte que cette chapelle fut bâtie l'an 1676 par Guillaume Gehanne, du village de Laffaoux, avec l'aide de Sébastien de Guémadeuc, évêque de Saint-Malo. Cet oratoire est le but d'un nombreux concours, qui se fait notamment les trois dimanches qui suivent le 7 septembre.

Au diocèse de Troyes, Sainte Reine possède une chapelle au hameau de Roche, paroisse d'Isle-au-mont, près de Troyes. La paroisse y va processionnellement chaque année vénérer les reliques de la Vierge d'Alise. Cette chapelle existait déjà en 1570.

Au même diocèse, Sainte Reine a une autre chapelle à Bérulles, patrie du cardinal de ce nom. Cette chapelle est le but d'un pèlerinage très ancien pour les paroisses voisines, aux jours de la Trinité et de la fête de Sainte Reine.

Au finage de Joncy, archiprêtré de Guiches, diocèse d'Autun, est encore debout une petite chapelle dédiée à Sainte Reine. Son état de délabrement a fait transférer à l'église de Joncy la statue de la Sainte et le pèlerinage.

Sainte Reine a aussi son sanctuaire dans

l'église St. Vincent à Chalon-sur-Saône et sa statue, qui attirent beaucoup de fidèles le 7 septembre de chaque année.

A l'église Saint-Loup de Châlons-sur-Marne, Sainte Reine a une chapelle et une ancienne confrérie, qui date de 1783.

Au diocèse de Besançon, existe une chapelle encore fort fréquentée et élevée en l'honneur de Sainte Reine par les seigneurs de Ray, à un kilomètre de Velexon. (Haute-Saône)

Un des trois villages qui composent la paroisse d'Igny, au même diocèse, porte le nom de Sainte Reine.

Ajoutons une statue de Sainte Reine dans l'église de Bar-sur-Seine.

A ces renseignements pris en grande partie dans le pèlerin de Sainte Reine, par M. Tridon, je puis ajouter : Les ruines d'une chapelle près de la fontaine Sainte-Reine, au finage de Saint-Hélier, doyenné de Vitteaux (Côte-d'Or) ; la chapelle d'Orret, paroisse de Baigneux (Côte-d'Or), sous le vocable de Sainte Reine.

Une chapelle de Sainte Reine dans l'église de Montot, près d'Andelot, diocèse de Langres, et une fontaine dans la paroisse.

Rouécourt, annexe de Leschères, même diocèse, a une chapelle de Sainte Reine, avec un pèlerinage fréquenté le 7 septembre.

Sainte Reine possède aussi une chapelle dans le finage de Château-Chinon (Nièvre), avec procession le 7 septembre.

Menestreau, par Donzy (Nièvre), a une fontaine de Sainte Reine et la chapelle du château de Villiers, même paroisse, est sous le vocable de la même Sainte. (Petits Bollandistes)

La Délivrande a demandé à l'évêché de Dijon des reliques de Sainte Reine en 1864.

Sainte Reine a encore une chapelle à Brevonnes, diocèse de Troyes. (Petits Boll.)

Sainte Reine en Savoie, près le Chatelard, — Crévy, près de Nantes, — Le Chatelet en Brie, près de Melun, honorent Sainte Reine comme patronne et ont obtenu des reliques de la Sainte martyre à l'évêché de Dijon ; Sainte Reine, en 1878. — Crévy en 1877. — Le Chatelet, en 1879.

Une confrérie de Sainte Reine à Lille (Nord) venait d'être établie dans l'église Saint-Sauveur en 1659 ; elle demanda des reliques à Flavigny, qui lui donna un voile de taffetas blanc dans lequel une relique de Sainte Reine avait été longtemps enveloppée et une partie considérable de son ancienne châsse. Ses envoyés vinrent ensuite à Alise et les Cordeliers leur donnèrent une figure de Sainte Reine faite de bois des Ormes, que l'on nomme communément de Sainte Reine. (Ansart, p. 36)

En 1738, les députés de la paroisse de Selles, au diocèse de Besançon, demandèrent à Flavigny des reliques de Sainte Reine pour une chapelle qu'un nommé Tisserand avait fait bâtir en l'honneur de cette Sainte : on leur donna une parcelle de sa chaîne et de la limaille qui en provenait. (Ansart, p. 40)

Nous sommes sans doute encore loin de la liste complète des chapelles et confréries de Sainte Reine, et des paroisses qui l'honorent comme patronne en France. Cependant celle que nous donnons suffit déjà pour montrer combien cette Sainte était célèbre et populaire. Peu de Saints ont eu un culte plus répandu.

CHAPITRE VIII.

Sainte Reine au XIXe siècle.

Les premiers coups de la révolution de 1789 tombèrent sur les Cordeliers à Alise Sainte Reine. Ils furent chassés de leur couvent et un commissaire du district de Semur vint s'emparer de l'argenterie et des cloches de leur église.

Les habitants virent avec regret partir ces religieux, ils osèrent réclamer. Dans leur pétition, ils observaient que le pèlerinage faisait vivre le bourg et que le départ des religieux, en portant un coup mortel au pèlerinage, plongerait la commune dans la misère. Cette considération n'arrêta pas le gouvernement révolutionnaire.

Il commença la vente des biens de la chapelle et des Cordeliers en 1792; les quinze boutiques, les vignes et les jardins furent adjugés à Semur à plusieurs particuliers. Mais la vente du couvent et de l'église fut retardée par une demande d'échange de ces bâtiments contre la cure et l'église paroissiale, faite par la commune d'Alise le 25 octobre 1791. Le projet de la commune était de transformer l'église des Cordeliers en église paroissiale et de prendre une cure, une maison commune et un logement pour l'instituteur dans l'ex-couvent. Pour prouver que le couvent pouvait fournir les logements nécessaires à l'exécution de ces projets, le conseil municipal nous apprend qu'il contenait « la cuisine, le réfectoire et deux chambres de plain-pied », et que les cellules occupaient le premier étage « sur une longueur de 140 pieds et 20 pieds de large. » (Arch. commun. reg. 1791 à l'an II.)

En 1794, le conseil général de la commune s'assemblait encore au réfectoire des ex-Cordeliers et un frère Léger habitait encore son ex-couvent. Quelques années plus tard ce frère donnait 138 fr. et son travail comme jardinier à l'hospice, pour y passer le reste de ses jours.

Cependant le département refusa la demande de la commune sous prétexte que les réparations et travaux d'appropriation entraîneraient cette dernière dans de trop grandes dépenses et le couvent fut vendu à Jean Brenot, de Flavigny, tandis que la chapelle devint la propriété d'un marchand de Sainte Reine, nommé Bernard Lortat-Jacob.

Jean Brenot démolit le couvent et en vendit les matériaux, dit-on, pour les constructions du canal de Bourgogne. Il ne respecta que les caves et voûtes souterraines.

Jacob, au contraire, se joignit aux habitants pour demander en 1801 un curé et le rétablissement du culte dans l'église des ex-Cordeliers, se chargeant de toutes les réparations nécessaires.

Les anciens du bourg racontent que ce fut vers cette époque, peut-être en 1796, que la foudre tomba sur le beffroi et y alluma un incendie qui dévora non-seulement la tour mais encore la chapelle intérieure des religieux.

M. Parisot, curé de Sainte Reine de 1833 à 1876, pensait que cet événement désastreux était arrivé entre 1820 et 1830. Au milieu de cet embrasement, la conservation du grand crucifix, qui est actuellement au fond du chœur de l'église paroissiale, parut miraculeuse. Il ne resta que la chapelle extérieure de l'église des Cordeliers.

Lors du dépouillement de cette église en 1792, les commissaires du district de Semur avaient négligé les reliques ; elles furent transportées à la chapelle de l'hôpital. Mais le vandalisme révolutionnaire ne devait pas épargner cette chapelle. Le 22 frimaire an II, on lui enleva trois calices, un encensoir, une grande croix de procession, deux paires de burettes, deux chandeliers, un buste de Sainte (1), une couronne en vermeil et une petite vierge : le tout d'argent, pesant trente et une livres. Plus sept livres et quart de galon en or et deux livres de galon en argent. En même temps on ouvrit l'armoire des reliques venant des Cordeliers, où l'on prit trois vierges, un bras, deux cœurs et quelques morceaux décoratifs : le tout d'argent pesant neuf livres six onces.

Ces reliques ne purent être replacées dans les reliquaires actuels qu'avec l'autorisation épiscopale. Je n'ai pas trouvé le procès-verbal de cette récognition et Mgr François-Victor Rivet, évêque de Dijon, n'en fait pas mention dans son procès-verbal de reconnaissance des mêmes reliques en 1841. — Un grand nombre de ces reliques, sont encore munies de leurs authentiques.

1. Ce doit être le buste de Ste Reine en argent, donné en 1665 par Anne d'Autriche. Il est remplacé aujourd'hui par un buste en bois doré.

Le même mois de frimaire an. II, on descendit la dernière cloche de la tour de l'église des Cordeliers (1), une des deux cloches de l'hôpital et une des deux cloches de l'église paroissiale.

Cependant le pèlerinage n'avait pas complétement pris fin pendant la persécution religieuse. Le 1er novembre 1792, en pleine Convention, Simon Jacob, procureur de la commune d'Alise, annonce au conseil municipal que « depuis quatre mois l'eau de la fontaine Sainte-Reine est continuellement altérée et troublée au point de ne pouvoir en faire usage, ni en remettre aux étrangers qui en ont besoin pour une boisson salutaire dans leurs différentes maladies. » Et le 21 germinal, an II, le même conseil municipal écrivait « qu'il accourt au pèlerinage infiniment d'âmes pieuses pour visiter par dévotion la Sainte seulement, et que si la Providence n'avait conservé cette petite ressource aux habitants, la plupart seraient très malheureux. » Ailleurs le même conseil assurait qu'il y avait à Alise cent cinquante fabricants de chapelets et de châsses. (6 janvier 1692)

Bernard Thomas, aumônier à Vitteaux avant 1789, vint à Alise, et le 15 pluviose, an IX, le conseil municipal l'accepta comme curé : « Vu la demande assez commune du vœu des habitants de la commune d'Alise à nous rapportée à l'effet de pouvoir avoir un prêtre pour satisfaire et professer leur religion catholique et ne pouvant le faire que lorsqu'ils auront un prêtre qui cejourd'hui s'est présenté pour satisfaire leur

---

1. D'après le témoignage des anciens, il y avait sept cloches au beffroi de l'église des Cordeliers. La plus grosse portait le nom de cloche Sainte Reine.

désir, vu le besoin qu'en ont plusieurs malades, tant en la commune d'Alize qu'à l'hospice d'Alize, et qu'il se présente le citoyen Bernard Thomas lequel s'y est offert et de dire la messe tous les jours autant que sa santé luy permettra tant à la cy-devant paroisse qu'à l'églize des ex-Cordeliers et à l'église de l'hospice dudict Alize, et ce pour que tous les habitans puissent profiter des services et des instructions évangéliques qu'il s'offre de faire, sans que ces deux dernières églizes puissent en aucun temps être regardées comme paroisses, au contraire l'églize des ex-Cordeliers pour celui à qui elle appartient se chargeant de toutes les réparations. »

J'ai cru devoir citer les phrases du conseil, quoiqu'obscures et embarrassées, parce qu'elles contiennent le témoignage de l'installation anticipée et populaire de Bernard Thomas. L'évêque de Dijon ne lui donna l'investiture officielle et canonique qu'en 1804. Dans l'acte des habitants et du conseil, il y a comme une imitation des élections des premiers siècles et un calcul : vu la rareté des prêtres à ce moment et la prévision du rétablissement prochain du culte, le conseil crut devoir se donner les droits du fait accompli. En tout cas, par cette investiture, Bernard Thomas devint en fait curé d'Alise, aumônier de l'hôpital et chapelain de la chapelle Sainte Reine. Les Cordeliers ne revinrent pas, les chapelains de l'hospice ne furent pas rétablis, et Bernard Thomas transmit à ses successeurs le service des trois églises.

A l'approche des fêtes de Sainte Reine et de la Trinité, les routes se couvraient toujours des pèlerins de la Côte-d'Or, de la Bresse et du Morvan, charmant la longueur du chemin par le chant des cantiques, la récitation du chapelet et le récit des guérisons obtenues. Bernard Thomas, pour renouveler le pèlerinage n'eut qu'à rétablir les offices de ces deux fêtes à la chapelle des Cordeliers. Son propriétaire, Jacob, la prêta de bonne grâce. Les reliques de Sainte Reine ne reprenant pas le chemin de Flavigny à Alise, les reliquaires de la chapelle de l'hospice sortirent le jour de la Trinité aussi bien que le 7 septembre. Les habitants d'Alise se chargèrent de ressusciter la partie historique de la procession et la représentation de la tragédie de Sainte Reine, mais les commencements furent tant soit peu grotesques. L'argent manquait, les costumes nécessaires, les instruments de la procession avaient disparu, on les remplaça d'abord par des travestissements peu dignes. Mais si l'incrédule pouvait en rire, le peuple, moins préoccupé des décors que de la pensée et de l'ensemble de la fête, était joyeux et heureux.

Bernard Thomas laissa les choses en cet état jusqu'à sa mort. Lorsque le propriétaire de la chapelle des Cordeliers fit une vente de différents objets ayant servi au culte, on pourrait reprocher à ce bon M. Thomas de les avoir laissé sortir de sa paroisse. L'aigle doré servant de pupitre, la chaire et la boiserie du chœur s'en allèrent à l'église de Bussy. L'église paroissiale d'Alise Sainte Reine n'hérita que du grand crucifix échappé à l'incendie de la chapelle des religieux. Il lui fut donné par une dame Mourot, qui l'acheta soixante francs.

Bernard Thomas décéda octogénaire à l'hospice Sainte Reine, son successeur fut Pierre

Parisot, natif de Mussy-la-fosse, nommé curé d'Alise Sainte Reine en 1833.

Le XIXe siècle, dans sa première moitié, ne favorisait guère les pèlerinages; la révolution de 1830 fut hostile au clergé et les journaux, abusant des mots : fanatisme, superstition, dans leur polémique passionnée, détournaient du temple les jeunes générations. Les vieux pèlerins mouraient, ils n'étaient pas remplacés.

M. Parisot, prêtre d'une grande douceur et d'une grande patience, accepta d'abord les choses du pèlerinage dans l'état où elles étaient. Mais bientôt il comprit qu'il fallait y faire entrer plus de décence et de dignité.

Dans l'écartement de rue, qui forme une espèce de prolongement de la place de la chapelle, la tragédie de Sainte Reine se jouait en plein air sur un mauvais théâtre ouvert de tous côtés. Les jeunes filles d'Alise Sainte Reine s'en distribuaient les rôles, et, faute de professeurs de déclamations, les récitaient à leur manière. Elles faisaient pour le mieux et attiraient une foule nombreuse. Mais abandonnées à elles-mêmes, sans protection de l'autorité, elles ne pouvaient pas toujours faire observer le silence, les interpellations étaient souvent grossières, les coulisses du théâtre étaient souvent envahies et la séance dégénérait trop en soirée licencieuse. M. Parisot ne comptant pas sur l'efficacité des remèdes, blâma et combattit cette représentation. Mais les Alisiens tiennent à leurs traditions et à leurs gloires, la tragédie continua. Cependant, pour faire droit aux réclamations fondées du curé de la paroisse, l'autorité municipale commanda à la compagnie des pompiers de faire la police de la réunion et je dois ajouter que les pompiers se sont acquittés sérieusement de leur consigne.

M. Parisot réforma également les costumes misérables de la procession et en loua chaque année à Victor Cromback, décorateur du théâtre de Dijon. Ces costumes tout chamarrés d'or et d'argent, avec de brillantes et riches couleurs ; les casques, piques et haches d'armes de carton garni de papier doré et argenté produisirent un grand effet. Mais les pèlerinages du XIXe siècle ne sont plus formés uniquement de dévots, ils comptent des curieux en assez grand nombre et même des ennemis de la religion. Ces derniers se moquèrent de l'aspect théâtral des figurants et traitèrent de comédie la procession, parce qu'ils avaient connaissance de l'emprunt fait au théâtre. Pour couper court à ces plaisanteries, M. Parisot acheta les costumes.

En même temps, il introduisait l'usage de la communion des trois Saintes Reines ; cérémonie qui constitue aujourd'hui un des attraits de la grand'messe de la fête de Sainte Reine. Avant la messe le tambour et le suisse vont chercher dans leurs familles ces jeunes filles, désignées par le Curé de la paroisse ; elles sortent précédées de petits enfants portant des emblêmes, et accompagnées chacune de deux soldats romains. Sainte Reine méditante se montre avec un corsage bleu et un manteau bleu sur sa robe blanche ; son voile de tulle est surmonté d'une couronne de fleurs également bleues avec feuillage d'or. La martyre porte un costume et une couronne rouge ; sa chevelure est flottante ; et sa robe blanche a pour ceinture les chaînes de la Sainte. Sainte Reine triomphante paraît avec un vêtement blanc et or, elle tient une palme à la main et son front est orné du diadème. Leur entrée à la chapelle est solennelle, le suisse écarte la foule, le tambour bat, et elles s'avancent entourées de leurs gardes, jusqu'au sanctuaire où elles occupent des sièges réservés. Ces jeunes filles, appelées à l'honneur insigne de représenter l'héroïne, ont conscience de leur rôle : elles sont admirables de candeur, de modestie, de grandeur, de simplicité et de recueillement. Quand elles s'avancent au pied de l'autel, avec leurs grands costumes, pour recevoir le Dieu de Sainte Reine, le spectacle est toujours saisissant.

Après la procession générale du soir, cette grande journée se termine pour elles par leur consécration à la Sainte Vierge.

Si la fête de Sainte Reine avait gagné en décence et en dignité par ces réformes, elle était néanmoins restée une fête plus civile que religieuse. Les marchands de chapelets, médailles, cantiques, châsses, fleurs bénites et autres objets de piété étaient remplacés par le bal, les chevaux de bois, les jeux et tous les marchands forains ordinaires. Si la matinée était édifiante, la soirée était périlleuse pour la jeunesse, écœurante pour les pèlerins. Le nombre de ces derniers diminuait chaque année et l'on pouvait prévoir le moment où la fête religieuse serait complétement éclipsée par la fête civile.

Témoin attristé de cette décadence, M. Parisot avait essayé de la combattre en instituant vers 1840 la bonne coutume du sermon aux trois Ormeaux, station de la procession. Et néanmoins il se sentait impuissant contre le débordement du sensualisme, lorsque Dieu vint à son secours, en lui envoyant M. Tridon, prêtre missionnaire, chanoine honoraire de Troyes.

M. Tridon donna une retraite préparatoire à la fête de Sainte Reine en 1853, il excita l'enthousiasme et la reconnaissance dans le cœur des habitants d'Alise, par son dévouement, son entrain et sa dévotion ardente pour Sainte Reine. Aidé de quelques chrétiens zélés, parmi lesquels il faut citer Claude Roussin, ancien élève des séminaires du diocèse, qui n'avait pu s'engager dans les ordres à cause de sa mauvaise santé, — M. Gueneau, docteur en médecine, aujourd'hui curé de Braux, et M. l'abbé Brenot, sacristain de la cathédrale de Dijon, tous trois natifs d'Alise, M. Tridon sut donner un nouvel éclat à la grande procession. On fit venir pour cette circonstance M. Lorimy, curé de Baume-la-roche avec la fanfare, dont il était le créateur et le chef ; et M. Tridon (Le pèlerin de Ste Reine, ch. VI, p. 79) semble dire que ce fut en cette année que le cortège romain reparut à la procession. Le pieux missionnaire fut impressionné par ce spectacle religieux des plus imposants : « Les chants du clergé, dit-il, les cantiques des jeunes filles, l'invocation cent et cent fois répétée : *Sancta Regina, ora pro nobis,* le son des tambours battant avec gravité, s'alternant avec une musique à la fois militaire et religieuse : tout ce concert de voix et d'instruments, répété par les échos des montagnes, formait une harmonie qui annonçait le triomphe. » (ibidem) Arrivé aux trois Ormeaux, il harangua une foule qu'il estime à 3000 personnes (1).

1. Avant l'établissement du chemin de fer des Laumes à Semur, la place des Ormeaux présentait un singulier coup

Il revint les années suivantes et obtint le même succès. Depuis cette époque, la fête de Sainte Reine s'est soutenue avec une assistance de 3 à 5000 personnes. La fête mondaine existe toujours avec ses jeux, ses bals et ses cabarets, mais la fête religieuse a repris sa supériorité. A côté des curieux se rencontrent les vrais pèlerins et les dévots à Sainte Reine. Beaucoup moins nombreux qu'autrefois, ceux qui n'ont pas la ressource d'un chemin de fer, ont conservé en partie les traditions de leurs devanciers. Les habitants de nos campagnes savent les sentiers qui conduisent à Sainte Reine et qui abrégent la route. Un de ces sentiers, à Orret, a pris le nom de petite vie (voie) de Sainte Reine et « de temps immémorial, les pèlerins le suivent de préférence à tout autre. » « Presque pas un des pèlerins, qui, le 7 septembre, se rendent à Alise pour la fête et la fameuse procession de Sainte Reine, n'oublie en traversant la forêt d'attirer à lui quelque branche longue, flexible et d'en contourner l'extrémité en forme de couronne. La branche, rendue à sa liberté, se redresse et emporte vers le ciel cette couronne rustique, qui, balancée par le vent, illuminée par les rayons du soleil, reste comme un vivant hommage offert à la Martyre triomphante. » (Orret, ch. IX, par M. Lereuil, curé de Baigneux, 1880. — Dijon.) D'autres adoptent un signe de ralliement encore plus simple : les premiers partis jettent des rameaux sur leur passage pour marquer la route à ceux qui les suivent. Ce sont ces croyants qui viennent prier, qui viennent boire à la fontaine Sainte-Reine, qui emportent de

d'œil, avec sa ceinture d'omnibus et de voitures de toutes sortes, qui avaient amené les visiteurs.

cette eau pour leurs malades et obtiennent des guérisons. On parle d'un boiteux qui laissa ses béquilles à Alise vers l'année 1871. D'autres personnes racontent dans leurs lettres les grâces qu'elles ont obtenues. Une grande dame, une marquise se rendant à Paris (1878), affirme avoir été guérie en chemin de fer, après avoir eu l'heureuse idée en passant à la station des Laumes de prier Sainte Reine. En 1879 une femme de Fontainebleau envoyait des fleurs artificielles à Sainte Reine pour la remercier de sa guérison d'une tumeur intérieure obtenue en 1860, et une personne du Châtillonnais affirme que sa mère a été deux fois guérie par l'intercession de Sainte Reine etc,.

Cependant deux choses d'une importance majeure manquaient au pèlerinage en 1853 : la chapelle Sainte Reine et sa fontaine.

La chapelle des Cordeliers menaçant ruine, son propriétaire, au lieu de la réparer, en avait commencé la démolition. Il en avait descendu le toit et vendu la charpente. Cette année, les offices du jour de la fête furent célébrés à la chapelle de l'hospice. M. Tridon pensa qu'il fallait conserver cette chapelle des Cordeliers et lui donner le nom de chapelle Sainte Reine, puisqu'elle avait remplacé l'ancienne chapelle de ce nom. Il communiqua sa pensée aux habitants d'Alise et l'on entra en pourparlers avec le propriétaire. Bernard Lortat-Jacob vendit à la fabrique de la paroisse les ruines de la chapelle des Cordeliers, la place devant la chapelle et la fontaine Sainte-Reine pour la somme de six cents francs.

Mais il fallait réparer ces ruines ; on forma le vingt août mil huit cent cinquante-quatre un comité chargé de trouver les ressources nécessaires et de diriger les travaux. Ce comité eut pour membres actifs : MM. Parisot, curé de Sainte Reine, Tiersot, économe de de l'hôpital, Claude Roussin, Michaut, capitaine en retraite, chevalier de la Légion d'honneur, Chevillard, rentier, Javelle, vétérinaire, Durand, instituteur, Lcreuil Germain, Moreau Pierre-Simon, ancien maire, et Heurtefeu, charpentier, — et pour membres honoraires : MM. Larribe, ancien sous-préfet de Semur, Gueneau, maire d'Alise, l'abbé Gueneau, l'abbé Boullemet, vicaire à la cathédrale de Dijon, l'abbé Brenot, sacristain à la cathédrale de Dijon, Peutat, prêtre retiré à l'hospice d'Alise, Sirot, curé de Montigny-sur-Armançon, Beaufort, curé de Grignon et Baudot, curé de Montigny-sur-Serein.

Ce comité ouvrit d'abord une souscription ; mais comme la générosité publique ne se manifestait pas d'une manière suffisante, il obtint du préfet l'autorisation de faire une loterie et l'Impératrice Eugénie envoya le premier lot. Le 27 Janvier 1856, la loterie avait produit 2261 fr. et la souscription 760 : total 3021 fr. et le devis de démolition, maçonnerie, charpente, couverture et fenêtres s'élevait à 3200 fr. d'après l'architecte Grosley. L'année suivante, le 29 mai 1857, le comité avait reçu en tout 4802 fr. et dépensé 4993 fr. En 1860 le devis de la voûte porte une dépense de 2959 fr. et en 1863 on alloue à Jacques Bertrand, maçon tailleur de pierre, 469 fr. sur les 500 fr. donnés par l'Empereur Napoléon III, le 19 juin 1861 (1). —

1. Napoléon III écrivait alors son histoire de Jules César. Il visita le Mont-Auxois pour reconnaître l'emplacement

De son côté Mme Chrétiennot d'Alise Sainte Reine fit une seconde loterie dont le produit fut employé à solder le vitrage et les ferrures des fenêtres ; elle versa ensuite à la caisse du Comité les 400 fr. qui lui restaient. Les dons complétèrent les recettes nécessaires pour couvrir les réparations, qui furent achevées en 1863. Parmi les donateurs il convient de citer M. Tiersot, membre du comité, qui donna 1200 fr. et Claude Roussin, membre du comité, qui donna 250 fr. Lortat Jacob et son fils, Louis, donnèrent un calice, la vieille armoire sculptée de l'ancienne sacristie des Cordeliers, la balustrade et les chandeliers de la chapelle. Louis Jacob, héritier de son père, abandonna la somme de 100 fr. qui lui revenait sur les 600 fr. d'acquisition. Mais on raconte que son père voulut vendre le saint ciboire actuel et que les filles se cotisèrent pour l'acheter et le faire argenter.

Le registre des délibérations du comité n'indique pas la somme totale des dépenses et des recettes. Le livre des comptes du comité n'a pas été conservé ; mais si l'on tient compte des indications ci-dessus, on peut voir que les réparations de la chapelle Sainte Reine ont exigé une somme de dix à onze mille francs.

La fontaine Sainte-Reine attend encore

---

d'Alise et c'est à cette occasion qu'il accorda 500 fr. à M. Parisot pour la réparation de la chapelle, et qu'il décida la construction du musée d'Alise et l'érection de la statue de Vercingétorix. Il accorda une pension de 100 fr chacun à Couturier et à Ducœur, vieux soldats de son oncle, et quelques autres gratifications. Il ordonna également les travaux pour retrouver les fossés de César. — Il se reposa dans une chambre à l'hôpital de Sainte Reine.

son restaurateur. Cette admirable fontaine, si renommée dans toute la France, on pourrait dire dans toute l'Europe, par la limpidité, la pureté et la légèreté de son eau, si vénérable par les guérisons innombrables dont elle a été l'agent merveilleux, offre aujourd'hui au pèlerin à peine quelques gouttes d'une eau trop souvent malpropre et repoussante. Non-seulement elle est gâtée par les infiltrations des égoûts des maisons construites sur son cours, comme en 1681, mais encore par les infiltrations des eaux pluviales que l'on a fait passer il y a peu d'années dans un aqueduc souterrain, qui traverse la rue à quelques pas de la source. Non-seulement les fontaines Godard de 1680 ont été rouvertes, mais le cours d'eau a été encore de nos jours intercepté et retenu dans la cave qui touche la fontaine Sainte-Reine. De sorte que le public et les pèlerins sont aujourd'hui à la merci de quelques particuliers usurpateurs. Aujourd'hui comme en 1681, il faudrait remonter le cours d'eau souterrain jusqu'en dehors du bourg et emprisonner ce cours d'eau dans des tuyaux pour l'amener directement à la fontaine. (Projet Lejongleur, « maître fontainier » de Louis XIV.) Espérons qu'il se trouvera un homme pour entreprendre bientôt cette revendication légitime et cette restauration honorable pour les habitants.

La paroisse d'Alise Sainte Reine possède aujourd'hui trois reliques authentiques de Sainte Reine : le métacarpe, donné à la chapelle de l'hospice par Anne d'Autriche, et deux parcelles, données il y a quelques années par l'évêché de Dijon. L'une est à l'église paroissiale dans un reliquaire, donné par l'abbé Brenot ;

l'autre à la chapelle Sainte Reine, dans un reliquaire en bronze doré, donné par M. l'abbé
Gueneau, curé de Braux.

La confrérie de Sainte Reine, confirmée et
enrichie d'indulgences par Paul V en 1614, appelée LA GRANDE CONFRÉRIE par les Pères Cordeliers, devenue archiconfrérie par sa publication
et son érection dans cinq diocèses, disparut avec
les Cordeliers de Sainte Reine en 1790. J'eus
la pensée de la faire revivre.

Le 11 janvier 1877, sur ma demande, le Pape
Pie IX avait déclaré SAINTE REINE PATRONNE
D'ALISE SAINTE REINE, laissant Saint Léger
en possession du patronage de l'église paroissiale (1).

Léon XIII, par un bref sur parchemin, donné
à Rome, à Saint-Pierre, sous l'anneau du pê-
cheur, le 2 août 1878, reconnu à l'évêché de
Dijon le 13 du même mois (2), renouvela la
confrérie de Sainte Reine, avec les mêmes indulgences accordées par Paul V, c'est-à-dire,
trois indulgences plénières, quatre indulgences
de sept ans et sept quarantaines et soixante jours
d'indulgences pour toutes les œuvres de piété et
de charité opérées par les confrères. Cette dernière clause différencie le bref de la bulle de
Paul V. Paul V énumère les œuvres auxquelles
sont attachées des indulgences de soixante jours,
tandis que Léon XIII, après en avoir cité
quelques-unes, abrége l'énumération et la com-

1. Ce décret est à l'évêché de Dijon, sa copie aux Arch.
fabr. d'Alise. Voyez pièces justificatives, n° 11.

2. L'original est conservé aux Archives fabriciennes
d'Alise Sainte Reine. Voyez pièces justificatives, n° 12,
et l'ordonnance épiscopale, n° 13.

plète en attachant ces indulgences « à toutes les œuvres de piété et de charité. »

Le 7 septembre, même année 1878, le T. R. P. Jouin, prieur du couvent des Dominicains de Flavigny, prêchant à Sainte Reine une retraite préparatoire à la fête de la Sainte Martyre, annonça le rétablissement de la confrérie et démontra, en un magnifique langage, que c'était *un honneur* et *une richesse* de s'enrôler sous la bannière de Sainte Reine. Son appel fut entendu et dès le premier jour cent cinquante personnes d'Alise Sainte Reine, de Flavigny, de Dijon, de Saulieu, de Paris, se firent inscrire. Mᵍʳ François Victor Rivet, Ev. de Dijon, voulut bien être le premier confrère inscrit et le P. Jouin demanda l'inscription perpétuelle de son couvent de Flavigny.

La même année vit paraître deux nouvelles tragédies de Sainte Reine. L'une intitulée : Fleurs du Ciel, *Regina*, par Mᵐᵉ Edmée Roland, de Seurre, en cinq actes et en vers. (In-8° imprimé chez Marchand, Dijon, 1878.) La seconde a conservé le titre de Ternet : *Le martyre de Sainte Reine*, (par J. B. E. in-8° imprimé chez Marchand, Dijon, 1878.) Cette dernière est estimée des connaisseurs. Les vers et la pensée rappellent la manière des grands poëtes Corneille et Racine. Elle est en trois actes et en vers.

Voici l'ordre actuel des solennités de la fête de Sainte Reine.

Si le 7 septembre n'est pas un dimanche, la fête est renvoyée au dimanche qui suit.

Le samedi soir, les jeunes filles d'Alise jouent la tragédie de Sainte Reine devant la chapelle ; la rue de la chapelle sert d'amphithéâtre aux spectateurs.

Le lendemain, une première messe de communion se dit à sept heures à la chapelle de l'hospice.

La grand'messe commence à dix heures. Il y a instruction, communion des trois Saintes Reines, puis vénération des reliques de la Sainte après la messe.

A 2 h. et demie la grande procession historique sort de la chapelle de l'hospice, remonte le bourg, fait station à l'église paroissiale, va tourner à la croix Piroir, pour descendre aux Ormeaux par la rue de la Mairie et la Braux. Aux Ormeaux : station et sermon, puis rentrée à la chapelle de l'hospice, où la cérémonie se termine par la bénédiction du Saint-Sacrement.

Le jour de la Trinité, fête de la révélation des reliques de Sainte Reine, la grand'messe est célébrée à 10 h. à la chapelle Sainte Reine, et la procession part à 2 h. de la chapelle de l'hospice pour parcourir l'itinéraire un peu raccourci de la fête de Sainte Reine. Mais ce n'est pas une procession historique, elle n'a d'extraordinaire que la sortie des reliques.

A ces processions on chante les litanies de Sainte Reine et son cantique breton : *Voici le jour de l'allégresse*, qui nous vient de la paroisse de Sainte Reine, par Pontchâteau (Loire-Inférieure). L'office nouveau de Sainte Reine est au propre du diocèse (1854)

VÉNÉRATION, AMOUR ET GLOIRE A SAINTE REINE.

MONUMENTS HISTORIQUES

ET

PIÈCES JUSTIFICATIVES.

I.

ACTES ANCIENS DU MARTYRE DE SAINTE REINE.

Nous possédons aujourd'hui trois éditions de ces Actes anciens du martyre de Sainte Reine, données : la 1ere par Vincent de Beauvais (Specul. historiale, l. XIII, ch. 29) ; — la 2me par Mombritius (Sanctuarium sive Vitæ Sanct.), — la 3me par les Bollandistes (3me vol. de 7bre).

Les Bollandistes ont reproduit un manuscrit d'Utrecht, qu'ils ne font pas connaître autrement, et ils avaient entre les mains un second manuscrit « à peu près semblable » dont ils ignoraient la provenance. Je donne ici le manuscrit d'Utrecht, d'après les Bollandistes, en indiquant ses principales variantes avec le texte de Mombritius.

« PASSIO.

(auctore incerto)

Ex. M. S. Ultrajectano collato cum ǀEditione Mombritiana.

1° Temporibus Maximiani imperatoris (1), sub Olibrio præside, passa est Regina Virgo, Clementis cujusdam gentilis unica filia : quæ cum annorum esset quindecim, audiens

----

1. Ces trois mots manquent dans l'édition de Mombritius, et dans celle de Vincent de Beauvais. Mais en marge du Speculum, on lit : Tempora Galeri et Maximini imp.

sanctorum certamina, totam spem habebat in Domino. Transiens autem Olibrius à Massiliâ in Alesiam civitatem, sedens (que deinde) (Mombritius) in curriculo suo et videns eam speciosam nimis, jussit eam comprehendi, concupiscentiâ ejus illectus. At illa, oratione præmissâ, conspectui ejus præsentata est. Genus et nomen et professionem interrogata, dixit se esse ingenuam, nomine Reginam, sanctæ Trinitatis cultricem. Cui præfectus dixit : Ergo obtines nomen Galilæi illius vel Nazarei ? Regina dixit : Etiam obtineo si digna sum, ut invocetur Dominus meus Jesus Christus super me et obumbret et protegat velut suam ancillam.

2° Tunc jussit impius præfectus custodiri eam usque dum veniret ad civitatem et præcepit eam deduci (reduci) (Mombritius) ad carcerem, usquedum immolaret et sic publice audiret eam. Ingressus autem civitatem Alesiam, diis suis immolavit et sedens publice pro tribunali Puellam adduci jussit. Videns pulchritudinem ejus, dissolutus est spiritus ejus super eam vehementer, et dixit ei : Cognosce deos, o juvencula, quia misereor pulchritudini et teneritudini tuæ ; et multas pecunias habebis a me, et bene tibi erit præ cunctis puellis : alioquin plagas et pœnas pessimas sustinebis et corpus tuum tenerum gladii et ignes fortiores consument. Quæ cum interrita constanter in confessione Christi permaneret, jussit eam exspoliari et in eculæum (æquuleum, M.) assumi, subtilibusque virgis cædi.

3° At illa in eculeum extensa dolorem non sentiebat : sed respiciens in cœlum dicebat : In te, Domine, speravi, non confundar in æternum. Cumque cæderentur membra ejus tenera, virgæ graciles incidebant et sanguis multus defluebat : ita ut astantes flerent amarissime super eam : et dicebant ei quidam : O qualem decorem perdis propter incredulitatem ! Consenti et sacrifica, ut possis evadere tormenta. Regina dixit : O mali consiliarii ! O consilia malarum cogitationum ! Non consentio, non sacrifico : Christum Jesum, qui me confortat, habeo. Iratus præfectus jussit eam exungulari et a carnificibus lacerari; ita ut etiam impius et crudelis præfectus de chlamyde sibi faciem cooperiret et averteret se : similiter et adstantes lacrymabant, videntes carnes ejus excruciatas (exterminatas, M.).

4º Dixit autem præfectus : Quid est, Regina, neque tu
tibi potes misereri ? Ecce caro tua excruciata est et membra tua inutilia facta sunt : Consenti mihi et sacrifica :
impossibile enim est te sine tormentis transire, si mihi
non obedieris. Quæ cum verba ejus despiceret, eumque in-
sipientem et infelicem vocaret, jussit eam deponi et in
carcerem reduci : ubi cum oraret (orasset, M.), subito
columba apparuit et crux in cœlo erecta est usque ad locum,
ubi puella stabat ; et columba stans super crucem dicebat :
Ave, Regina, unguentum suavitatis per orationem referens :
parata est enim tibi corona gloriæ, apertus est paradisus,
et eris requiescens cum patribus tuis. Tunc illa glorificavit
Dominum Deum.

5º Mane autem (judici, M.) præsentata, cum nollet ei
consentire, jussa est expoliari et in eculeo suspendi ac lampades ejus lateribus applicari. Illa autem levans oculos in
cœlum dicebat : Transivi per ignem et aquam et eduxisti
me in refrigerium. Tunc jussit impius præfectus adferri vas
quoddam magnum et impleri aqua et deponi eam de ligno,
et alligari manus ejus et pedes et mitti ibi, ut suffocaretur
in aqua. At illa orabat dicens : Domine, disrumpe vincula
mea, ut tibi sacrificem hostiam laudis : fiat mihi hæc aqua
aqua suavitatis : fiat mihi hæc suffocatio illuminatio salutis.
Et postquam oravit, miserunt illam in vas illud aqua plenum : et ecce terræ motus factus est magnus : et ecce
columba de cœlo descendens habebat in ore coronam et dis-
rupta sunt vincula beatæ Reginæ, et ascendit de aqua,
laudans et benedicens Dominum et dicens : Dominus regnavit, decorem indutus est : illuminasti me, Domine Jesu
Christe, et salvasti, misertus unicæ puellæ, qui es benedictus ante sæcula. Et facta est vox columbæ dicens : Veni,
Regina, in requiem Christi : beata es quæ hanc coronam
meruisti. Tunc crediderunt in Dominum animæ octoginta
quinque virorum et mulierum : iratus igitur Olibrius fecit
eam decollari.»

Les éditions de Vincent de Beauvais et de Mombritius
ajoutent cette terminaison : « Hujus passio recolitur septimo Idus septembris; cujus animam cunctis videntibus angeli tulerunt in cœlum cum laudibus. »

II.

DEUXIÈMES ACTES DE SAINTE REINE.

(Actes de Théophile)

Outre les trois manuscrits de Vauxcelles, de Clairmarais et de Rougeval indiqués par les Bollandistes, nous possédons encore un exemplaire manuscrit de ces Actes à la bibliothèque de l'école de Médecine de Montpellier (1). Je donne ce dernier.

« *Passio Sanctæ Reginæ virginis et martyris.* »
VII sept.

« Post resurrectionem Domini et Salvatoris nostri Jesu Christi et gloriosam ascensionem in cœlis ad Patrem, et postquam acceperunt beati apostoli singulas coronas suas et assumpti sunt de hoc sæculo et alia multitudo magna sanctorum certarent, per Domini crucem vicerunt malignum et coronari meruerunt à Domino Jesu : Adhuc enim obtinebat insania hominum genus circa idolorum culturam et odia circa sanctos Dei. Ego autem vinctus in Domino carissimi in omnibus Theophilus vocatus a Domino et edoctus de profundo ignorantiæ baptizatus sum in profundo sapientiæ et scientiæ. Disposui omnibus manifestum facere gloriosum propositum verà sanctæ puellæ Reginæ qualem fiduciam ostendit, quomodo aculeum diaboli conculcavit in confidentia crucis in civitate Elesia prima *Psidiæ.* Ego vero, qui aderam certamini ejus, paucam pecuniam de substantia mea dedi et accepi ab exceptoribus quæ illorum tempore fuerunt gesta. Ergo cum omni astutia exposui vobis omnibus qui credidistis in Domino Jesu Christo omnia hæc consequenter.

Regina fuit Clementis cujusdam patris gentilis filia quæ fuit illi unica. Quæ postquam nata est, dederunt eam foris nutrire in quodam prædio distantiæ stadiis quindecim ab

____

1. 5 vol. in-fol. sur vélin, provenant de Clairvaux : 2ᵐᵉ vol. 5ᵐᵉ passion.

Alisia civitate et nutrita est ab ea quæ illam suscepit. Hujus ergo moritur mater : hæc vero magis alebatur amore nutricis suæ et eo quod esset christiana odio habebatur a patre suo. Dilecta autem erat a Domino Jesu Christo. Nam cum esset annorum quindecim delectabatur in domibus genitricis suæ. Audiebat vero omnium sanctorum martyrum certamina.

In illis autem diebus multus sanguis sanctorum effusus est propter nomen Domini nostri Jesu Christi. Hæc vero spiritu illuminata omnem spem habebat in Domino. Transiebat autem illis diebus Olibrius quidam præfectus veniens de Massilia in Alesia civitate deponere sanctos Dei quos inveniebat. Sancta vero Regina delectabatur et exiebat in agro cum ovibus genitricis suæ. Et cum pasceret cum puellis imitabatur regulam sancti Joseph antiquam. Transiens autem impius Olibrius sedens in curriculo suo, vidit puellam bono visu et speciosam facie nimis et jubet comprehendi eam dicens : Hæc si libera est erit mihi uxor, si autem ancilla cujuscumque erit mihi concubina. Bene autem erit ei in domo mea propter pulchritudinem ejus. Cum autem comprehenderent eam qui missi erant, cœpit clamare nova ancilla Christi et dicere : Sancte Domine Jesu Christe, noli me derelinquere 'et ne sinas animam meam contaminari cum sit munda et casta et incontaminata. Non polluatur fides mea, non coinquinetur corpus meum, non immutetur sententia mea, non projiciatur margarita mea in luto porcis, non offeratur sensus meus ad turpitudinem et insipientiam diaboli. Sed mitte mihi adsistricem sanctæ sedis tuæ sapientiam ad aperiendum fauces sensus mei ad respondendum cum fiducia et ut possim sine timore consistere ad omnem responsionem malignam impii hujus. Video enim me velut ovem in medio luporum. Et ecce sum inter scandala velut passer. Et ecce sum inter retia velut caprea. Et ecce sum inter piscatores velut piscis. Adjuva me, Christe, et salva me. » Dixerunt autem sermones istos milites præsidi dicentes : quia potestas tua non potest communicare ei. Non enim est legis nostræ deserviens. Nam quemdam sublimem Cœli habitatorem Dominum invocat. Olibrius vero immutavit vultum suum et jussit curriculum stare præcepitque adduci eam et dixit ad eam : Cujus generis es? Regina dixit : Ingenua sum. Cui fidem geris vel quod tibi nomen est? Quæ dixit : Regina vocor. Præfectus dixit : quem Dominum colis vel invocas vel quem adoras? Sancta Regina dixit : Invoco Dominum omnipotentem ejusque verbum et spiritum sanctum, credo atque confiteor sanctam Trinitatem : unam virtutem et unam substantiam et incomprehensibilem gloriam et inseparabilem. Præfectus dixit : Ergo obtines nomen illius Galilæi vel Nazaræi? Regina dixit: etiam obtineo si digna sum ut invocetur Dominus meus Jesus Christus super me et obumbret et protegat velut ancillam suam. Tunc jussit impius præfectus custodire eam usque dum veniret ad civitatem. Et præcepit reduci eam in carcerem usquedum immolaret et sic publice audiret eam. Ingressus autem in Alisia civitate fecit immunditiam, immolabat diis solemnibus votis imperatorum et obtulit secundum consuetudinem. Consequenti autem die sedens publice pro tribunali jussit adduci puellam et videns pulchritudinem ejus dissolutus est spiritus ejus super eam vehementer. Tunc dixit Olibrius : Cognosce deos, ô juvencula, quia misereor pulchritudini tuæ et teneritudini tuæ. Magis autem consenti mihi et immola diis et multas pecunias habebis de me et bene tibi erit præ omnibus juvenculis puellis. Regina dixit : cognosco Dominum deorum; qui omnes spiritus creavit, ipse me salvabit et non discedam a pedibus Christi Domini. Non pollues templum sanctum meum et in eo positam margaritam animæ meæ. Ego vero magnum Dominum adoro et immolo ei sacrificium laudis; ipsi enim gloria, amen. Olibrius : per judicium ad plagas trahi habes et pænas pessimas et ipsum corpus tuum tenerum gladii et ignes fortiores consument.

Regina dixit : Non potes terrere me per tormenta tua. Anima autem mea ex Dei operatione est. Corpus autem figmentum de limo. Hæc ergo anima mea (quæ de spiritu est (gratté, mais encore lisible) non dubitat corpus tradere tormentis propter nomen creatoris. Filius enim Dei cum sit verbum ejus de corde procedens non pepercit corpus suum quod assumpserat tradere pro mundi salute. Si ergo Deus pater omnipotens proprio filio suo non pepercit sed pro nobis omnibus tradidit illum et ipse Filius pro mundi salute tradidit seipsum, quomodo ergo ego non trado membra mea pro nomine Dei mei Christi Jesu. Tunc jussit expoliari eam primum et sic in equuleum adsumi et virgis subtilibus jussit eam cædi. Cumque extendissent eam carnifices in equuleum dolorem non sentiebat. Et respiciens in cœlum dicebat : In te, Domine, speravi, non confundar in æternum. Neque derideant me inimici mei, sed omnes qui sustinent te non confundentur. Respice in me Domine et miserere mei et libera me de manibus inimicorum. Adjuva me, Domine, et liberentur plagæ meæ quoniam propter te patior. Et postquam hæc dixit accesserunt carnifices et cædebant eam. Preco vero publice vociferabat dicens : Consenti præfecto et sacrifica diis. Nam eo quod esset tenera et virgæ essent graciles, incidebant membra ejus. Sanguis vero ejus multus decurrebat ita ut astantes flerent super eam amarissime. Et dicebant quidam ei : O qualem decorem perdis propter incredulitatem et ille habet te perdere et memoriam tuam de terra. Sed magis consenti illi et sacrifica ut possis evadere tormenta. Regina dixit : O mali consiliarii, consilia malarum cogitationum. Quid putatis hoc corpus meum tenerum cum sit, cur non exterminetur et hanc confusionem nuditatis meæ posse superare? Credo in creatorem omnium Dominum; quia multas animas errantes offerre Domino meo Jesu Christo cupio per hæc tormenta; non consentio itaque, non sacrifico. O præfecte, quod vis et quod placet in oculis tuis tibi et patri tuo sathanæ hoc imple. Ego autem habeo qui me confortat Christum Jesum. Tunc impletus iracundia præfectus jubet eam exungulari et lacerari a carnificibus. Illa vero respiciens in cœlum dixit : Circumdederunt me canes multi, consilia malignantium obsederunt me. Respice in me, Domine, et miserere mei. Conforta me, Christe, et da mihi sanctæ sedis tuæ adsistricem sapientiam. Penetret firmamentum oratio, dirumpat cœlos et descendat ad me columba et virtus ut certem contra adversarium facie ad faciem, et vincere possim ut veniam ad te qui es benedictus in sæcula. Carnifices vero exungulabant latera ejus ita ut impius et crudelis præfectus de clamide sibi faciem cooperiret et averteret se. Similiter et adstantes lacrimabantur videntes carnes ejus exterminantes. Dixit autem præfectus : Quid est, Regina, neque tu tibi potes misereri. Ecce caro tua exterminata est et membra tua inutilia facta sunt. Consenti mihi et sacrifica. Impossibile est enim sine tormentis transire si mihi non obedieris. Regina dixit : Insipiens et infelix, quando miserebar animæ meæ utique in interitum mittebas eam sed ideo carnem meam tradidi in interitum ut animam coronatam deducam in cœlis.

Post hæc jussit impius deponi eam et deduci in carcerem erat enim hora septima. Deduxerunt autem in carcerem occultum non in publicum, et erat singula intus orans et dicens : Deus cœlorum qui judicium inenarrabile decrevisti, quem contremescunt omnia sæcula, quem expavescunt omnes potestates desperatorum, Pater cœli, respice in me quia sola sum. Ecce enim, Domine, in agone et tristitia sum multa. Ecce plagas meas ingemisco, noli mihi irasci. Tu enim scis quia te dilexi. Tu scis quia animam meam custodivi propter te. Non permittas polluere me, non coinquinetur anima mea quia tu es custos meus et benedictus in sæcula.

Theophilus autem loco fratris nutriens eam pane et aqua permanebat assidue de foris ad fenestram occulte expectans orationem ejus. Et subito columba apparuit in carcerem et crux erecta in cœlum usque ad locum ubi stabat sancta puella Et ecce columba stans super crucem dicebat sanctæ Reginæ: Ave, Regina, unguentum suavitatis per orationem referens parata est enim tibi corona gloriæ, apertum est tibi paradisum, eris requiescens cum patribus tuis. Hæc cum audisset beata Regina dixit : Gloria tibi, . Domine Christe Jesu, qui manifestasti mihi teipsum, qui apparuisti mihi in certamine. Gloria tibi, sancte Israël, quia rememoratus es mihi, Domine. Gloria tibi qui confortasti virtutem sedis tuæ. Gloria tibi qui fundasti terram super aquas. Deprecor te, Domine, ut præcipias me lavari lavacro immortalitatis, sancti, indeficientis, vivificantis, incorrupti spiritus. Gloria tibi, omnipotens Deus, qui es benedictus in sæcula.

Mane vero jubet præfectus exhibere eam, spiculatores autem duxerunt eam in prætorio. Sancta autem Regina cum ingrederetur signavit se signaculo Christi. Omnis autem civitas congregata est ad spectaculum ejus. Dixit

autem ad eam præfectus : Consenti mihi, ô puella, et
sacrifica diis ut bene sit tibi. Regina dixit : Per salutem
christianorum decebat te esse servum Salvatoris Christi et
amicum prophetarum et confabulatorem martyrum, non
amicum vanitatis et idolorum. Præfectus dixit : expoliate
eam et suspendite in equuleum et applicate lampades
lateribus ejus. Et fecerunt ministri diaboli secundum præ-
ceptum et comburebant membra vel latera sanctæ Reginæ.
Illa autem levavit oculos suos ad cœlum orans et dicens :
Ussisti, Domine, renes meos et non est inventa in me ini-
quitas. Transivi per ignem et aquam et eduxisti me in
refrigerium. Cessaverunt autem carnifices comburentes
Sanctam Reginam. Et dicit præfectus : Consenti mihi et
sacrifica. Non enim potest mulier mala vincere præcepta
imperatorum et conventum omnium deorum. Regina dixit :
Non adquiesco, non immolo. Non enim potest Diabolus
vincere castam puellam Christi Domini. Consignavit sibi
omnia membra mea Dominus Christus meus.

Tunc jussit impius præfectus afferre vas quoddam magnum et impleri aqua et jubet deponi eam de ligno et alligari manus ejus et pedes et mittere ibi ut suffocaretur in
aqua. Alligantes autem eam oravit beata Regina dicens :
Domine, qui habitas in æternum, dirumpe vincula mea ut
tibi sacrificem hostiam laudis. Fiat mihi hæc aqua etiam
aqua suavitatis. Fiat mihi hæc suffocatio illuminatio salutis. Fiat mihi lavacrum salutiferum sanctum divinum
tuum. Da me indeficientem et indue me salute. Veniat
sancta columba quod est Spiritus Sanctus supernatans et
benedicens aquam istam et spolia me veterem hominem
et indue me novum qui me renovet dignamque me faciat
dari vitâ æternâ. Confirma fidem meam, clarifica sen-
sum meum. Dimitte peccata mea, salva me in tua gloria
qui es benedictus in sæcula. Et postquam oravit, miserunt in vas illud aqua plenum et ecce terræ motus factus
est magnus. Et ecce columba de cœlo descendens habebat
in ore suo coronam et dirupta sunt vincula Reginæ et
ascendit de aquâ laudans et benedicens Dominum :
Dominus regnavit, decorem induit. Illuminasti me, Domine
Christe, honorificasti me et glorificasti me, salvasti me,
adjuvisti me et descendisti. Misertus es unice puellæ uni-

genitæ qui es benedictus ante sæcula sæculorum. Et facta
est vox columbæ ad eam dicens : Veni in requiem et
tabernacula Christi. Beata es qui hanc coronam prome-
ruisti et gloriam æternam accepisti. Tunc crediderunt de
populo in Domino Jesu Christo animæ octoginta virorum
et mulierum. Tunc præ ira perversus est Olibrius et præcepit ut ducerent eam et decollaretur. Et ducta est extra
civitatem ad decollandum. Spiculator autem accipiens
gladium dixit ei : Extende collum et suscipe ferrum.
Beata autem Regina rogavit eum ut laxarent eam una
hora ut valefaceret fratribus et sororibus. Et respiciens in
multitudinem populi de civitate ait : Fratres mei et
sorores et consortes, omnes rogo vos per Dominum regem
cœlorum, memoriam facite animæ meæ ut sine timore
transeam principatus et potestates. Et per Dominum
nostrum Jesum Chritum vos rogo ut deprecemini pro me
peccatrice et commendate me Domino regi. Et ego pec-
catrix obsecrabo pro vobis ad Dominum ut det vobis gloriam et spem æternam ut hæredes fieri possitis gloriæ
ejus, ut placeant Domino petitiones cordis vestri illumina-
tioneque vultus sui deducat vos ad perfectum gaudium.
Ego ipsa gratias ago regi sæculorum qui dignam me
habuit in hanc sortem sanctorum ejus et omnium electorum. Ipsum enim decet honor, potestas, magnificentia et
laudatio quia glorificatum est nomen ejus in sæcula
sæculorum. Amen. Et post orationem amputatum est
caput ejus.

Et ecce angeli, omnibus videntibus, tulerunt animam ejus
in cœlum laudantes et glorificantes Dominum qui est mirabilis in sanctis suis. Præstante Domino eodem nostro
Jesu Christo, cui est gloria in sæcula sæculorum. Amen.
Explicit passio Sanctæ Reginæ virginis et martyris.

(Copié sur le manuscrit de l'école de Médecine de
Montpellier, par M. l'abbé Fabre, vicaire à la basilique
cathédrale de la même ville, en Novembre 1878.)

III.

Mémoire et état des ordonnements et dons faits à la chapelle Ste Reyne depuis l'avènement de Mr Jean Baptiste Cadiou, chapelain qu'est depuis le vingt deuxième juillet mille six cent vingt neuf jusqu'à présent. (En marge : J'ai copié ce 3 janvier 1647.)

Premièrement une lampe d'argent en valeur de huictante livres. . . . . 80 liv.

Un ciboire d'argent de . . . . 45 »

Une paix d'argent esmaillée. . . . . . 15 »

Une couronne d'argent . . . . . . 20 «

Deux burettes d'argent. . . . . . . 12 «

Un ciboire d'argent qui fut dérobé dans le tabernacle de la dite chapelle nuictamment ayant rompu les vitres pour ce faire suivant qu'il en appert par le procès verbal dressé par le juge de ce lieu. . . . . 55 «

Un tabernacle de. . . . . 60 «

Une robbe de brocadelle. . . . . . 60 «

Une chasuble, parement d'hautel, rideaux et ciel tous de damas blanc passementés d'or fin avec la crespine de. . . . . 100 «

Un parement d'hautel de satin à fleur rouge de valeur de . . . . 30 «

Un parement d'hautel de satin à fleur blanc en valeur de . . . . 36 «

Un parement d'hautel de futaine façonnée en valeur de. . . . . 12 «

Une chasuble de damas vert de. . . . . 27 «

Une de taffetas rouge avec une dentelle d'argent de . . . . 22 «

Une autre de taffetas de la Chine avec une dentelle d'argent de. . . . . 25 «

Une de camelot blanc de. . . . . . 12 «

Une de camelot bleu de. . . . . . 12 «

Une robbe et une escharpe de taffetas cramoisy garni d'une dentelle d'argent en valeur de . . . . 20 «

Une escharpe de taffetas rouge. . . . . .   8 «
Une de crespe bordée de. . . . . . .   7 «
Une robbe de futaine argentée. . . . .   8 «
Une de futaine à fleur de. . . . . . .   5 «
Une de drap d'or de. . . . .   15 «
Une escharpe de futaine argentée. . . .   4 «
Six voiles de calices de. . . . . . .   40 «
Quatre corporaux garni de dentelles. . .   10 «
Un calice destin fin ouvrage de . . . .   5 «
Un carré illuminé (?) de . . . .   15 «
Deux petits tableaux d'argent de . . . .   5 «
Un petit tableau dore (doré) de. . . . .   2 «
Deux missels de. . . . .   20 «
Deux chandeliers destin fin de. . . . .   6 «
Un devant d'hautel de point couppé. . .   8 «
Un autre de Lasty de. . . . .   3 «
Douze vases tant gros que petits. . . .   6 «
Une aube avec la dentelle. . . . . .   15 «
Une chèze servant au cœur. . . . : .   15 «
Six nappes d'hautel de. . . . . . .   12 «
Quatre chandeliers marbres . . . . . .   2 «
Deux chandeliers argentés. . . . . . .   1 «
Une image Notre-Dame toute dore (dorée).   9 «
Une autre image Notre-Dame dore. . .   5 «
Deux images Saincte Reyne en partie dores.   12 «
Un tableau de Sainte Reyne. . . . . .   6 «
Un tableau de la nativité. . . . . . .   12 «
Un autre grand tableau sur le grand hautel.   30 «
Un autre en la chapelle ardente. . : .   15 «
Un autre en la neffe. . . . .   18 «
Un autre encore en la neffe. . . . .   12 «
Un coffre à mettre les ornements . . . .   10 «
Somme : neuf cent quatrevingt quatre livres. »

A la même époque, 27 juin 1645, dans l'inventaire
Arviset fait pour les Cordeliers, nous trouvons quelques
détails sur la distribution intérieure de la chapelle Sainte
Reine et sur les statues et tableaux estimés ci-dessus.
(voir : IIIme Partie, ch. 3.)

IV.

1668

PROCÈS VERBAL DE VISITE ÉPISCOPALE FAITE à SAINTE REINE PAR MGR. GABRIEL DE ROQUETTE, ÉVÊQUE D'AUTUN, TIRÉ DES ARCHIVES DE L'ÉVÊCHÉ D'AUTUN.

« L'an mil six cent soixante huit, le douze du mois de septembre, Nous Gabriel, par la Providence divine, Evêque d'Autun, Comte de Saulieu, Président-né et perpétuel des Etats de la province de Bourgogne, sommes partis de la ville d'Autun, accompagnés de M. Hugues de Sabatier, nos vicaire général et official, de plusieurs ecclésiastiques et nos officiers ordinaires pour commencer notre visite. Sommes arrivés le 13e jour du mois de Septembre, environ sur les trois heures après midy en la paroisse de Sainte Reyne, où au bas de la montagne les religieux de l'ordre et observance de S.-François prétendants recteurs de ladite paroisse et de la chapelle de Sainte Reyne et plusieurs ecclésiastiques missionnaires par nous envoyés audit lieu, se sont rendus processionnellement avec la croix pour nous recevoir, et nous estants revètus du camail, du rochet et d'une étolle, nous ont conduit sous le dais jusque dans la chapelle de Sainte Reyne en chantant l'hymme : *Iste confessor* et l'antienne : *Sacerdos et pontifex*, lesquels finis et l'oraison dite, nous avons donné la bénédiction solennelle au peuple après quoi nous nous sommes retirés dans l'hôpital de Sainte Reyne.

« Et le lendemain 14e dudit mois, fr. Joseph Godefrin, religieux dudit ordre, prétendu commis aux fonctions curiales de lad. paroisse et autres religieux sont venus en procession nous recevoir en la maison du Sieur Boyer et estant revètus de rochet, d'une étolle, du pluvial et de la mitre, nous ont conduit processionnellement sous le dais en chantant le *Te Deum* jusqu'à la porte de l'église paroissiale ou se sont faites les cérémonies ordinaires, et estant arrivés au grand autel et les prières et oraisons accoutumées finies, nous avons donné la bénédiction solennelle, après laquelle nous avons célébré la messe et fait faire une exhortation au peuple assistant, après quoi nous avons fait les prières solennelles des défunts, ainsi qu'il est prescrit, tant dans l'église que dans le cimetière, qui n'est fermé d'aucune muraille ni palissade et séparé de ladite église paroissiale, et estant retournés en ladite église nous avons visité avec les cérémonies ordinaires le tabernacle, les fonts baptismaux, les autels, ornements et autres choses de ladite église, et nous avons trouvé le tabernacle de bois malpropre, plein d'araignées et sans être doublé d'aucune estoffe et dans le ciboire d'argent plusieurs hosties consacrées, l'une desquelles paraissait noircie et sallie et les saintes huyles au dessous dans une petite armoire de bois enfermées dans un vaisseau d'estain fort viel et sâle et qui ne ferme qu'avec un morceau de bois.

« Nous y avons trouvé aussy un reliquaire d'argent ou sont plusieurs petits fragments d'os de Saints que fr. Jacques Ratier, religieux dudit Ordre, a dit avoir apporté de Rome et en avoir perdu les attestations, lesquels ont été exposés sans aucune permission et sans aucun titre que celui du nom de Sainte Victoire. Plus un chef ou il y a un os du crâne de S. Léger avec un écriteau ; la pierre d'autel non consacrée et le petit autel portatif si petit que la patène et le calice ne peuvent y tenir.

L'autel qui est à côté gauche establi sous le titre de Notre Dame de Pitié ou de Sainte Anne, malpropre, plein de poussière, couvert d'une nappe fort sâle et rompue en divers endroits, y ayant deux petits chandeliers en fer tout rouillés et très sâles.

L'autel du côté droit s'est trouvé pareillement fort indécemment paré, couvert de deux nappes fort sâles, d'un petit degré sur lequel nous avons trouvé quelques vases de fayance tout rompus.

Et après étant remontés au chœur, nous avons exhorté les peuples de profiter de notre visite et se préparer à recevoir le sacrement de confirmation ceux qui ne l'avaient pas reçu. Après quoi estant plus de midi, nous avons remis notre visite à deux heures, à laquelle heure nous estant transportés en lad. église, nous avons conféré le sacrement de confirmation à un grand nombre de personnes disposées à le recevoir et ordonné audit prétendu commis aux fonctions curiales de tenir un régistre de tous ceux de ladite paroisse qui avaient été confirmés.

Et nous estant fait représenter les régistres des baptêmes, des mariages et des mortuaires par ledit religieux, nous avons trouvé que lesdits régistres ne sont point chiffrés. Ayant demandé audit religieux les ornements de la paroisse, il nous a dit qu'elle n'en avait aucuns et que les pères Cordeliers de Sainte Reyne estaient obligés de les fournir selon la nécessité des temps. Nous y avons trouvé néanmoins un petit calice d'argent, deux missels et quelques livres de chant. Après quoy ayant demandé audit religieux le pouvoir qu'il avait de faire les fonctions de curé, il nous a dit l'avoir obtenu du sieur Saulnier, grand vicaire pendant la vacance du siège épiscopal d'Autun et qu'il faisait lesd. fonctions depuis plus de deux ans, y estant engagé par ses supérieurs pour trois ans; et ayant demandé le nombre des communians, l'état des âmes, des fondations et du service divin, nous a dit y avoir 473 communiants, y avoir un maistre d'escole, ne savoir s'il y avait une maitresse et n'y avoir aucune fondation ni confrérie non plus qu'aucuns procureurs ni fabriciens dans la paroisse. Que l'on ne fait aucun service en ladite église, sinon que l'on dit les Dimanches la grand-messe avec le prône, le reste se faisant en la chapelle de Sainte Reyne, comme lieu plus commode pour la paroisse où lui-même réside, la maison du curé estant entièrement ruynée, y estant seulement un petit jardin.

Peu de temps après, nous estant transportés en la chapelle de Sainte Reyne y avons été reçus par les religieux Cordeliers avec les cérémonies accoutumées, après lesquelles nous avons visité le tabernacle, le Saint-Sacrement, les autels, la sacristie et avons trouvé dans les deux côtés dud. tabernacle des araignées, aucune marque de consécration en la pierre de l'autel principal de ladite chapelle, à cause de quoi on se sert d'un petit autel portatif pour y dire la messe et n'avons rien trouvé à redire à tous les autels, sinon que l'autel portatif de l'autel Notre Dame est rompu et celui de l'autel

S. Francois trop haut et lad. chapelle fort sâle. Et estant ensuite entrés dans la sacristie, lesd. religieux nous ont fait voir un bras qu'ils ont tiré d'une cassette qu'ils nous ont dit que le fr. François, gardien du couvent de Sainte Reyne, avait apporté d'Allemagne, dans lequel estait un os du bras de ladite Saincte Reyne; avec une permission de l'exposer donnée par feu messire Claude de la Madeleine de Ragny, l'un de nos prédécesseurs. Il s'est trouvé dans la dite sacristie, quantité d'ornements de toutes couleurs et de linge fort propre et en bon état et cinq calices d'argent. »

Suivent les recommandations et un mémoire des ornements de la chapelle de Sainte Reyne dont on a pu avoir connaissance :

Un tabernacle à deux clefs.

Six chandeliers de cuivre.

Huit chandeliers d'argent : dont deux ont été donnés par M. le prince de Conty et deux par Mme de Tiange.

Sept lampes d'argent. Un encensoir et navette. Trois paires de burettes.

Cinq calices. Un instrument de paix.

Une chasuble en broderie et une tunique de velours cramoisy brodée d'or, donnée par M. de la Barre, avec les parements d'autel et des crédences de même étoffe sur lesquels il y a un S.-Esprit.

Un devant d'autel violet.

Des ornements rouges dont on se servit le jour de S. Léger.

Les ornements donnés par Mme d'Origny.

Une chasuble de brocard d'argent.

Les ornements blancs avec des roses.

D'autres ornements blancs de brocard d'argent, les tuniques et devants d'autel de satin.

Ornements appartenant à la paroisse que les PP. Cordeliers ont entre mains :

Une Sainte Reine d'argent.

Un soleil donné par un avocat de Chaalons parrin de Claude Bertrand.

Un gros calice qui a la pomme dorée.

(Archives de l'Evêché d'Autun.)

V.

CHAPELLE INTÉRIEURE DES CORDELIERS
DE SAINTE REINE.

Elle fut achevée en 1675 et Jacques Doyen, curé de Courcelles, rend compte de cette construction à l'Evêque d'Autun :

« Le chœur des religieux est construit dans la tour du clocher ; il a de longueur environ 30 pieds, de largeur environ 20 pieds, dont les deux tiers sont voutés, l'autre tiers est lambrissé au niveau de la voute, de hauteur environ 20 pieds. L'autel est appuyé contre une tendue dais fermant une grande ouverture en arcade qui regarde la nef de l'église commencée. Elevé sur trois degrés et un marchepied de bois, accompagné de deux crédences ornées avec l'autel de quelques tableaux posés en ordre sur une tenture de tapisserie de pergame qui couvre ladite tendue et le reste du fond ou est appuyé ledit autel. Ladite chapelle est éclairée de deux grandes fenêtres en arcades percées dans le mur qui regarde le midy et à l'opposite dudit autel. Elle est pavée de carreaux de briques et garnie de grands bancs à l'entour avec leurs marchepieds servant à l'usage des religieux et au milieu est un pupitre à poser les livres du chœur et ne m'a point paru d'autre lieu pour entrer en cette chapelle que le cloistre, le grand escalier du dortoir et le dortoir même, le long duquel il faut passer, ladite chapelle étant au niveau dudit dortoir. Elle a deux portes en flanc, d'égale grandeur, vis à vis l'une de l'autre, dont l'une est ouverte du côté dudit dortoir et l'autre fermée à muraille seiche, par ou on peut monter et descendre de la grande cour dudit couvent. » (Arch. Départ. Dijon. Liasses Cordeliers de Sainte Reine.)

VI.

REVENUS DES CORDELIERS
(en 1730)

« Déclarations que donnent à Nosseigneurs de l'Assemblée générale du clergé de France, qui sera tenue en l'année mil sept cent trante et à Messieurs du bureau du diocèse d'Autun, les gardien et religieux de l'ordre des Frères Mineurs de la régulière observance de Saint François du couvent de Sainte Reyne des biens et revenus dudit couvent pour satisfaire à la délibération de l'Assemblée générale du clergé de France du 12 décembre 1726.

« Ce couvent fut commencé en conséquence des lettres patentes de feu sa Majesté Louis Quatorze de l'avis de la Reyne Régente sa mère données au mois d'Aoust 1644 la même année et n'est point achevé.

« Les fonds qu'ils ont acquis avec la permission qui leur a été accordée par N. T. S. P. le Pape Clémant dix du onze Aoust 1673 et ceux à eux donné avant et acquis depuis consistent :

HÉRITAGE PROVENANT ET DÉPENDANT
DE LA CHAPELLE SAINTE REYNE.

« Trois journaux de terre qui produisent dix boisseaux les trois lorsqu'ils portent, qui reviennent à dix livres pour les trois années de rapport font 3 livres 6 sols 8 deniers par an.

« Une boutique chambre dessus et dessous adjugée audit couvent par adresse du parlement contre Huberte Lapipe veuve de Mʳ Philibert Peccard noʳᵉ à Sᵗᵉ Reyne qui la possédait. Laquelle n'est point louée et peut produire 25 liv.

« Une autre boutique au dessus de la chapelle amodiée 18 liv. à Reyne Pernotte.

« Une autre boutique admodiée à Antoine Cosseret 35 livres par acte reçu Cosseret noʳᵉ à Sᵗᵉ Reyne le 23 avril 1724.

« Deux boutiques et les bains amodiés à André Durand par acte reçu. . . . . nore à Ste Reyne le 17 juin 1728, 40 liv.

« Deux petites boutiques à droite et à gauche de la chapelle amodiée à Jean Simonnet 90 liv. par acte reçu Chamereau nore à Ste Reyne.

« Une boutique et une chambre dessus joignant la grande porte du dessus dudit couvent, amodiée à Louis Martin marchand boucher à Ste Reyne 20 liv. par acte reçu Cosseret nore à Ste Reyne le 23 avril 1724.

« Un jardin apellé le vieux cimetière admodié à Michel Torelle pour trante sols.

« Quinze ouvrées de vigne faisant partie des soixante ouvrées de leur enclos qui peuvent produire sept poinçons annuellement, cent cinq livres.

« La fontaine Ste Reyne dont l'eau se paye pour cello qui se transporte 18 deniers par bouteille ; ce qui peut monter à 400 livres.

« Le concordat fait entre les habitants et les pères Cordeliers est du 24 juillet 1644 reçu Matieu nore à Flavigny, par lequel ils abandonnent la chapelle et tout ce qui en dépend.

CHARGES EN ARGENT A CAUSE DE LA CHAPELLE
ET DE LA FONTAINE.

« 1o. Ledit couvant doit annuellement à Monseigneur d'Autun pour son droit de patronage sur la chapelle Ste Reyne et l'église dudit couvant et pour les droits seigneuriaux sur la dépendance la somme de 140 livres dont les 40 livres sont pour les droits du patronage.

« Au sieur Curé d'Alize Ste Reyne la somme de 550 livres pour cession de la chapelle et de la fontaine et du droit de 18 deniers par bouteille d'eau suivant la transaction passée avec le sieur Curé Joliard et les religieux devant Brenot nore à Autun le 15 novembre 1696.

« A la fabrique d'Alize Ste Reyne la somme de 40 livres pour les ornements et luminaires de la paroisse dudit Alize que les religieux se sont obligés de payer pour obliger les

habitants à se départir de l'opposition **qu'ils avaient for-
mée** à l'union de la chapelle à leur église. . . . x livres.

« A M^r l'archidiacre pour droit de visite dix livres.

« Pour les décimes et subventions 330 livres.

« Pour la fasson de 15 ouvrées des vignes dépendant de
la chapelle y compris le marrain et les frais de vandange
100 livres.

FONDS ACQUIS ET APPARTENANT EN PROPRE
AUDIT COUVENT.

« 45 ouvrées faisant et composant partye des 60 ouvrées
de leur enclos, le reste dépendant de la chapelle Ste Reyne,
lesquelles 45 ouvrées peuvent produire 18 poinssons par
année commune qui peut monter à 278 livres.

« Une maison et dépendance appelée le vieux couvent
amodié à Louis Martin 110 livres. Reçu Cosseret no^re à
Ste Reyne.

« Anne Jacqueline Martin veuve de Christophe Bazin
tient par amodiation une boutique au dessus du vieux couvent pour 15 livres, Chamereau no^re à Ste Reyne, 20 mars
1728.

« Il appartient audit couvent une autre boutique joignant
les Bazin amodiée à François Rocco, 25 livres.

« Une écurie et fenil dessus amodiée à Maurice Albrié,
25 livres.

« Une maison et dépendance situ\u00e9e au bas de la chapelle contre la porte d'entrée de la cour dudit couvant
admodiée à André Durand 60 livres.

« Une maison située au bas de la chapelle Ste Reyne
plus bas que celle dudit Durand avec ses dépendances,
60 livres.

« Une maison située au bas de Sainte Reyne proche
des trois croix non louée qui peut valoir 20 liv.

« Censes affectés sur les boutiques délaissées audit
Couvant et dépendant de la chapelle :

« Anne Bazin doit 4 liv. 10^s en argent et deux livres
de cire, pour une boutique au dessus de la chapelle. Anne
Lavrillat 6 livres de cire au dessus de la chapelle. Marie
Guillemot 3 livres de cire et un chapon le tout estimé

4liv. 10ˢ. Louis Martin 3 livres de cire et un chapon. Anne Bazin 3 livres de cire et un chapon. Philibert Savy 2 livres de cire sur boutique au dessus de la chapelle.

FONDATIONS.

« Hopital de Sᵗᵉ Reyne 12 livres pour une messe de requiem chaque semaine, fondation Panas Allard 1671,

« Le sieur Baudoin de Noidan doit soixante et quinze livres pour la moitié de la fondation de Mʳ Lelièvre affectée sur les biens de Noidan. Collard de Saulieu doit 75 livres pour l'autre moitié de la fondation de Mʳ Lelièvre.

« Jacques Tiersot, fils et héritier de Jean Marie Tiersot, doit deux livres 10 sols annuellement de rante.

« Philibert Meugnot laboureur à Massingy doit rante de 28 livres par an pour messes.

« Le sieur Damien demeurant à Paris 3 livres 10 sols par an pour messes.

CASUEL.

Le tronc de la sacristie peut monter à 20 écus par mois l'un portant l'autre attendu que pendant plus de six mois, il ne vient que très peu de pellerins.

« Les quêtes de bled, de laine et de vin peuvent monter à 300 livres.

CHARGES FIXES EN ARGENT.

« 4 livres et un chapon gras affectés sur la maison de Louis Martin apellé le vieux couvant qui se paye par les religieux à la seigneurie de Mussy-la-fosse, en tout 5 livres.

CHARGES ORDINAIRES DU COUVANT.

« Il y a dans le couvant de Sᵗᵉ Reyne 15 religieux dont l'entretien et la nourriture peut aller par commune année à 200 livres chacun qui font 3000 livres.

« Un jardinier qui gagne par an 55 livres et pour sa nourriture 150 livres, en tout 205 livres.

« Un garçon de cuisine qui gagne 25 livres.

« Un valet d'écurie et chartier qui gagne 55 livres.

« Il faut au moins du bois pour la somme de 300 livres.

« Pour l'entretien, fourniture de foin, d'avoine de 2 chevaux et des harnais, la somme de 300 livres.

« Pour l'entretien des meubles basterie pendant l'année.....

« Pour l'entretien des batiments du couvant et de l'église la somme de 500 livres y compris celles des maisons et boutiques louées et non louées.

« Pour l'entretien des ornements, achat de linge et blanchissage 150 livres.

(Arch. départ. Dijon, Liasse 921 Cordeliers de Ste Reine.)

VII.

BULLE DE PAUL V
ET RÈGLEMENT DE LA CONFRÉRIE
DE SAINTE REINE.

BULLE DE PAUL V (4 juin 1614).

L'original de cette Bulle a disparu, nous n'en possédons que la traduction (Arch. départ. Dijon, liasse 923, Cordeliers de Sainte Reine). Je donne cette traduction, faite sans doute par un Père Cordelier.

PAUL, Evesque, serviteur des serviteurs de Dieu, à tous les fidèles chrétiens qui verront les présentes,
Salut et bénédiction apostolique.

« Pensant continuellement et avec soin au salut du troupeau du Seigneur que la divine Providence nous a commis sans aucun mérite de notre part, nous invitons volontiers chaque fidèle par les dons et les faveurs spirituelles, comme sont les indulgences et les rémissions des péchés, à exercer des œuvres pies et méritoires, afin que par la pratique d'icelles, la tache de leurs péchés étant

une fois ôtée ils se rendent dignes d'arriver plus facile-
lement aux joyes de la béatitude éternelle.

« C'est pourquoy, ayant appris que dans l'Eglise de
Sainte Reine, au diocèse d'Autun, il y a une dévote et
pieuse confrairie canoniquement établie sous l'invocation
de Sainte Reine, non pas néanmoins pour des personnes
du même art et d'une profession spéciale et déterminée,
mais bien de plusieurs fidèles de l'un et de l'autre sexe à
la louange du Tout-Puissant, pour le salut des âmes et
l'utilité du prochain et que dans icelle lesdits confraires,
nos bien chers et bien aymés enfants, pratiquent des actions
de vertu, de piété et de miséricorde.

« Afin qu'iceux et les autres pareillement, qui dans la
suite se mettront dans ladite confrairie, se maintiennent
dans de si saints exercices et même pour les inviter encore
davantage à la pratique d'iceux et à entrer dans icelle,
comme aussi afin que ladite église ou chapelle soit doré-
navant en plus grande vénération aux fidèles et que les
peuples qui la fréquentent souvent puissent luy rendre les
honneurs qui lui sont dus y allant d'autant plus volontiers
qu'ils se sentiront être remplis des dons et des grâces
célestes.

« Nous confiant en la miséricorde de Dieu Tout-Puissant
et au pouvoir de ses Apôtres S. Pierre et S. Paul, accordons et octroyons par ces présentes et d'autorité Apostolique
Indulgence plénière et rémission de tous péchés aux confraires en ces trois sortes d'occasions :

1º à tous et uns chacuns des fidèles chrétiens de l'un
et de l'autre sexe qui étant vrayment pénitents, contrits
et confessés entreront dans la dite confrairie et qui le
premier jour de leur entrée et réception dans icelle recevront le très saint sacrement de l'autel.

2º à tous les confraires présents et advenir qui étant aussy
vrayment repentants et confessés et, s'il se peut même
commodément, repus de la sainte communion, ou du moins
contrits, ne le pouvant faire, invoqueront le saint nom de
Jésus à l'heure de la mort en quelque lieu que ce soit, ou
qu'ils le disent seulement de cœur s'ils ne peuvent le prononcer de bouche.

3º Nous accordons encore indulgence plénière aux

mêmes confraires qui étant pareillement vrayment pénitents, confessés et communiés, visiteront dévotement
chaque année l'église ou chapelle de Sainte Reyne le
jour de la feste de ladite Sainte depuis les premières vêpres
de la veille jusqu'au soleil couchant du lendemain et qui
dans icelle feront dévotement leurs prières pour l'exalta-
tion de notre mère sainte Eglise et pour l'extirpation des
hérésies, pour conserver et maintenir la paix entre les
princes chrétiens et enfin pour la conservation du Souverain Pontife de Rome.

« Outre ce et en vertu et par la teneur des présentes nous
remettons encore et relâchons miséricordieusement en
Notre Seigneur aux susdits confraires de Sainte Reyne
qui s'étant aussy vrayment contrits et repentis, confessés et
communiés visiteront dévotement ladite église ou chapelle
les jours de fête de la Purification, de la Pentecôte, de
l'Annonciation de la Sainte Vierge, de la Toussaint et
de la Saint Claude le 6ᵉ jour de Juin et qui, là, feront leurs
prières avec la même intention que cy-dessus marquée
dans l'article précédent, sept années d'indulgence et autant de quarantaines de jours des pénitences à eux impo-
sées ou par eux deues pour leurs péchés en quelque façon
que ce soit, ce qu'ils obtiendront à chaque jour desdites
fêtes qu'ils feront les susdites choses.

« Finalement nous remettons encore auxdits confraires
soixante jours des pénitences à eux enjointes ou deues
pour leurs péchés en quelque façon que ce soit toutes les
fois qu'ils feront une des choses suivantes :

1º qu'ils assisteront aux offices divins qui se font dans
ladite église ou chapelle.

2º lorsqu'ils seront présents à quelqu'œuvre de piété
que ce soit de ceux qui se feront à l'autel ou oratoire de
leur confrairie qu'ils soient en congrégation publique ou
en particulier.

3º qu'ils accompagneront le T. S.-Sacrement de l'autel
quand on le porte aux malades.

4º Ceux qui, ne le pouvant faire, se mettront dévotement à genoux lorsqu'ils entendront la cloche que l'on
sonne ordinairement pour cet effet et réciteront une fois le
Pater noster ou *Ave Maria* pour le pauvre malade.

5° qu'ils assisteront à quelque procession que ce soit permise ou tolérée par l'évêque.

6° qu'ils s'empresseront à ensevelir les morts.

7° qu'ils recevront dans leurs maisons les pauvres passants ou pèlerins.

8° qu'ils réconcilieront des ennemis ensemble.

9° qu'ils ramèneront quelqu'un au chemin du ciel.

10° qu'ils enseigneront aux ignorants les commandements de Dieu et tout ce qui regarde le salut.

11° qu'ils diront cinq fois le *Pater* ou *Ave Maria* pour le repos des âmes des confraires de lad. confrairie décédés dans l'amour de Notre Seigneur.

12° ainsy autant de fois qu'ils feront une des choses susdites autant de soixante jours de pénitences de leurs péchés seront remis, comme dit est.

« Et ces présentes sont pour durer et valoir à perpétuité.

« Mais nous voulons et entendons que si ladite confrairie est actuellement associée ou si elle l'était dans la suite à quelqu'Archiconfrairie ou que pour gagner les indulgences ou y participer elle soit unie, érigée ou instituée autrement en quelque façon que ce soit, toutes les précédentes lettres ou autres qu'on aurait pu obtenir à ce sujet, hors celle-cy, ne puissent servir mais qu'elles soient dès à présent entièrement nulles ou invalides d'abord.

« Que s'il y a déjà quelqu'indulgence perpétuelle par nous concédée cy-devant aux confraires ou pour quelque temps seulement qui ne soit pas encore expiré au sujet des choses susdites ou autrement, nous voulons que les présentes soient de nul effet et valeur.

« Donné à Frescati l'an de l'Incarnation 1614 aux nones de Juin c. a. d. le 4ᵉ et le 12ᵉ de notre Pontificat. »

« Signé par 9 ou 10 cardinaux et sur le replis : P. Friquellius. »

La même main a ajouté : « L'Original de cette Bulle est chez les PP. Cordeliers de Sainte-Reine avec un sceau en forme de médaille de plomb de la largeur et épaisseur d'un écu pendant après des cordons de fil rouge et jaune, ayant d'un côté les clefs de S. Pierre et de S. Paul une croix entre les deux, et de l'autre écrit en gros caractères : *Paulus papa quintus.*

« Cette Bulle a été reçue et approuvée à Autun le 8 août 1614 avec ordre exprès d'être publiée dans chaque église de l'évêché afin que tous les fidèles de l'un et de l'autre sexe soient excités à gagner les Indulgences. Signé : Nicolas Jeannin, vicaire g^{al}.

« Le 27 janvier 1616 l'érection de ladite confrairie fut ordonnée dans tout le diocèse d'Autun selon la teneur de ladite Bulle.

« Le 24 nov. 1614 tant la Bulle que les susdites indulgences furent pareillement reçues dans le Diocèse de Chalons pour y être publiées avec ordre à tous les curés d'y exorter leurs peuples à les gagner. Signé : Guillaume Bernardon, vic. g.

« La même chose dans l'évêché de Lyon le 20 Décembre 1614.

« Le 27 octobre 1617 elle fut aussy reçue à Troyes en Champagne avec mêmes ordres aux Curés.

« La même chose à Langres 15 octobre 1620.

« Toutes ces attestations sont jointes aux parchemins ou écrits sur l'original même de la Bulle d'indulgences qui se conserve dans ledit couvent. »

VIII.

« RÈGLEMENT DE LA CONFRÉRIE DE SAINTE REYNE POUR ÊTRE PRÉSENTÉ A Mgr D'AUTUN. »

CH. I. *De ceux qui peuvent être admis comme étrangers ou du pays, confessés et communiés.*

Art. 1er. Les étrangers y seront admis indifféremment.
Art. 2. Ceux du pays pareillement reconnus irréprochables, mais il faut qu'ils consentent à être confessés et communiés.

CH. .II *Du bon exemple des confrères.*

Qu'ils soient de bonne vie ou exclus comme suspects et scandaleux.

Ils devront se distinguer par leur modestie et sage conduite.

(Se rendent coupables de mauvais exemples, ceux qui vont au cabaret, se livrent au vin, au jeu, aux querelles, aux procès, aux jurements fréquents, à quelque commerce scandaleux, occasions prochaines, ou autres assemblées.)

CH. III. *De leur conduite à l'égard des maîtres, des autres confrères et de leur famille.*

Vivre avec honneur, respect et déférence pour les maîtres (leur cédant en tout).

Entre les confrères, se faire eux-mêmes les médiateurs de leurs petits différends et repousser d'eux ce qui pourrait éteindre la charité.

Que la paix soit dans leur famille et avec leurs voisins.

CH. IV. *De leur soin à profiter de la Bulle de Paul V pour eux-mêmes.*

1. Ils s'acquitteront dignement des œuvres de piété y indiquées.

2. Ils se confesseront et communieront, si possible, le jour de Sainte Reyne, visiteront l'église, y feront dévotement leurs prières, et idem le 13 juillet, jour célèbre de la première translation de ladite Sainte.

Les autres jours de communion sont les jours de fêtes solennelles de Pentecôte, Annonciation, de tous les Saints, de St. Claude, 6 juin, et s'il le peuvent, soit au 2me dimanche du mois, soit aux principales fêtes de l'Ordre ou il y a indulgence plénière et le T. S.-Sacrement exposé. Ils y sont excités.

---

1. Les maîtres de la confrérie de Sainte Reine.

CH. V. *Au sujet des processions, assistance aux offices, messes de la confrérie.*

1. Le Souverain Pontife leur accorde encore des indulgences lorsqu'ils assisteront à quelque procession. On les invite à celles qui se font par les religieux et même à porter des flambeaux, lorsqu'on y porte le S.-Sacrement, comme à la S.-François, à la Notre-Dame des Anges et autres jours, — soit les saintes reliques, comme à la Sainte-Trinité, à la Sainte Reyne et à la translation le 13 juillet.

2. La Bulle les assurant des mêmes grâces, lorsqu'ils assisteront à quelqu'office, soit à l'église, soit à l'autel de Sainte Reine, on les y invite.

3. Sur ce principe, ils seront assidus à leurs messes de confrérie et y assisteront de manière à édifier les pélerins et les étrangers. De même à l'offerte et dans la distribution de leurs pains bénits, prenant garde d'ailleurs aux bruits et tumultes qu'y causent ordinairement les enfants et la populace.

CH. VI. *De leur charité à l'égard des autres, sains ou malades.*

Racommoder les ennemis, enseigner les ignorants, recevoir les pauvres pélerins, procurer aux malades la santé de l'âme et du corps.

Visiter les confrères malades et autres, les disposer à recevoir de bonne heure les derniers sacrements, accompagner le viatique ou s'il ne le peuvent, réciter à genoux le *pater* et *l'ave* pour le malade.

Pour les agonisants, leur faire prononcer le saint nom de Jésus, — leur inspirer de bonnes pensées.

CH. VII. *De leur piété envers les morts.*

Prier pour les morts, — assister à leur enterrement, — leur faire dire des services (pour leurs confrères surtout) — un service solennel et un service annuel pour les confrères étrangers.

(Dijon, A. D. 1ere liasse Cordeliers 921.)

IX.

OFFICE LATIN DE SAINTE REINE.

Copié dans le « Manuel des Pèlerins de Sainte Reine d'Alise, vierge et martyre, par M. André Joseph Ansart, conventuel de l'ordre de Malthe, des académies d'Arras et des Arcades de Rome, avocat au Parlement et docteur es droits de la Faculté de Paris. — A Paris, chez la veuve Hérissant, imprimeur libraire, rue Neuve Notre Dame à la Croix d'or ; et chez Théophile Barrois jeune, libraire, rue du Hurepoix, près le pont Saint Michel. Avec approbation et privilège du roi. »

L'épître dédicatoire à M. de Piolenc, frère de l'abbé commendataire de Flavigny, porte la date de : « A Paris ce 8 janvier 1780. » Signé : Ansart.

IN PRIMIS VESPERIS.

Antiphonæ.

Lætare et exulta in omni corde, filia; gaudebit super te Dominus in lætitia, et exultabit super te in laude. *Sophr.* 3. 14. 17.

Elevabis ad Deum faciem tuam et exaudiet te : vota tua reddes, et in viis tuis splendebit lumen. *Job*, 22.

Eris corona gloriæ in manu Domini, quia complacuit Domino in te, et gaudebit super te Deus tuus. *Isaiæ*, 62. 3. 4. 5.

Quam pulchri sunt gressus tui, filia principis, quam pulchra es et quam decora carissima in deliciis. *Cant* 7. 1.

CAPITULUM.

Facile videtur sapientia ab his qui diligunt eam ; et invenitur ab his qui quærunt illam ; præoccupat qui se concupiscunt, ut illis se prior ostendat.

℣. brev. Pars mea Dominus, dixit anima mea* expectabo eum.

℟. Bonus est animæ quærenti illum * Expectabo eum. Gloria. Patri... Pars mea etc... *Thren.* 3. 24.

HYMNUS.

Fument templa sacri thuris odoribus:
Festivis resonent cantibus organa
Accurant populi dicere virginem
    Christi psallere martyrem.

Diris quam genitrix impia voverat,
Nutrix plena Deo vindicat hanc sibi,
Mox Regina sacro flumine tingitur,
    Et cum lacte bibit fidem.

Infans sacra legit prælia martyrum :
Hinc sponsi teneris languet amoribus;
Vellet virgineum fundere sanguinem
    Christo, jam cuperet mori.

Quas mundus tribuit divitias, negat;
Quos offert thalamos, integra respuit :
Uni, Christe, tibi Virgo vovet fidem,
    Uni, se, sua consecrat.

O qui pura, Deus, pectora Virginum
Puris semper amas ignibus urere,
Caste fac jugiter nos tibi vivere,
    Caste da pariter mori.

Sit laus summa Patri, summaque Filio,
Sit par Sancte tibi gloria Spiritus,
Per te divus amor, frigida pectora
    Puris ignibus ardeant.   Amen.

℣. Concupiscet Rex decorem tuum ;
℟. Quoniam ipse est Dominus Deus tuus. *Psalm.* 44. 12.

Ad MAGNIFICAT *antiphona.*

Stabit in fortitudine Domini, in sublimitate nominis Domini Dei sui, quia magnificabitur usque ad terminos terræ.
Mich. 5. 4.

OREMUS.

Deus, qui mysteria, quæ a sapientibus et prudentibus abscondisti, parvulis revelare dignatus es ; fac, intercedente beatâ Reginâ Virgine et Martyre tuâ, quæ insanam sæ-

culi sapientiam dedocta, Christum crucifixum et discere
meruit et profiteri, ut sanam stultitiæ crucis doctrinam
sectando, vere sapientes esse valeamus. Per Dominum.

In Translatione et Revelatione.

OREMUS.

DEUS, qui nos beatæ Reginæ Virginis et Martyris tuæ
potenti præsidio circumdas et protegis ; Translationem (*vel*
Revelationem) corporis ejus celebrant·s, exaudi propitius,
ut assiduis tantæ patronæ suffragiis tuam semper misericordiam consequamur et gratiam inveniamus in auxilio oppor-
tuno. Per Dominum.

AD MATUTINUM.

Invitat. Dilectum, qui pascitur inter lilia, Dominum *
venite adoremus. *(Cant. 1 ch. 6.)*

HYMNUS.

JAM Virgo tenebris sufficit occuli :
Iratus genitor prodere te jubet ;
Qui vitam dederat, dedere te neci,
    Amens non renuit pater.

At Regina minis cedere nescia,
Ridet, quos genitor concelebrat, deos,
Spernit blanditias, munera respuit,
    Spectans præmia cœlitum.

Cernens immobilem pectore Virginem
Ad majora vocat prælia ; non timens
Servabit pretio sanguinis integram
    Infans quam tenuit fidem.

Frustra, Prætor atrox, suppliciis paras
Pectus magnanimum frangere virginis ;
Hæc ignes, gladios, delicias putat
    Divinæ necis æmula.

Squallenti subito carcere clauditur:
Sed dulces tenebræ, carcer amabilis ;
· O nox perpetuo, splendidior die,
Mentem virginis allevas.

Sit laus summa Patri, summaque Filio,
Nec non summa tibi gloria. Spiritus,
Cujus præsidio prælia sustinent
Contemptâ nece Martyres.

IN I NOCTURNO.

Ant. Domine, spes mea a juventute mea, de ventre matris meæ, tu es protector meus. *Psalm.* 7. 6.

Ant. Sitivit in te anima mea, Deus meus; quoniàm melior est misericordia tua super vitas. *Psalm.* 62. 2.

Ant. Nunquam cum ludentibus miscui me, neque cum his qui in levitate ambulant participem me præbui. *Tob.* 3. 17.

Ant. Tu scis quia nunquam concupivi virum, et mundam servavi animam meam ab omni concupiscentiâ. *Tob.* 3. 16.

Ant. Nosti quia oderim gloriam iniquorum, et non lætata sit ancilla tua, nisi in te, Domine Deus. *Esth.* 14. 13.

Ant. Factum est mihi verbum tuum in gaudium, et in lætitiam cordis mei; non sedi in concilio ludentium, quoniam comminatione replesti me. *Jerem.* 15. 16.

℣. Declaratio sermonum tuorum illuminat;

℟. Et intellectum dat parvulis. *Psalm.* 118.

Lectiones de libro Ecclesiastici, Confitebor *et de Communi virginum.*

℟. I. Cum adhuc junior essem, priusquam oberrarem, quæsivi sapientiam in oratione meâ; * effloruit tanquam præcox uva, lætatum est cor meum in ea.

℣. Propter eminentem scientiam Jesu Christi Domini mei, omnia detrimentum feci. Effloruit. etc. *Eccles.* 51. *Philipp.* 3.

℟. II. Tenuisti manum dexteram meam et in voluntate tuâ deduxisti me, Domine : * Quid mihi est in cœlo et a te quid volui super terram, Deus cordis mei, et pars mea in æternum ?

℣. Misericordia Domini a progenie in progenies timentibus eum. Quid mihi est, etc. *Psalm.* 72. *Luc.* 1.

℟. III. Quæ retro sunt obliviscens, ad ea quæ sunt priora

extendens me * ad destinatum persequor, ad bravium
supernæ vocationis Dei in Christo Jesu.

℣. Lætatum est in abscondito cor meum : non dedi ad
peccandum guttur meum. Ad destinatum etc. *Philipp.* 3.
Job. 31.

℟. IV. Dilexisti justitiam, et odisti iniquitatem * propterea unxit te Deus, Deus tuus, oleo lætitiæ. ℣. Virgo cogi-
tat quæ Domini sunt, ut sit sancta corpore et spiritu. Propterea... Gloria Patri.. Propterea.. *Psalm.* 44. — 1. *Cor.*
7.

IN II NOCTURNO.

Ant. Egressum est nomen tuum in gentes, quia perfecta
eras in decore meo, dicit Dominus. *Ezech. cap.* 16.

Ant. Amodo voca me, pater meus ; dux virginitatis meæ
tu es. *Jerem.* 3.

Ant. Erat eleganti aspectu nimis, et in omnibus famosissima, quoniam timebat Deum valde. *Judith.* 7. 8.

Ant. Magna facta est, et præclarior erat universæ terræ ; erat enim virtuti caritas adjuncta. *Judith.* 8.

Ant. Decretum exiit in proximas gentilium civitates, ut
pari modo sacrificarent, eos autem qui nollent transire
ad instituta gentium, interficerent. 2 *Mach.* 6.

Ant. Cum irent omnes ad vitulos aureos, fugiebat con-
sortia omnium, et adorabat Dominum Deum Israël. *Tob.* 1.

℣. Cantabo, Domine, fortitudinem tuam ;
℟. Et exultabo mane misericordiam tuam. *Psal.* 58.

LECTIO V.

Regina virgo, quâ Cive et Patronâ Alexia gloriatur, ge-
nere nobilis, sed Christi fide, quâ parentes caruerunt, longe nobilior, statim ab ortu matre orbata Christianæ nutrici
committitur, quæ verius parens alumnam suam, quam mater mundo genuerat, cœlo peperit. Eam enim et sacro
fonte lustrandam curavit et huic una cum lacte pietatem
instillavit. Grandior effecta, legendis audiendisque martyrum gestis ; jam tum ejusdem laureæ desiderio succensa,
impense gaudebat ; cumque plures illam ob formæ venus-
tatem deperirent, sponsum sibi pulcherrimum præ filiis
hominum, Christum eligens, huic adeo constanter adhæsit,
ut ab ejus amplexibus, nullis unquam patris vel consangui-
neorum minis dimoveri potuerit.

℟. V. Cum ederent omnes ex cibis gentilium, custodivit

16*

animam suam. * Et memor fuit Domini in toto corde suo.
℣. In operibus bonis testimonium habens omne opus bonum
subsecuta est. Et memor. etc. *Tob. 1. Tim.* 5.

LECTIO VI.

Quindecim non amplius annos nata, Olibrio Galliarum
Præsidi sistitur, qui eximiâ illius specie captus, promissis
primo ingentibus ac blanditiis, deinde terroribus et minis
pugnavit, ut Virginem ad Idolorum cultum traheret. Quam
ubi cœcam ad munera, surdam ad blanditias et minas inve-
nit, amore in furorem verso, conjecit in carcerem. Sed
Christi famula in ipsis vinculis libera, carcerem palatio
prætulit et agonem quem subitura erat, sponso enixe com-
mendavit. Subinde sensit se indui virtute ex alto, et e
carcere educta, post prædicatam magnifice Religionis Christianæ dignitatem, tyrannum ad quælibet tormenta infligenda
provocavit : quare illius jussu confestim in equuleo cru-
ciata, virgis atrocem in modum cæditur, munita tamen
sponsi verbo, quo cœli ipsi firmati sunt, in fidei confessione
constanter perseverat.

℞. VI. Dominus pars hæreditatis meæ et calicis mei, tu
es qui restitues hæreditatem meam mihi. * Funes cecide-
runt mihi in præclaris, etenim hæreditas mea præclara
est mihi. ℣. Commota est civitas, et nuntiatum est Tri-
buno, qui, assumptis militibus, accedens apprehendit et
jussit alligari catenis. Funes. *Psal. 15. Act. 21.*

LECTIO VII.

Tum Prætor ad nova tormenta se convertens, ferreis un-
guibus tenerrimum corpusculum jubet immanissime
laniari : verum ungulæ in lacero puellæ corpore integrum
et plus quam virilem animum prodiderunt. Rursus ferreis
vinculis constricta, suoque conspersa sanguine, carcere
concluditur, ubi dum pernox orationi incumbit, crux illi a
terra cœlum pertingens, inter intempestæ noctis tenebras
apparuit : e cujus apice columba. meritis verius quam
nomine Reginam ad immortalis gloriæ coronam evocavit.
Quâ voce divinitus roborata, ad nova certamina fortiter
descendit : nam facibus ardentibus ustulata, manibus
pedibusque colligatis, in aquas fœtidas dejicitur ; sed
faces lateri admotas in sancti amoris flammas, et aquas in
rorem vertit Deus, ruptisque cœlesti ope vinculis, Virgo
ex aquis pulchrior emersit.

℟. VII. Gloriosissimam mortem magis quam odibilem vitam complectens, intuens quemadmodum oporteret accedere * Destinavit non admittere illicita propter Dei amorem. ℣ Fide negavit, magis eligens affligi cum populo Dei, quam temporalis peccati habere jucunditatem. Destinavit.. 2 *Mach.* 6. *Hebr.* 11.

LECTIO VIII.

Denuo ergo triumphanti columba illa divina e cœlo advolans coronam imposuit, et dilectam ad cœlestis sponsi thalamum invitavit; quo miraculo et singulari puellæ constantia permoti e gentilibus amplius octoginta Christi fidem susceperunt. Tunc Olibrius pudore simul et furore percitus, desperatâ victoriâ, caput Virginis cœlitus coronatum gladio abscidit : sed alteram invitus lauream adjecit : illa namque de carne et tyranno geminum triumphum agens, concinentibusque angelis stipata, ad æternos castissimi sponsi amplexus, et martyrii palmam in omnium oculis evolavit. Sacrum illius corpus Christianis apud Alexiam sepultum, ad Flaviniacense monasterium ingenti populi concursu delatum est, ac honorifice conditum, anno salutis octingentesimo sexagesimo quarto duodecimo calendas Aprilis ; in quo ad hæc usque tempora, una cum ferreis catenis, quibus in carcere revincta est, religiosissime fuit asservatum ; magna semper illūc undique confluentium pietate concurritur, tanquam ad certissimum asilum in quo variis morbis conflictati corporis et animæ salutem reperiunt.

℟. VIII. Supra modum mirabilis et bonorum memoria digna, bono animo ferebat, * Propter spem quam in Deum habebat, repleta sapientia, et femineæ cogitationi masculinum animum inferens. ℣ Mihi absit gloriari, nisi in cruce Domini Nostri Jesu Christi, per quem mihi mundus crucifixus est et ego mundo. Propter.. 2. *Math.* 8 *Jac.* 6.

IN III NOCTURNO.

Ant. Vox dilecti mei, en dilectus meus loquitur mihi : surge, propera, amica mea, formosa mea et veni. *Cant.* 2.
Cant. Obaudite me, *cum reliquis de communi Virginum,*
℣. Quis dabit mihi pennas sicut columbæ ?
℟. Et volabo et requiescam. *Psal.* 54.

Lectio sancti Evangelii secundum Mattheum.

LECTIO IX. *cap.* 13.

In illo tempore : Dixit Jesus discipulis suis parabolam hanc : Simile est regnum cœlorum thesauro abscondito in agro. Et reliqua.

Homilia Sancti Gregorii Papæ.

Homil. II in Evang.

Rursum cœleste regnum negotiatori homini simile dicitur, etc.

℟. IX. Cum plagis perimeretur, dixit : Domine, **qui** habes sanctam scientiam, manifeste tu scis, quia cum a morte possem liberari, duros corporis sustineo labores ; * Secundum animam vero, propter timorem tuum libenter hæc patior. ℣. Vociferantibus eis, jussit Tribunus flagellis cædi et torqueri. Secundum. 2 *Mach.* 6. *Act.* 22.

℟. X. Hostis meus terribilibus oculis me intuitus est, percussit maxillam meam, convulneravit lumbos meos, * Effudit in terra viscera mea; absque iniquitate manus meæ, cum haberem mundas ad Deum preces. ℣. In nullo confundor; sed in omni fiducia magnificabitur Christus in corpore meo : mihi enim vivere Christus est, et mori lucrum. Effudit. *Job.* 16. *Philipp.* 1.

℟. XI. Bonum certamen certavi, tempus resolutionis meæ instat ; * In reliquo reposita est mihi corona justitiæ quam reddet mihi Dominus justus judex. ℣. Qui astabant, miseratione commoti, secreto rogabant ut simularetur, sicut rex imperaverat, ut hoc facto a morte liberaretur ; et respondit cito. In reliquo. 2 *Timoth.* 4. 2 *Mach.* 21.

℟. XII. Quemadmodum desiderat cervus ad fontes aquarum, ita desiderat anima mea ad te, Deus ; sitivit anima mea ad Deum vivum, * Quando veniam et apparebo ante faciem Dei ? ℣. Coarctor e duobus, desiderium habens dissolvi et esse cum Christo. Quando veniam. Gloria Patri. Quando. *Psal.* 41. *Philip.* 1.

Evangelium. Simile est regnum cœlorum thesauro ; *de communi non Virg.*

AD LAUDES.

Ant. Laudate Dominum, qui non deserit sperantes in se : et in me ancillâ suâ adimplevit misericordiam suam. *Judith.* 13.

Ant. Gaudens gaudebo in Domino, quia induit me vestimentis salutis, quasi sponsam ornatam monilibus suis. *Isaïæ.* 61.

Ant. Felix sterilis et incoinquinata quæ nescivit thorum in delicto. *Sap.* 3.

Ant. Eo quod castitatem amaveris, manus Domini confortavit te, et eris benedicta in æternum. *Judith.* 15.

Ant. Benedictus Dominus, qui exaltavit eam, et sit regnum ejus in sæcula sæculorum, alleluia. *Tob.* 13.

CAPITULUM. *Zac.* 9.

Quid bonum Domini est, et quid pulchrum ejus, nisi frumentum electorum, et vinum germinans virgines?

℟. br. Diligam te, Domine,* Fortitudo mea, ℣. Firmamentum meum et refugium meum. Gloria Patri. Diligam te. *Psal.* 17.

HYMNUS.

Non te voluptas frangere mollior,
Non te Tyrannus, flectere jam potest :
   Regina, prodi : nec cruorem
   Virgineum timeas litare.

Nudos in artus, impie carnifex,
Sævi; flagellis admove pectines ;
   Lento cremetur corpus igne,
   Impavidam feries securis.

Hæc irretorto lumine conspicit
Pompam dolorum, quam sibi barbarus
   Tortor parabat : molle pœnis
   Virgo dabit lacerare corpus.

Altis medullis intimus it dolor
Tostos per artus; corporis immemor
   Intacta mansit mens puellæ ;
   Magnanima fide cuncta vincit.

Sit summa Patri, summaque Filio,
Sanctoque compar gloria Flamini ;
   Sanctæ litemus Trinitati
   Perpetuo pia corda cultu. Amen.

℣. Secundum multitudinem dolorum meorum in corde meo.

℟. Consolationes tuæ lætificaverunt animam meam. *Psal.* 93.

Ad BENEDICTUS.

Ant. Ornavi te ornamento, et dedi coronam decoris in capite tuo ; et decora facta es vehementer nimis, et profecisti in regnum. Alleluia. *Eccl.* 16.

Oratio. Deus qui mysteria etc. *ut supra in vesperis.*

AD PRIMAM.

Ant. ·Cum ab infantiâ suâ semper Deum timuerit, et mandata ejus custodierit, immobilis in Dei timore permansit. *Tob.* 2. 13.

Ad absol. Capituli lectio. *Eccli.* 51.

Confitebor tibi, Domine, Rex, quoniam adjutor et protector factus es mihi, et liberasti me secundum multitudinem nominis tui, a rugientibus præparatis ad escam : de manibus quærentium animam meam, et de portis tribulationum quæ circumdederunt me. Tu autem, Domine.

AD TERTIAM.

Ant. Dixit ei Rex, quare non adoras Bel ? Respondens, ait ei : Non colo idola manu facta, sed viventem Deum, qui creavit cœlum et terram. *Dan.* 14.

CAPITULUM. 1 *Cor.* 26.

Infirma mundi elegit Deus, ut confundat fortia; et ignobilia mundi elegit, et ea quæ non sunt, ut ea quæ sunt destrueret; ut non glorietur omnis caro in conspectu ejus.

℣. Expugnaverunt me a juventute meâ.

℟. Etenim non potuerunt mihi. *Psal.* 128.

AD SEXTAM.

Ant. Tunc accensus irâ, crudelius desævit, indigne ferens se derisum; et per omnia in Domino confidens consumpta est. 2 *Mach.* 7.

CAPITULUM. *Sap.* 4.

Condemnat justus mortuus vivos impios et juventus celeriùs consummata longam vitam injusti.

℣. Super senes intellexi;
℟. Quia mandata tua quæsivi. *Psal*. 118.

AD NONAM.

⁞ *Ant*. Exultat audacter : in occursum pergit armatis ; contemnit pavorem, nec cedit gladio. *Job*. 39.

CAPITULUM. *Eccli*. 4.

Pro justitiâ agonisare, et usque ad mortem certa ; et Deus expugnabit pro te inimicos tuos.
℣. Justitiam tuam non abscondi in corde meo.
℟. Veritatem tuam et salutare tuum dixi. *Psal*. 39.

IN II VESPERIS.

Ant. In perpetuum coronata triumphat, incoinquinatorum certaminum præmium vincens. *Sap*. 4. 12.
Ant. Benedicta tu, filia, a Domino, quia hodie nomen tuum ita magnificavit, ut non recedat laus tua de ore hominum. *Judith*. 13.
Ant. Tu honorificentia populi nostri quia fecisti viriliter ; ideo manus Domini confortavit te ; et eris benedicta in æternum. *Ibid*. 15.
Ant. In omni gente quæ audierit nomen tuum, magnificabitur super te Deus Israel. *Ibid*. 31.

CAPITULUM. *Apoc*. 3.

Qui vicerit, dabo ei sedere mecum in throno meo, sicut et ego vici, et sedi cum Patre meo in throno ejus.
℟. br. Juvenes et virgines senes cum junioribus *
Laudent nomen Domini.
℣ Astitit Regina a dextris ejus, in vestitu deaurato.
Laudent. Gloria. Laudent. Juvenes. *Psal*. 148.

HYMNUS.

HAC die scandens super astra virgo
Obtinet duri pretium laboris ;
Nos simul votis modo prosequamur
Astra petentem.

Quam novæ sortis nova nunc imago !
Ambiunt frontem geminæ coronæ.
Compedes, ignis, flagra, crux ,securis,
    Pompa triumphi.

Ad piam, cives, revocare mentem,
Quod suæ cœlo memor illa gentis
Contulit vobis bona multa, semper·
    Sidus amicum.

Redditur cœco sua lux, et auris
Redditur surdo, sua lingua muto ;
Impari qui vix pede claudus ibat
    Ambulat æquo.

Imperas morbis, abigis malignos
Spiritus, undas tribuis medentes .
Usque das mirum per opaca noctis
    Cernere lumen.

Hinc Deo cives posuêre templa,
Quæ tuum dicent sine fine nomen ,
Jure te civem vocat et patronam
    Civis et hospes.

Sit Patri, sit laus Genito, sit Almo
Flamini, sit laus tribus una semper ;
Et tibi cunctis, Deus unus, æqua
    Gloria sæclis. Amen.

℣. Exultabit anima mea in Domino,
℟. Et delectabitur super salutari suo. *Psalm.* 34.

Ad MAGNIFICAT.

Ant. Respice ad preces ejus, Domine Deus; audi orationem quam orat coram te hodie, ut exaudias deprecationem populi tui, quodcumque oraverint in loco isto. Alleluia. 3 *Reg.* 8.

Intra Octavam S. Reginæ semiduplex. Omnia ut in die præter ea quæ hic notantur.

AD MATUTINUM.

Psalmi de feriâ, sub unâ antiphonâ, incipiendo a primâ I nocturni; et sic per ordinem : versus et responsoria sumuntur ex nocturno diei secundum feriam. Lectiones ex sermone sancti Maximi Episcopi, Cum in toto mundo virgineus flos, etc. *et sermone 103 de divers. Sancti Augustini Episcopi,* Præmia Martyrum, carissimi, maxima credimus. *etc.*

IN   FESTO   TRANSLATIONIS
SANCTÆ   REGINÆ
VIRGINIS ET MARTYRIS.
DUPLEX 1 CLASS. 1 ORD.

Omnia ut supra in natali ejusdem, præter ea quæ hic propria assignantur.

IN II NOCTURNO.

LECTIO V.

Regnante super Francos Carolo Calvo, venerabilis Egilus Flaviniacensis Abbas, sacrum corpus beatæ Reginæ Virginis et Martyris ex oppido Alexiensi suæ ditioni subdito, ad Flaviniacense cœnobium transferre cupiens, assumpto secum Salocone Dolensi Episcopo, qui Jonæ Æduensis Episcopi vices gerebat, comitantibusque monachis Alexiam se contulit, ibique omnes ad sacrum corpus in oratione pernoctàrunt.

LECTIO VI.

Postero mane Saloco Episcopus et Egilus Abbas, cœterique fratres divinam opem publicis supplicationibus efflagitàrunt. Tum Episcopus et venerabilis Abbas sacrum tumulum adierunt, et amoto ingenti saxo quo operiebatur, suavissimus inde odor efflavit; statimque in hymnos et cantica omnium qui aderant una vox erupit. Dum autem sacrum corpus in feretrum reconderetur, fratres vestibus sacris induti, Oratoriumque ingressi, Missarum solemnia celebràrunt.

LECTIO VII.

His peractis, magna nobilium plebeiorumque multitudo, qui ad tantam celebritatem undequaque convenerant, sacra pignora singulari veneratione Flaviniacum usque prosecuta est. Summa igitur populi alacritate corpus Sanctæ Reginæ ad Flaviniacense cœnobium hâc die delatum est, et sub majore altari reverenter collocatum, unâ cum catenâ ferreâ quâ in carcere revincta fuisse perhibetur.

LECTIO VIII.

Hæc festivitas sub inhumationis et susceptionis nomine primitus celebrata est. Multis post annis ejusdem beatæ Virginis et Martyris Reliquiæ in capsâ ligneâ collocatæ fuerunt. Tandem anno millesimo sexcentesimo quinquagesimo nono in thecam argenteam affabrè elaboratam translatæ sunt, præter caput et brachia, nec non carnem cordis ejus dessicatam, quæ variis in thecis recondita, ibi religiose asservantur et coluntur.

IN III NOCTURNO.

Lectio sancti Evangelii secundum Mattheum.

LECTIO IX.

In illo tempore : Dixit Jesus Discipulis suis parabolam hanc : Simile est Regnum cœlorum thesauro abscondito in agro. Et reliqua.

Homilia Sancti Petri Chrysologi.

Christus Deus noster, quod cœlum, terram, mare, etc.

Die XIII Julii.

IN FESTO REVELATIONIS
SANCTÆ REGINÆ
VIRGINIS ET MARTYRIS.
DUPLEX MAJUS III ORD.

Omnia ut supra in ejus die natali, præter lectiones sequentes.

IN II NOCTURNO.

LECTIO V.

Post gloriosissimum beatæ Reginæ virginis ad cœlos triumphum, in eodem loco ubi martyrium passa fuerat, pauci qui erant Christiani corpus ejus tumulârunt, una cum catena ferrea qua in carcere revincta fuerat. Sic terræ visceribus abditum sacrum pignus fere mansit incognitum, donec ingenti miraculorum numero tandem revelatum fuit. Unde hæc festivitas tum Alexiæ, tum Flaviniaci, sub Revelationis nomine celebratur.

LECTIO VI.

Repertum hujuscemodi thesaurum e terra levaverunt presbyteri, atque Alexiam intra muros oppidi cum ingenti pompa delatum in lapideo sepulcro collocàrunt. Supra illùd ædificata est Ecclesia, quam teste Constantio, oratore celeberrimo, circa annum quadringentesimum pastorali curâ regebat vir pius ac nobilis nomine Senator.

LECTIO VII.

Sed crescente in dies beatæ Reginæ meritorum ac miraculorum fama, hæc ipsa Ecclesia crevit in celebre ordinis sancti Benedicti monasterium, quod paulo post pietate fidelium, sed potissimum immensà venerabilis Vidradi Flaviniacensis etiam cœnobii fundatoris liberalitate dotatum fuit.

LECTIO VIII.

Ædificato sic monasterio in Alexiensi oppido, Ecclesiam sibi parochialem incolæ construxerunt prope dictum oppidum sub titulo sancti Leodegarii in clivo montis. Sed cum in prædicto monasterio quiescerent adhuc sanctæ Reginæ Reliquiæ, tam crebra fiebant ad ejus tumulum miracula, ut ea referre omnino sit impossibile.

In tertio nocturno Homil. in Evang. Simile est regnum cœlorum thesauro : *ut supra in festo Translationis ejusdem.*

MISSA PROPRIA.

IN FESTIS SANCTÆ REGINÆ, VIRGINIS ET MARTYRIS.

INTROITUS.

Super inimicos meos prudentem me fecisti mandato tuo, Domine, quia in æternum mihi est. Super senes intellexi, quia mandata tua quæsivi, alleluia, alleluia. *Psal.* Lucerna pedibus meis verbum tuum : et lumen semitis meis. Gloria Patri. Super inimicos, etc..

GRADUALE.

Infirma mundi elegit Deus, ut confundat fortia ; ut non glorietur omnis caro in conspectu ejus. ɣ. Arcus fortium superatus est ; et infirmi accincti sunt robore. Alleluia. ℞ Vita decessit, non solum juvenibus, sed et universæ genti memoriam mortis suæ, ad exemplum virtutis et fortitudinis derelinquens. *Tempore Paschali.* Alleluia. ɣ. Erat eleganti aspectu nimis, et omnibus famosissima, quoniam timebat Dominum. *In quadrag. Tractus,* Veni, sponsa, etc.

PROSA. (1)

Sub cantu Prosæ festi Annuntiationis, Mittit ad Virginem, etc.

Init impavida	Clausa carceribus,
Regina prælium,	Constricta vinculis,
Frustra dum Tartara	Cæsa verberibus
Parant exitium	Adusta faculis,
Invictæ Virgini.	Fide non frangitur.
Nequicquam genitor,	Quid terris rapere
Immitis Carnifex,	Quam terris dederas,
Durus excubitor,	Vis Pater ? addere
Pœnarum artifex,	Cœlo tu properas,
Obsistit numini.	Quo cadet gladio.
Deos hæc fictiles	O sors lætissima !
Calcans et nuptias,	Quantum erigitur
Christi præstabile,	Cadendo victima !
Captans divitias,	Quot palmis fruitur
Patre non flectitur.	Vitæ dispendio !

1. L'auteur du Manuel des Pèlerins de Sainte Reine, Ansart, termine sa préface par ces paroles : « Je me persuade aussi que l'on me saura gré d'avoir changé la prose.»

Ades fortissimo,
Christe, certamini,
Misces castissimo
Robur et sanguini,
Venis dum funditur

Si tortor verticem
Truncat, quem diligit
Hæc Deum vindicem
Habere meruit,
Quæ sursum nascitur

O quæ, tortoribus
Victis, cœlestia
Jam gustas fontibus
Divinis ebria ;
Fac post te currere.

Sœcli blanditias,
Terrores hostium,
Carnis delicias,
Quodcumque vitium,
Fac nos effugere. Amen.

OFFERTORIUM.

In hoc cognovi quoniam voluisti me, Domine, quoniam non gaudebit inimicus meus super me : propter innocentiam suscepisti me et confirmasti me in conspectu tuo in æternum. Alleluia.

COMMUNIO.

Factus est sermo Domini in corde meo, quasi ignis exæstuans, claususque in ossibus meis. Cantate Domino, laudate Dominum, quia liberavit animam pauperis de manu malorum. Alleluia.

HYMNI TRES.

In honorem Sanctæ Reginæ, virginis et martyris, D. D. Ludovici Donii d'Attichy, Æduensis Episcopi jussu editi ; Semurii, apud Claudium Ant. Michard, typographum, 1723.

PRIMUS.

Orbis exultans modulante linguâ
Pange Reginæ geminas coronas
Qua die florem niveum pudoris
    Sanguine pinxit.

Gentis hæc olim patriæ tenebras
Luce divina radians fugavit ;
Et triumphantis furias minaces
    Risit Averni.

Sœculi prudens thalamos perosa,
Virginem legit sibi virgo sponsum,
Et suos, uni generosa Christo,
        Vovit amores.

Martyrum pugnas avide legebat,
Gestiens jam tunc proprium litare
Sanguinem sponso, bene vix adultæ,
        Prodiga vitæ.

Impii patris superavit iras,
Et sibi plures paritura palmas
Vicit in sævo genitore primum
        Virgo tyrannum.

Hostis insurgit novus in puellam,
Prætor armatus precibus minisque :
Sed novi præbet segetem triumphi
        Ipse subactus.

Christe, qui sexum fragilem perenni
Laureâ donas; tibi psallat orbis,
Cumque divino Genitore sacrum
        Flamen adoret.

———

SECUNDUS.

Virgo cœlesti sociata sponso,
Præsidis technas rabiemque temnit;
Ipse succensus furiis, amorem
        Vertit in iras.

Mox faces, undas, gladios, flagella,
Compedes, uncos jubet admoveri,
Tentet ut sævâ teneram domare
        Arte puellam.

Hæc faces, tædas rata nuptiales,
Gemmeos credit sua vincla torques
Carcer est illi solium, Deique
        Regia sponsi.

Ferreos victrix hebetavit ungues,
Acribus scindi sua membra flagris
Pertulit ridens, tenerosque solvi
    Corporis artus.

Crescit in pœnis, lacerisque gaudet
Integer membris animus puellæ,
Et per externos geminatur ignes
    Pectoris æstus.

Sub tuis palmis, generosa martyr,
Sentiunt fructus elementa vires:
Namque devictus tibi cedit ignis,
    Cedit et unda.
Christe etc.. *ut supra.*

TERTIUS.

Jam suos victà feritate Prætor
 Horret aversis oculis furores;
Ridet ut falsà pietate victum
    Virgo Tyrannum.

Ecce de cœli solio columba
Advolans rostro diadema defert,
Atque Reginæ, radiante serto
    Tempora cingit.

Virgo, stellatas pete, dixit, arces,
En tuis partam meritis coronam,
Quodque regali moritura signas
    Nomine regnum.

Invidens Præses diadema missum,
Præcipit ferro caput amputari :
Sed nova soror meritam coronat
    Stemmate frontem.

Ethnicis confert moriens salutem,
Matris ut virgo decus obtineret,
Ac duret sacro numerosa partu
    Pignora sponso.

Regios Agni thalamos petentem
Virginem stipat chorus Angelorum :
Et triumphalem decorat beato
    Agmine pompam.

Christe.. etc.. *ut supra.*

Le *Manuel des Pèlerins de Sainte Reine d'Alise* donne deux *litanies* de Sainte Reine : les unes en latin que l'on trouve dans l'ouvrage de M. Tridon ; les autres en français. Voici ces dernières.

Litanies de Sainte Reine.

Seigneur, ayez pitié de nous.

Sauveur de nos âmes, faites-nous miséricorde.

Seigneur, jetez sur nous un regard de pitié.

Jésus-Christ, écoutez-nous.

Rédempteur du monde, exaucez-nous.

Père éternel, qui avez prédestiné Sainte Reine à votre gloire, soulagez-nous.

Fils de Dieu, qui l'avez choisie pour votre épouse bien-aimée, guérissez-nous.

Esprit-Saint, qui l'avez enrichie de vos dons et de vos grâces, entendez-nous.

Sainte Trinité, qui en avez fait un chef-d'œuvre de patience et d'amour, secourez-nous.

Sainte Marie, mère de Dieu, Reine des vierges et des martyrs, priez pour nous.

Sainte Reine, qui avez voué votre cœur à Dieu dès votre enfance, obtenez-nous la grâce de consacrer le reste de nos jours à son service.

Sainte Reine, qui avez aimé la solitude, en préférant la campagne au grand monde, faites que notre cœur entende la voix de Dieu quand il lui parlera dans le secret.

Sainte Reine, qui avez passé vos plus beaux jours dans la contemplation, demandez pour nous le don d'oraison.

Sainte Reine, qui avez conservé votre virginité pour votre époux Jésus-Christ, sollicitez pour nous le don de la continence.

Sainte Reine, qui avez confessé hardiment la foi devant les tyrans, obtenez-nous la grâce de la confesser librement devant les hommes par nos paroles et par nos actions.

Sainte Reine, qui avez généreusement résisté aux persuasions d'Olibrius, employez votre médiation, pour que nous ayons la grâce de repousser avec succès toutes les tentations.

Sainte Reine, qui avez méprisé toutes les voluptés et les espérances du monde, faites que nous ne soyons pas vaincus par ses délices trompeuses.

Sainte Reine, qui avez bravé toutes les menaces des payens, faites que nul respect humain ne nous empêche de rendre à Dieu ce que nous lui devons.

Sainte Reine, qui avez allumé dans votre cœur un désir ardent de souffrir à l'exemple des martyrs, intercédez pour nous auprès d'eux, pour que nous imitions leurs actions.

Sainte Reine, qui avez refusé l'alliance et les richesses d'Olibrius, priez le Seigneur qu'il nous préserve de tout amour coupable.

Sainte Reine, qui avez été enchaînée dans un affreux cachot, demandez pour nous la force de rompre toutes les chaînes de nos péchés.

Sainte Reine, qui avez enduré les horreurs d'une fâcheuse prison, priez pour que nos âmes demeurent fidèles à Dieu dans la prison de leurs corps.

Sainte Reine, qui avez été inhumainement fouettée et étendue sur le chevalet, priez pour que nous supportions patiemment les fléaux qui nous seront envoyés pour l'expiation de nos fautes.

Sainte Reine, qui avez été déchirée avec des peignes de fer, invoquez pour nous le Dieu trois fois saint, pour que notre chair ne succombe pas sous les attraits de la volupté.

Sainte Reine, dont les côtés ont été brûlés avec des flambeaux ardents, faites éteindre, par votre entremise, les brasiers de notre concupiscence.

Sainte Reine, qui de l'ardeur des flammes avez passé dans la froideur d'un bain, ne souffrez pas que nous soyons engloutis dans les eaux des tribulations.

Sainte Reine, qui avez tendu le cou au bourreau pour l'amour de Jésus-Christ, obtenez-nous la grâce que nous soyons prêts de tout sacrifier plutôt que d'offenser Dieu.

Sainte Reine, Patronne de la Bourgogne, recevez-nous sous votre protection.

Sainte Reine, secourable à tous les malades, demandez la guérison des infirmités de nos corps et de nos âmes.

Sainte Reine, parée de l'ornement de toutes les vertus, méritez-nous celles qui sont nécessaires pour notre salut.

Nous vous en prions, par le très grand amour que vous avez porté à Jésus-Christ.

Nous vous en conjurons, par les fermes désirs que vous avez conçus de répandre votre sang pour la défense de la Religion.

Nous vous en supplions, par le vœu que vous avez fait de garder votre virginité.

Nous vous en prions, par cette joie extrême que vous ressentîtes en la conversion de quatre-vingt cinq personnes qui embrassèrent le Christianisme au moment de votre martyre.

Nous sollicitons cette grâce, par le sang virginal que vous répandîtes pour l'Agneau sans tâche.

Nous vous en conjurons, par cette charité ineffable, avec laquelle vous priâtes pour la conversion de vos compatriotes, de vos juges et de vos bourreaux.

Nous la réclamons, par la couronne immortelle que vous portez maintenant dans le ciel.

Agneau de Dieu, chef des vierges qui vous suivent partout où vous allez, pardonnez-nous.

Agneau de Dieu, victime innocente, exemplaire et prototype des martyrs, exaucez-nous.

Agneau de Dieu, lion de la tribu de Juda, duquel procède la fermeté des martyrs, ayez pitié de nous,

ȳ. Les âmes des Justes vivront éternellement.

R̄. Leur récompense est d'être auprès de Dieu.

ORAISON.

Doux Jésus ! la pureté de l'âme a toujours été à vos yeux une des plus agréables vertus. C'est pour la conserver que votre illustre vierge Sainte Reine a préféré dans ses plus brillantes années la mort à la vie. Accordez-nous ce don précieux que le plus sage des hommes vous demandait si instamment, sachant qu'il ne peut venir que de vous, qui êtes la sagesse incréée.

Ainsi soit-il.

X.

CANTIQUES

*en l'honneur de Sainte Reine, tirés de : « La vie
de Sainte Reine avec son petit office en français,
ses litanies, cantiques et oraisons : en faveur des
dévots pèlerins qui visitent son sanctuaire. »
Sans date et sans nom d'auteur, « à Dôle, chez
JOLY, imprimeur. »*

I.

« Cantique de plusieurs pèlerins qui désirent faire le·
voyage de Sainte Reine, sur l'air : *De Léandre.*

> Or sus, pèlerins compagnons
> Que nos voix accompagnent,
> Pour louange d'un joyeux son,
> Durant notre pèlerinage,
> Reine, qui droit nous guidera,
> Dans ses sentiers nous dressera.
>
> Disons adieu à nos voisins,
> A nos parents sans porter haine ;
> Avant de nous mettre en chemin,
> Prenons les armes souveraines
> Du vrai Seigneur Dieu des combats,
> Et n'appréhendons les hasards.
>
> Ainsi ne doutons plus de rien,
> Pour accomplir ce saint voyage ;
> Pas ne trouverons en ce lieu
> De méchants voleurs pleins de rage,
> Dieu nous servira de support,
> Qui nous conduira jusqu'au port.
>
> Que notre esprit s'élève aux cieux
> Pour implorer son assistance,
> Fuyant tous les séditieux
> Qui nous causeront des offenses,
> Adressant plusieurs oraisons
> A Reine que nous réclamons.

Puis quand nous serons arrivés
Au lieu de cette Sainte Reine,
Avec un cœur humilié,
Mettant nos consciences saines,
Nous confessant, communiant,
Comme font les vrais pénitents.

Usons maintenant hardiment
De l'eau de la Sainte fontaine,
Sans limiter l'heure ni le temps
Etant toujours très souveraine,
Donnant à tous ceux guérison
Qui l'ont en grande dévotion.

Rentrons en ce royal lavoir
Pour observer un doux silence,
C'est là que nous pourrons avoir
De nos langueurs allégeance ;
O Reine, nous vous demandons
La santé et la guérison.

Grand ou petit, quel que tu sois,
Il ne te faut rien craindre,
Te lavant avec les infects,
Que ta croyance ne soit moindre :
Si de ton mal veux guérison,
Fais tout avec dévotion.

Il ne nous faut point profaner
Cette sainte eau miraculeuse,
Mais d'un bon cœur nous prosterner
Ou cette sainte glorieuse
Reçut l'auréole divin,
Qui nous sera vrai médecin.

Allons constamment aux Ormeaux,
Nous souvenant toujours de Reine,
En méditant sur ses travaux
Que son père rempli de haine
Lui fit cruellement souffrir
Pour n'obéir à leurs plaisirs.

On y voit maintenant trois croix
Qui représentent les trois ormes,
Où Reine endura pour la foi
Dix mille coups de verges énormes,
Ayant la chair tout en lambeaux,
Par les mains des cruels bourreaux.

Ayons toujours le cœur en Dieu,
Sans entrer en impatience,
Et nous trouverons en ce lieu
De notre mal pleine allégeance,
Tant soit-il ord, sale et vilain,
Par le pouvoir du souverain.

Qu'on ne compte point sur les jours,
Ni par quinze ni par quarante ;
Attendons de Dieu le secours
Qui nous guérira sans attente,
Comme il arrive tous les jours
A ceux qui ont en lui recours.

Tandis que nous sommes ici-bas,
Réclamons-nous à Sainte Reine,
Qu'elle nous préserve de faux pas
Qui pourraient causer sa haine,
Afin que vivant selon Dieu,
Nous ayons part à son saint lieu.

II.

« Cantique à la louange de Sainte Reine, vierge et
martyre, sur l'air : *Adieu nymphe des bois.* »

Vierge, cher ornement
Du doré firmament,
Qui pourrait vos louanges
Dignement annoncer ?
Pour bien les prononcer
Il n'appartient qu'aux Anges.

Mes sens n'ont le pouvoir
D'entendre et concevoir

Vos vertus non pareilles ;
Mes esprits sont confus,
Et ravis font refus
De chanter vos merveilles.

Mes yeux ne peuvent pas
Supporter les éclats
De si vives lumièe,rs
Si notre doux Sauveur
Ne me fait la faveur
D'entendre mes prières.

Dès vos plus tendres ans
Vos esprits innocents
Sucent d'une nourrice
Le nectar doucereux
D'un désir généreux
A détester le vice.

Dans la vie des martyrs
De vos sacrés désirs
Attachant la constance,
Vous brûliez d'un saint feu
Qui croissait peu à peu
Sans nulle résistance.

Dans un cher entretien
Reçûtes du chrétien
Le sacré caractère,
Et dès lors votre esprit
Accepta Jésus-Christ
Pour époux et pour père.

Votre père charnel
D'un discours criminel
Tâchait de vous séduire ;
Malgré lui toutefois
On a vu votre foi
Et constance reluire.

A quinze ans tout au plus
Que vous fîtes refus
D'adorer les idoles,
Olibre par douceur
N'ébranla votre cœur
Ni par rudes paroles.

Contre toute raison
Dedans une prison
Vous fit charger de chaînes,
Et dans ce noir cachot
Souffrir en un mot
De très cruelles peines.

Ce tyran carnacier
Très superbe et très fier,
Commanda vous étendre ;
Et puis d'un grand courroux,
Une pluie de coups
Sur vous il fit descendre.

Au moment du tourment
Votre sang ruisselant
Coulant en abondance ;
Au fort de vos douleurs
Vous tirâtes des pleurs
De toute l'assistance.

Ce supplice souffert,
De grands peignes de fer
Vous fûtes déchirée,
Puis remise en prison
Dedans ce noir grotton,
Ainsi défigurée.

Au grand roi des cieux
D'un cœur dévotieux,
Vous avez fait vos plaintes,
Qui tôt là fit voler
Pour vous y consoler
Une colombe sainte.

Au lieu des trois Ormeaux,
Au milieu des bourreaux,
Vous fûtes après menée ;
Et tout incontinent
De votre vêtement
Vous fûtes dépouillée.

En ce lieu, deux d'entr'eux
Effroyables, hideux,
Enfin de vous s'approchent ;
Armés de cruauté
Ils brûlent vos côtés.
De leurs ardentes torches.

Puis dedans un tonneau,
Rempli d'une froide eau,
Vous mit à l'heure même ;
Un ange incontinent
Vous fit un beau présent
D'un riche diadême.

Un bourreau malheureux,
Effroyable et hideux,
D'une tranchante lame,
Après de durs efforts,
Votre débile corps
Sépara de votre âme.

Au lieu où votre chef
Tomba par ce méchef,
Sortit une fontaine,
Dont la chère liqueur
Guérit toute langueur
Et douloureuse peine.

Peuples, noyez vos maux,
Vos langueurs et travaux
En ce saint lavatoire ;
Venez de tous côtés
Et pays éloignés
De sa claire onde boire.

III.

AUTRE CANTIQUE.

Sur l'air : *De Léandre.*

Peuples, je veux vous inviter
D'ouvrir le cœur et les oreilles,
Afin d'entendre réciter
De Sainte Reine les merveilles,
Ce que pour Dieu elle souffrit
Et pour l'amour de Jésus-Christ.

Quoique son père fut payen
Dans la noble cité d'Alize
Elle suça le lait chrétien,
Etant de sa nourrice apprise
Dans l'école de Jésus-Christ
Qui lui donna son Saint-Esprit.

Etant au château de Grignon
Son père la pressait sans cesse
De quitter sa religion ;
En la traitant avec rudesse,
Il crut qu'il en viendrait à bout,
S'il la persécutait en tout.

Du désir de persécuter
Les chrétiens en cette province,
Olibre, Olibre à s'emporter,
Suivant les ordres de son prince,
Il va chercher de sûrs moyens
Pour détruire tous les chrétiens.

On mena Reine au gouverneur
Croyant que par tourment extrême
Elle quitterait son Sauveur,
Renoncerait à son baptême ;
Mais de ses discours se moquant,
La fit fouetter au même instant.

Des impitoyables bourreaux
De la prison l'ayant tirée,
Ils la brûlaient avec flambeaux
Après qu'ils l'eurent écorchée,
La menaçant de la noyer
Pour lui faire son Dieu renoncer.

Pour se délivrer des tourments
Elle s'enfuit avec vitesse,
Cherchant quelques lieux innocens
Loin des témoins et de la presse;
Mais un bourreau la surprenant,
Coupa sa tête d'un tranchant.

Au lieu même où elle tomba
Par la puissance souveraine
L'eau miraculeuse ruissela
D'une belle et claire fontaine,
Eau qui guérit par ses vertus
Les impotens et les perclus.

IV.

AUTRE CANTIQUE.

Sur l'air : *Cessez, cessez vos pleurs.*

Qui vous a fait quitter, Vierge d'Alize,
Ce monde rempli de feintise ?
C'est l'amour de mon Dieu,
Qui m'a fait en tout lieu
Lui rendre hommage
Dès mon jeune âge;
Car pour lui j'ai voulu la vraie Eglise
Défendre constamment par grand supplice.
J'ai souffert les prisons sombres et creuses
Afin de mériter la vie heureuse.
Les fouets ne m'ont rien fait ni l'escourgée
Ni la chaîne de fer qui m'a liée.
Les bourreaux tout sanglans m'ont attachée

Pieds et mains à l'ormeau, puis déchirée.
Cruels, ils m'ont brûlée de torches ardentes,
Les aisselles et côtés par mains sanglantes.
L'eau fraîche où je fus après plongée,
N'offensa point mon cœur ni ma pensée.
La colombe vola sur cette vague
Dissipant mes liens parmi leur rage.
Olibre surmonté rempli de haine
Commanda de trancher la tête à Reine.
De son sang est jailli cette fontaine
Qui montre à tout chrétien la voie certaine.
Reine a voulu pour Dieu son sang répandre
Se peut-il jamais voir amour plus tendre ?
Et dans ce saint lieu par des oracles
Tous les jours le bon Dieu fait des miracles.
Les petits et les grands qui ont fiance
A lui, ont de leurs maux vraie allégeance.
Aimons-la de bon cœur, suivons sa trace,
Puis de Dieu nous aurons la sainte grâce.

Ainsi soit-il.

V.

AUTRE CANTIQUE.

Sur l'air : *Du fond de ma pensée...*

O grande Sainte Reine
Je suis ici venu,
Etant en si grande peine
De grief mal tenu.

J'ai cherché la science
De tous les chirurgiens,
Et sans nulle allégeance,
Ils ont pris mes moyens.

Lors à vous, Vierge Sainte,
Je me suis dédié,
Espérant par mes plaintes
Obtenir ma santé.

De toi je réclame
Et supplie de bon cœur,
Du profond de mon âme
Etant plein de douleur.

Voulant devant ta face
M'offrir et présenter,
Afin que par ta grâce,
Puisse santé trouver.

Là, faisant ma prière,
La messe chaque jour
Ouïr de cœur sincère,
Implorant le secours.

De toi, Reine aimable,
De qui les grands travaux
Te rendent vénérable
Au lieu des trois Ormeaux.

Où depuis ta chapelle
Avec soupirs ardens,
Et des prières belles
Je te vais requérant.

Que ta bonté succède
A mon intention
Et que tu intercèdes
Pour ma vraie guérison.

Ce fait, dans ta fontaine
Claire comme crystal,
Me lavant ma neuvaine,
Ne serai de tout mal.

Là-haut sur ces montagnes
Nous voyons les flambeaux,
Aussi par les campagnes
Voltiger sur les eaux.

Or puisque la colère
De Dieu j'ai irrité
Je prie sa sainte Mère,
Par sa Divinité,

De me faire la grâce
Que toujours en tout lieu,
Je puisse en toute place
Mémoire avoir de Dieu.
        Ainsi soit-il !

VI.

AUTRE CANTIQUE.

Sur l'air : *Capucin, rendre je me veux...*

O triomphante Sainte Reine,
Pèlerin suis en vérité,
Pour venir chercher la santé
Dans ta salutaire fontaine.
Adieu, médecins et chirurgiens,
Vous ne m'avez plus en vos liens.

Depuis environ trois années
Que vous m'avez toujours traité
Et aussy médicamenté ;
Cela n'a été que fumée.
Adieu, médecins et chirurgiens
Vous ne m'avez plus en vos liens.

Toute ma bourse est épuisée,
Ne m'ayant du tout rien servi,
Lavements et préparatifs,
Médecine ni saignée.
Adieu, médecins et chirurgiens,
Vous ne m'avez plus en vos liens.

Vos diètes ne sont que trop longues
M'ayant rendu pâle et transi,
Mais cette sainte eau m'a guéri,
Sans artifice ni mensonge.
Adieu, médecins et chirurgiens,
Vous ne m'avez plus en vos liens.

Gallien d'une face honteuse,
Pour n'avoir pu trouver d'avis
Qui puisse mettre en oubli
Cette source miraculeuse.
Adieu, médecins et chirurgiens,
Vous ne m'avez plus en vos liens.

Médecins et apothicaires,
Gardez bien vos médicamens,
Je n'emploie plus mon argent,
Toutes vos drogues étant terrestres.
Adieu, médecins et chirurgiens,
Vous ne m'avez plus en vos liens.

Je suis maintenant à la source
Que la prière sert d'argent,
Et ci je prends du vrai onguent,
Sans rien tirer de ma bourse.
Adieu, médecins et chirurgiens,
Vous ne m'avez plus en vos liens.

Je m'en irai par tout le monde,
Invitant les grands et les petits
A quitter tous préparatifs
Pour la piscine féconde.
Adieu, médecins et chirurgiens,
Vous ne m'avez plus en vos liens.

Sus donc, Chrétien, je te conjure,
D'une chose puis-je assurer,
Que si tu viens d'un cœur entier
De ton mal tu auras la cure.
Adieu, médecins et chirurgiens,
Vous ne m'avez plus en vos liens.

VII.

Sainte Reine continue à inspirer les poëtes. Outre le cantique : *Voici le jour d'allégresse*, que l'on chante à Alise Sainte Reine, voici un cantique, qui est chanté à Château-Chinon, (Nièvre) :

Cantique en l'honneur de Sainte Reine

patronne de Château-Chinon

et du Morvand.

Air : *Salut, ô Vierge immaculée.*
Paroles du R. Père Poirré.

1.

Salut, protectrice fidèle !
Ange armé pour notre secours,
De ta douce et forte tutelle
Nos cœurs se souviendront toujours.
En vain l'enfer contre nous se déchaîne.
Nous méprisons les efforts de Satan,
N'es-tu pas là, bonne et puissante Reine,   } *bis.*
Pour protéger le peuple du Morvan.

2.

Tu supportas, dès ton enfance,
D'un père injuste les rigueurs,
Dans la retraite et le silence
La prière sécha tes pleurs.
Tu contemplais la beauté souveraine,
Tu ne pensais, tu n'aspirais qu'à Dieu.
A ton exemple il faut, pieuse Reine,
Que nous cherchions le Seigneur en tout lieu. *bis.*

3.

Le gouverneur veut te contraindre
A trahir la foi des chrétiens :
Tu braves ses ordres sans craindre
Ni la prison ni les liens.
Ton corps gémit sous une lourde chaîne,
Ton âme goûte un céleste repos.
Ah ! puissions-nous, ô patiente Reine,
Porter gaiement le poids de nos travaux. *bis.*

4.

De te vaincre par des caresses
Il se flatte, ce fier romain ;
Mais tu dédaignes ses promesses,
Ses honneurs, l'offre de sa main.
Qu'eusses-tu fait d'une grandeur humaine
Quand de Jésus tu possédais le cœur ?
Sachons répondre avec toi, sage Reine,
Aux plaisirs faux par un refus vainqueur. *bis.*

5.

Ton refus excite la rage
Du barbare persécuteur ;
Pour triompher de ton courage,
Il s'abandonne à sa fureur.
D'affreux tourments qu'imagine sa haine,
Sans t'ébranler, sont épuisés sur toi.
Tu nous apprends, ô courageuse Reine,
A tout souffrir pour garder notre foi. *bis.*

6.

Une colombe que t'envoie
Jésus, consolateur divin,
Te remplit de force et de joie
Pour résister jusqu'à la fin.
Huit cents payens qu'un tel spectacle entraîne,
Ont abjuré le culte des faux dieux.
Par nos vertus puissions-nous, Sainte Reine, } *bis.*
Conduire ainsi les âmes vers les cieux.

7.

La couronne pour toi s'apprête,
Le tyran te condamne à mort.
Souriante, tu tends la tête
Au glaive qui t'ouvre le port.
Ton corps sanglant a roulé dans l'arène,
Ton âme va contempler le Seigneur,
Obtiens à tous, ô glorieuse Reine, } *bis.*
Un saint trépas et l'éternel bonheur.

(On doit finir en répétant le premier couplet).

Composé au collège de l'Immaculée-Conception.
— Vaugirard, — Août 1867.

XI.

DÉCRET DU PAPE PIE IX DÉCLARANT

Sainte Reine patronne d'Alise Sainte Reine.

« Sancta Regina, nobilis puella, tertio sæculo recurrente martyrio coronata fuit sub Olybrio proconsule romano in civitate Alesiæ Mandubiorum. Dirutâ civitate eodem in loco pagus extructus fuit sub nomine Alesiæ et fidelibus illum locum inhabitantibus anno 1659 à R^{mo} D. Ludovico Dionysio d'Attichy, Episcopo æduensi prædicta sancta veluti præcipua patrona constituta est. Non longe a pago Monasterium Sanctæ Reginæ nuncupatum extructum est. Inter pagum et Monasterium successu temporis plurimæ ædificatæ fuerunt domus ita ut modo unicus pagus effectus sit appellatus Alesia Sanctæ Reginæ. Quum vero fideles qui incolunt pagum prædictum multo devotionis affectu ferantur erga Sanctam Reginam, a quâ plurima beneficia recepisse et recipere testantur eamque veluti patronam colant, hodiernus parochus a Sanctissimo Domino Nostro Pio Papa IX humillimè postulavit ut de Apostolica auctoritate tanquam patronam præcipuam moderni pagi constituere dignaretur.

Sanctitas porro Sua, audita fideli de omnibus relatione ab infrascripto Sacrorum Rituum secretario facta, attentis expositis ac commendationis officio R^{mi} D^i Ordinarii Diœcesani dispensando quatenus opus sit a Decretis super electione patronorum, præfatam **Sanctam Reginam in præcipuam patronam memorati oppidi Alesiæ Sanctæ Reginæ elegit** illiusque Festum amodo a Clero ejusdem pagi recoli mandavit sub ritu duplicis primæ classis cum Octava et cum omnibus juribus et privilegiis ac honorificentiis Sanctis præcipuis locorum Patronis competentibus; servatis rubricis ac sub onere præsens decretum exhibendi in cancellaria curiæ Episcopalis Divionensis, antequam executioni mandetur. Contrariis non obstantibus quibuscumque. Die 11 januarii 1877.

Signé : A. Ep. Sabinen. card. BILIO S. R. C. Præf.

Pro R. S. D. PLACIDO RALLI sec^{rio}

Locus Sigilli. Signé : JOSEPHUS CAN^{us} CICCOLINI subs^{tus}.

Visum et recognitum ut suum in nostra
Diœcesi sortiatur effectum.

Divione die 21 februarii 1877.

Locus sigilli Episc.   † FRANCISCUS,
Episcop. Divion.

XII.

BREF D'INDULGENCE

**Pour la Confrérie de Sainte Reine établie à
Alise Sainte Reine.**

LEO PP. XIII.

AD PERPETUAM REI MEMORIAM. — Cum,
sicut accepimus, in Ecclesia S. Reginæ in civitate Alesia
Diœcesis Divionensis pia Christi fidelium sodalitas legitime
erecta sit, titulo ejusdem S. Reginæ, quæ plurima pietatis
et charitatis opera exercere soleat; Nos ut sodalitas hujusmodi majora in dies suscipiat incrementa; de Omnipoténtis
Dei misericordia, ac B. B. Petri et Pauli, Apostolorum
ejus auctoritate confisi, omnibus utriusque sexus Christi
fidelibus, qui dictam sodalitatem in posterum ingredientur,
die primo eorum ingressus si vere pœnitentes et confessi
Sanctissimum Eucharistiæ sacramentum sumpserint, Plenariam; ac tam descriptis quam pro tempore describendis
in dicta sodalitate confratribus et consororibus in cujus-
libet eorum mortis articulo si vere quoque pœnitentes et
confessi ac sacra communione refecti, vel quatenus id
facere nequiverint, saltem contriti Nomen Jesu ore, si
potuerint, sin minus corde devote invocaverint, etiam
Plenariam; nec non eisdem nunc et pro tempore existenti-
bus dictæ sodalitatis confratribus et consororibus etiam vere
pœnitentibus et confessis ac sacra communione refectis,
qui præfatæ sodalitatis Ecclesiam seu Capellam vel Oratorium die festo principali dictæ Sodalitatis per eosdem
confratres semel tantum eligendo et ab Ordinario appro-
bando, vel uno ex septem diebus continuis immediate
subsequentibus cujusque confratrum arbitrio sibi eligendo
singulis annis devote visitaverint, et ibi pro Christianorum

principum concordia, hæresum extirpatione, peccatorum
conversione ac S. Matris Ecclesiæ exaltatione pias ad
Deum preces effuderint, Plenariam similiter omnium peccatorum suorum indulgentiam et remissionem misericor-
diter in Domino concedimus. Insuper dictis confratribus
et consororibus saltem corde contritis, Ecclesiam seu
Capellam vel Oratorium hujusmodi in quatuor aliis anni
feriatis vel non feriatis seu Dominicis diebus per memoratos
confratres semel tantum etiam eligendis et eodem Ordinario approbandis ut supra visitantibus, et ibidem oran-
tibus, quo die prædictorum id egerint septem annos et
totidem quadragenas; quoties vero missis et aliis divinis
officiis in Ecclesia seu Capella vel Oratorio hujusmodi pro
tempore celebrandis et recitandis interfuerint, aut
quascumque Processiones de licentia Ordinarii faciendas,
Sanctissimum Eucharistiæ sacramentum tam in Proces-
sionibus, quam cum ad infirmos aut alias quocumque et
quandocumque pro tempore deferetur, comitati fuerint, vel
si impediti, Campanæ ad id signo dato, semel Orationem
Dominicam et Salutationem Angelicam dixerint, aut
etiam quinquies Orationem et Salutationem easdem pro
animabus defunctorum Confratrum et Consororum hujusmodi recitaverint, aut quodcumque aliud pietatis vel
charitatis opus exercuerint toties pro quolibet prædictorum
operum exercitio sexaginta dies de injunctis eis seu alias
quomodolibet debitis pœnitentiis in forma Ecclesiæ con-
sueta relaxamus. Quas omnes et singulas indulgentias,
peccatorum remissiones ac pœnitentiarum relaxationes
etiam animabus Christifidelium, quæ Deo in Charitate
conjunctæ ab hac luce migraverint per modum suffragii
applicari posse indulgemus. In contrarium facientibus,
non obstantibus quibuscumque. Præsentibus perpetuis
futuris temporibus valituris. Volumus autem ut si alias
dictis confratribus et consororibus præmissa peragen-
tibus aliqua alia indulgentia similis perpetuo vel ad
tempus nondum elapsum duratura concessa fuerit, illa
revocata sit, prout per præsentes Apostolica auctoritate
revocamus; utque si dicta Sodalitas alicui Archiconfrater-
nitati aggregata jam sit vel in posterum aggregetur, aut
quavis alia ratione uniatur, vel etiam quomodolibet insti-

tuatur, priores et quævis aliæ Litteræ Apostolicæ illi nul-
latenus suffragentur sed ex tunc eo ipso nullæ sint.

Datum Romæ apud S. Petrum sub annulo Piscatoris
die II Augusti MDCCCLXXVIII, Pontificatus nostri
anno Primo.

Pro Domino Card. ASQUINIO.
D. JACOBINI, sub.

VIDIMUS ET RECOGNOVIMUS :
Divione, die 13ᵃ Augusti 1878.

Signatum : E. JOLY, vic. g.

XIII.

ORDONNANCE ÉPISCOPALE
**fixant les quatre jours d'indulgences de
sept ans et sept quarantaines laissées au
choix des confrères par LÉON XIII.**

« François Victor RIVET, par la miséricorde divine et
la grâce du Saint Siège Apostolique, Évêque de Dijon,
comte romain et assistant au Trône pontifical.

« Vu la lettre, en date du 2 octobre 1878, à nous adressée
par M. l'abbé Quillot, curé d'Alise Sᵗᵉ Reine, tendant à ce
qu'il nous plaise fixer quatre jours dans l'année où les as-
sociés de sa Confrérie dite de Sᵗᵉ Reine pourront gagner
l'indulgence de 7 ans et 7 quarantaines concédée en leur
faveur par N. S. Père le pape Léon XIII ;

« Vu le bref de Sa Sainteté, en date du 2 Août 1878,
qui érige ladite confrérie dans la paroisse d'Alise Sainte
Reine, doyenné de Flavigny, en notre Diocèse, et qui, en
entr'autres privilèges spirituels, lui accorde des Indulgences de 7 ans et 7 quarantaines, quatre fois dans l'année,
aux jours qui seront fixés, une fois pour toutes, par l'Ordinaire ;

« Voulant mettre en possession de cette précieuse faveur les membres de la susdite Confrérie de Ste Reine et les exhortant à se montrer empressés d'en jouir ;

« Avons statué et statuons ce qui suit :

« Art. 1er. Nous fixons, une fois pour toutes, les quatre jours dont il est ci-dessus question aux quatre époques suivantes, savoir : 1° en la fête de la Sainte Trinité ; 2° en la fête de S. Vincent de Paul, 19 juillet ; 3° le jour de la Toussaint et 4° le saint jour de Noël.

« Art. 2. Mention sera faite sur le registre de la Confrérie de la désignation de ces quatre jours ; et notification en sera donnée, par les soins de M. le Curé d'Alise Sainte Reine, directeur de droit de cette pieuse association, aux membres qui la composent, afin qu'ils n'en ignorent.

« Donné à Dijon sous notre seing, notre sceau et le contre-seing, du chanoine Secrétaire général de notre Évêché le 2 novembre de l'an de grâce 1878. »

Signé : † FRANÇOIS, Évêque de Dijon.

Par mandement de MONSEIGNEUR:

Signé : V SILVESTRE, ch. h. s. g.

CROIX ÉRIGÉE PAR JOSEPH BOYER, LABOUREUR A ALISE EN 1554.

(La croix Piroir, sur le chemin de Flavigny est de même facture. — La croix Sainte Anne, à l'entrée du chemin des Laumes et du chemin de Grésigny était aussi de même facture et représentait d'un côté Sainte Anne, de l'autre la Passion de Notre Seigneur. Elle fut brisée par accident le 24 février 1791.)

TABLE ANALYTIQUE

ble de dire que ces Actes sont une abréviation des Actes
paraphrasés : L'abréviateur aurait supprimé le miracle
de la colombe ; il aurait conservé le nom de Théophile ;
cette abréviation serait contraire à la coutume générale. 32.— Les Bollandistes prouvent que ces Actes n'ont
pas été copiés sur ceux de Ste Marguerite d'Antioche :
deux récits tirés de ces derniers. 33 — 3° Application
aux Actes de Sainte Reine des règles exagérées de critique de Baillet et de Tillemont. Leur grande
règle s'applique très bien aux Actes de Sainte Reine.
34 — Examen des objections tirées des citations de la
Sainte Écriture et de la promesse d'argent faite à Sainte
Reine. 35. — 4° Conclusion. Nous possédons les Actes
dont parlent le diacre Vandalbert et Rhaban Maur. Ces
Actes sont antérieurs au vie siècle. Nous n'avons pas
le texte original, l'autographe de l'auteur, mais les premières copies de l'œuvre de Théophile. 36.

Chapitre ii. Actes Paraphrasés.

Traduction du manuscrit de Montpellier— 41. Antiquité
de ces Actes prouvée par l'ancien bréviaire de Flavigny, par la surveillance de l'Église et par leurs caractères intrinsèques. 51 — Leur honnêteté : Examen de
cette parole : « Ego Theophilus qui aderam certamini
ejus ; » ce n'est pas une fourberie, mais une fiction littéraire pour conserver une tradition et répondre aux exi-
gences de l'Église. 53 — Leur sincérité : Examen de
ces mots : « Elesia prima Pisidiæ : » Ces paroles n'e-
xistent pas dans les Actes de Ste Marguerite, c'est une
faute de copiste. 57. — Ces Actes n'ont pas été composés sur ceux de Sainte Marguerite, car ils sont plus
courts ; les expressions sont toutes différentes, tandis
qu'ils reproduisent scrupuleusement celles des Actes de
Sainte Reine ; les Actes paraphrasés de Sainte Reine sont
absolument d'accord avec les traditions de l'Auxois ;
enfin les Actes de Sainte Marguerite sont sans valeur.
58.

II PARTIE.

Examen critique des faits.

§ I. *Personnes.* — 1º La fille de Clément s'appelait *Reine:*
les Actes le disent et c'est un nom romain. 88. —
2º *Clément :* sa généalogie et son titre de gouverneur
d'Alise ne sont pas certains, car les Actes se taisent et
le récit de la légende d'Allemagne soulève des difficultés. 89. — Il n'est pas certain qu'il ait possédé une
maison près de la fontaine, car on n'en trouve pas traces. 89. La possession du château de Grignon est plus
plausible. 90 — 3º *Olibrius* était probablement un an-
cêtre de l'empereur Olibrius. 90 — Etait-il Préfet des
Gaules? Ce n'est pas certain. 91 — 4º L'histoire de la
nourrice consignée dans un monument du vi^e siècle,
appuyée par la tradition des Ormeaux, mérite d'être conservée. 92 — Mais on ne peut pas affirmer qu'elle s'appelait Philomène et son mari Théophile. 93 — Sainte
Reine put garder les troupeaux de sa nourrice sans dé-
roger à la noblesse de sa famille. 93 — 5º La trahison
du lépreux a sa source dans une tradition sur la fontaine
93.

§ II. *Temps.* — Époque du martyre de Sainte Reine.
Les Bénédictins de Flavigny la font mourir en 253,
sans en donner de preuves. On doit préférer la date
de 286, qui s'appuie sur le manuscrit d'Utreckt,

Vincent de Beauvais, S. Antonin et les traditions de l'Eglise d'Osnabruck. 94.

§ III. *Lieux.* — 1. Naissance de Sainte Reine à Alise, seule tradition existante et inscrite dans la légende d'Osnabruck et les vies de Sainte Reine par André Duval, le P. Giry, M. l'abbé Duplus. Probabilités tirées de certaines expressions des Actes et de la vie de Sainte Reine, par D. Viole. Destruction d'Alise, cause de la faiblesse de cette tradition. 95. — 2. Arrestation, martyre et sépulture de Sainte Reine. Prétentions de diverses contrées. Les martyrologes, la tradition confirmée par des prodiges et la fête du 13 juillet tranchent cette question en faveur d'Alise Sainte Reine. 97. — Sainte Reine a été arrêtée aux Ormeaux et non à Jailly. 98. — Ces témoins toujours vivant le prouvent, et soit qu'Olibrius l'ait fait arrêter en entrant à Alise, soit qu'il l'ait fait arrêter en sortant d'Alise, (ce qui est plus probable, même d'après les Actes) l'endroit s'y prête admirablement, mais non d'une manière obligatoire. 101. — 3. Sainte Reine a eu la tête tranchée à l'endroit de la fontaine : tradition ancienne et constante ; légende appuyée sur des miracles ; emplacement conforme à l'affirmation des Actes paraphrasés. 102. — Son inhumation au même lieu s'appuie sur la fête du 13 juillet célébrée *ab antiquo* en cet endroit. 103. — 4. La prison de Grignon suppose l'expédition d'Olibrius en Allemagne et l'existence du château de Grignon au temps de Sainte Reine : l'histoire n'est pas contraire au premier fait, les fouilles ont prouvé le second. Cette tradition ancienne s'appuie sur un monument existant et doit être conservée. 104. — Prétendue prison de Flavigny. 106. — 5. Sainte Reine a pu être baptisée à neuf ans ou à quinze ans. 106.

III PARTIE.

Histoire critique du culte de Sainte Reine.

CHAPITRE II. FONTAINE SAINTE-REINE.

CHAPITRE III. CHAPELLE SAINTE REINE.

Chapittre iv. Pèlerinage. — Cordeliers. — Hopital.

Chapitre VII. Culte de Sainte Reine en France.

Chapitre VIII. Sainte Reine au XIXe siècle.

Monuments historiques et pièces justificatives.

FIN.

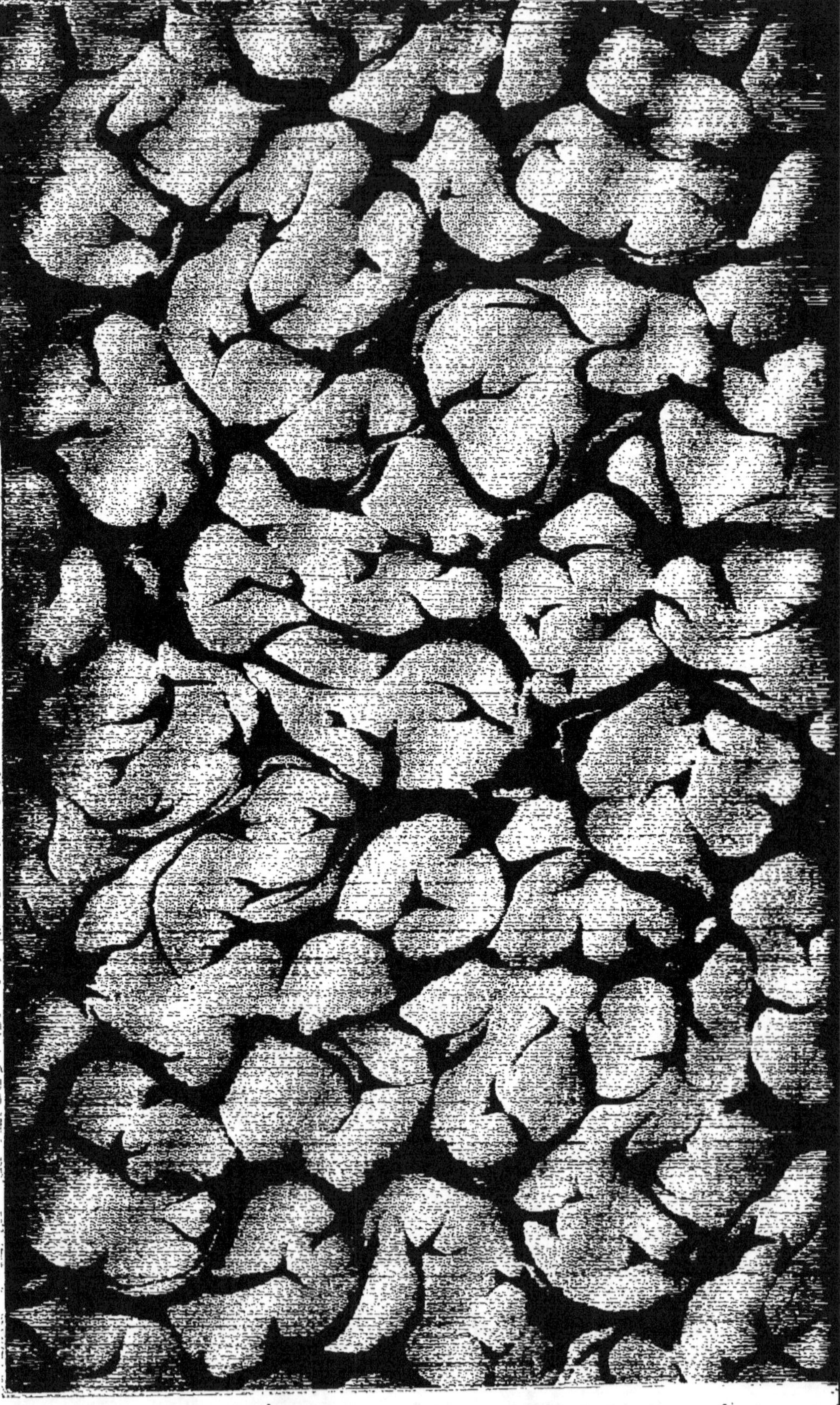

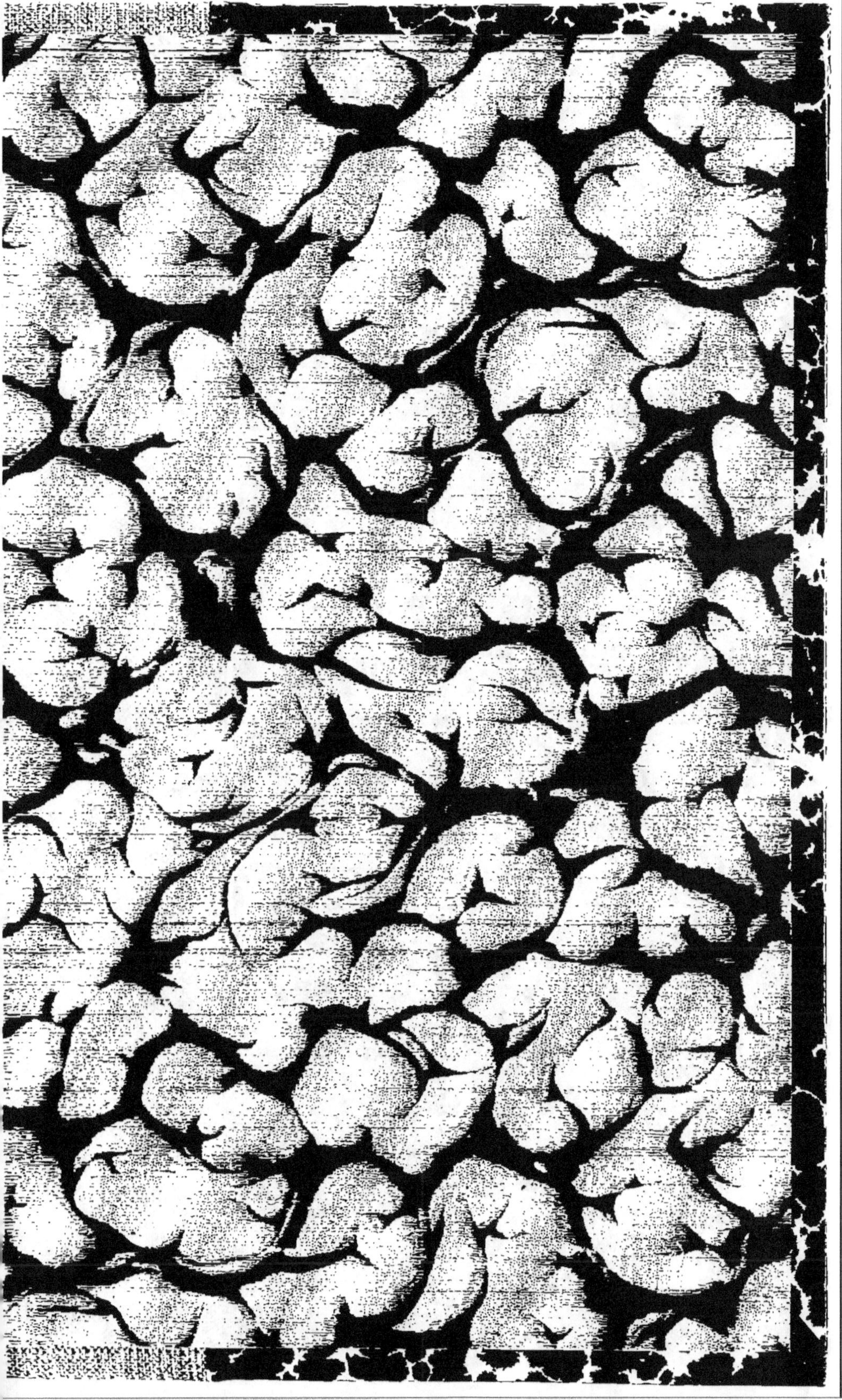

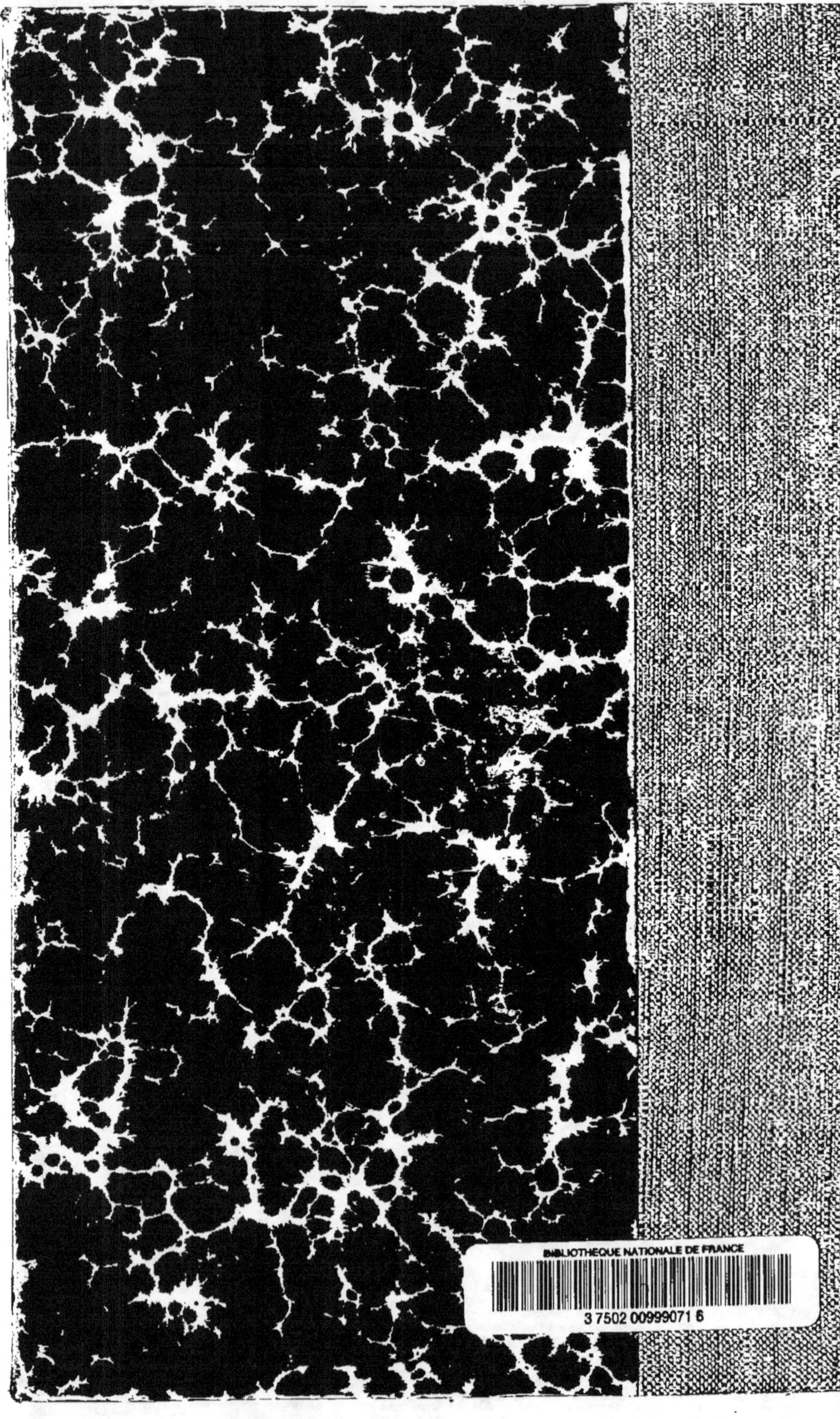